Anthology of Individuals and Groups

個と集団のアンソロジー
生活の中で捉える社会心理学

武田正樹・藤田依久子 著
Takeda Masaki & Fujita Ikuko

ナカニシヤ出版

はじめに

　社会心理学は，人が他者との関係の中で，どのように考えたり感じたり振る舞ったりするのか，また，人の思考・感情・行動が他者によってどのように影響されるのか，を科学的に明らかにしていこうとする。つまり，社会心理学とは社会的生物としての人間について総合的な理解を目指す学問である。

　特に本書では，個人の思考や感情や行動が，集団によってどのように影響されるのかといった，集団が個人に対してもつ影響（同調行動，社会的手抜き，集団規範等）と，その反対に個人の思考や感情や行動が，どのようにして集団に影響を及ぼしていくのかといった，個が集団に対してもつ影響（リーダーシップ，マイノリティ・インフルーエンス等），さらに，集団と集団はなぜ対立するのか，といった集団と集団を取り巻く状況等を検証することで，「個人と集団」を解き明かしたいと思っている。

　さらに，我々が人生の中で多くの時間を過ごすことになる職場集団に関する問題点もいくつか取り上げてみた。著者としては，読者の皆さんが個々の知見を断片的に理解するだけではなく，人間行動に対する社会心理学的アプローチの本質を感じ取っていただきたいと思う。また，本書では，職場や学校，家庭生活といった日常の生活の中で実際に役に立つであろうと思われるスキルについても論じている。さらに人間の生きる姿勢，生きる意味に関係すると思われるモチベーションについても論じてみた。

　「自分の生きている意味はどこにあるのか？」「自分はどのようにして生きていくべきなのか？」。これらは，人のアイデンティティにかかわる疑問である。この疑問に対して納得のいく答えはなかなか簡単には見つからないだろう。

　自殺者の増加，犯罪の低年齢化，ひきこもり，いじめ，不登校……これらは，最近，我々がマスコミ等を通してよく耳にするようになった言葉である。これを見ると，大人も子供も人とのかかわり方や，社会の中でどう行動したらよいのか，に悩んでいるように見える。いや，その前に自分自身を理解することが

できずに悩んでいるのかもしれない。

　何かの原因で学校や仕事に行かず家に引きこもっている人，学校や職場で自分の居場所がないと感じている人，学校や職場でいじめにあって困っている人，自分が何者であるかが分からずアイデンティティの危機にある人，自分の周りの人とうまくコミュニケーションがとれなくて悩んでいる人，部下や上司とどのように接していけばよいか悩んでいる中間管理職の人，自分の存在が意味のあるものとはとても思えなくて自殺を考えたりする人……。

　多くの人が，人との関係がうまくとれなくて立ち尽くしているように見えるのだ。これは，「自分を知らない，他人を知らない，社会を知らない」ことから引き起こされているのかもしれないと思う。

　ストレス過多社会といわれているこの世の中を，生き生きと自分らしく生きていくために，我々には「人間を理解する力」が求められている。もちろん，「人間」には他人だけではなく自分も含まれる。また，人間の集まりである社会も理解することが必要だ。「人間を理解すること」「社会を理解すること」は生きる意味そのものにつながる。つまり，「自分を知る，他人を知る，社会を知る」ことが「自分がこの社会の中でどう生きていくべきか」，「自分が社会の中で生きる意味」につながるのである。

　「自分を知る」といわれても，自分のことなんだからよく知っているよ，と思われる人が多いだろう。人は自分のことをよく知っているように思っているのだが，実際にはよく知らないことも多いのだ。兄弟の多い家庭で育った人が，自分のことを「内気である，内向的だ」と思っていても，客観的に見るとそうではない場合が多い。自分を知るということは，人間のことを知り，客観的に自分のことを知ることなのだ。

　「他人を知る」ということに関しては，「他人を知る」ということにほとんど関心のない人がいることを感じる。職場の中では，上司が部下を叱らなければならない場面もあるだろう。ところが，うまく部下を叱ることができない上司が多い。人は自分の趣味であるとか，興味のある話題には関心がある。有能な上司はこのことをよく知っている。その為，部下を叱るときには，まずその部下の興味や関心のある話題から入ることがある。

「きみ，最近ゴルフ行ってる？」「はい，先週の日曜日に行きました」

「どうも私は悪い癖がついているようで右に曲がっちゃうんだよね。今度教えてくれない？」「いいですよ」

「ところで，実はこの件なんだけど……」

ベテランの上司は，いきなり叱るのではなく，例えば，こういった具合に，話しかけるだろう。

日本はもう発展途上国ではないので，多くの人々の労働の動機づけは，お金だけではない。したがって，「仕事なんだから（給料をもらっているんだから）これをやるのは当たり前だろう」といった言い方では部下はついて来ないだろう。部下一人ひとりの労働の動機づけを知らなければ，部下との間に適切な人間関係は築けないし，適切なコミュニケーションもとれないだろう。

日本の企業が，外国でビジネスをすることが多くなってきた。そうしたときに，その地域の「社会」を知らなければ，ビジネスなどできないだろう。外国との比較によって，自分たちの社会がどんな社会なのか，が見えてくるかもしれない。本書の多くの部分は「社会を知る」ことに関するものである。「知ること」は多くのことを解決してくれる。「人の生きる意味」といった難しい問題も「知ること」によって解決の糸口が見つかることがあるかもしれない。

個と集団の心理学には豊富なトピックがある。この本の中では，そうした一つひとつのトピックを取り上げ，個と集団にまつわる問題点を検討し，そこから「人間とは何か」というテーマにアプローチしていきたいと思っている。

人通りが多い歩道で人が空を見上げていたとする。このとき，空を見上げている人が一人であれば周りの人たちはその人を無視するが，もし5人の人が空を見上げていたとすると，ほとんどの人は立ち止まって，同じように空を見上げるだろう。これは「同調行動」といわれるものである。

同調行動以外にも個と集団にまつわるトピックはたくさんある。もうひとつ例を挙げてみよう。「あなたが結婚するとしたら誰と結婚しますか」と質問して，年収500万円のサラリーマン，将来1億円プレイヤーになるかもしれないがその確率は20分の1のスポーツ選手……といった選択肢をいくつか提示する。こうした質問をすると，多くの人は一人で考えると割に堅実な決定をする

のだが，集団で考えると最もリスキーな決定をすることが知られている。これを「集団決定のリスキーシフト」と言う。

離婚を考えている人に，このことを当てはめてみることもできるだろう。もっとも，離婚には様々なケースがあり一概には言えないのだが……。一人で考えて決定すると堅実な決定をし，友人や周りの人に相談するとリスキーな決定をするということであれば，一般的には一人で考えると離婚を思いとどまるが，友人と相談すると離婚するという決定に至ることが多いのではないか，ということになる。この問題の場合，この人が所属している社会が「離婚」に対してどのような価値観をもっているのかということも大きく影響してくるのだが……。

この本は大学の社会心理学の教科書として書かれているが，『生活の中で捉える社会心理学』という副題が示すように，なるべく身近な話題を多く取り上げ，大学生ではない一般の読者の方々にも興味をもって読んでいただけるよう工夫をした。

本書の副題は『生活の中で捉える社会心理学』である。本書がこのタイトルになった理由について少し長くなるが以下に述べることにする。

筆者はこれまで多くの生徒たち，学生たちを指導してきた。その中で「人が何かを学ぶとは，いったいどういうことなのか？」と考えるようになっていった。

教師が何かを説明してもまったく興味をもつ様子がなく，ただぼんやり聞いているだけの学生，一方，熱心に黒板に書かれた文字をせっせとノートに写し，まるで「私は勉強しましたよ」と，何か証拠を残すかのように，きれいにノートにまとめてはいるが，その本人に研究テーマを探させ「自分のやりたいようにやってみろ」と言うと，とたんにまったく何もできなくなってしまう学生（指示されなければ何もできない学生）等を見ると，彼らにとって「学ぶこととはいったい何なのだろうか？」と考えざるをえないのだ。

彼らの学びの問題点を探ることは，自分自身の学びが，どういったものだったのか，を考えるきっかけにもなったし，「どのように教えるか」という自分のティーチングメソッドを開発するきっかけにもなった。

「学べない人間というのが，いるのではないだろうか？」筆者の最初の疑問はここから始まった。筆者がこれまで出会った多くの人たちを見てみると，およそ3タイプの「学べない人間」がいた。

最初のタイプはいわゆる「無気力人間」「やる気のない人間」である。彼らは何ごとにも興味がなく，毎日をただなんとなく生きている。彼らは，教師が強く「〜しなさい」と言うとやるだけはやる。しかし，その水準は低く「やりましたよ」と証拠を残すようなやり方だ。

彼らは「自分のやっている勉強はつまらないもので，自分には何の役にも立たない」ということをよく理解している。「そのつまらない勉強を，やれというならやりますよ，でも，うまくできなければ，それは，私の頭が悪いのだから仕方ないでしょう」と考えているようだ。

2番目のタイプの「学べない人間」はいわゆる「がり勉人間」である。「がり勉人間」を勉強のできる人間だと思ったり，「がり勉人間」と「無気力人間」は正反対の人間であるように思っている人がいるかもしれないが，この二つは実はよく似ている。彼らの共通点は，どちらも自分がやっている勉強が無意味なものであるということを，本人自身がよく知っている点と，どちらも勉強を作業であると捉える「作業的学習観」をもっている点である。

違っている点は，勉強という作業に対する要求水準の高さの違いだ。「がり勉人間」は要求水準が高いのだ。「無気力人間」は先生に怒られない程度にさっさと勉強を終わらせるが，「がり勉人間」は勉強作業をやっている間は，一種の安心感を感じるので，勉強時間が長い。

しかし，両者とも彼らが学ぶ知識は，自分たちの頭の中で整理されておらず，ばらばらで，世の中がはっきり見えているとはいえない。「がり勉人間」は特定の領域については細かなことまで知っているかもしれないが，広い文脈で物事を捉えることができない。自分がやっている勉強が世の中や自分の生活とはつながってこないのだ。

3番目のタイプの「学べない人間」は「要領のいい人間」である。彼らが「無気力人間」「がり勉人間」と違うところは，彼らは自分のやっている勉強が少なくとも「自分にとって役に立つ」ということをよく知っている点だ。彼らに

とって関心があることは，自分が成功すること，うまくやることである。だから彼らは，勉強が自分の出世や成功に役に立つと思えば，かなり真剣に勉強する。

しかし，彼らは勉強を，常に「どうすればうまくいくか？」といった観点からしか見ていないので，もともと真理の追究などを求めてはいない。世の中で何が起こっていて，世の中とはどういうものなのか，といったことにはまったく関心がないし，世の中などそもそも見ていない。彼らにとって重要なことは周りの人を出し抜いて，自分だけが成功を収めることなのだ。「無気力人間」と「がり勉人間」は世の中がよく見えていないのだが，「要領のいい人間」はもともと世の中を見る気がないのだ。

ここで「学べない人間」がどうして学べないのか？について少し掘り下げて考えてみよう。つまり，「彼らを学べなくしている根本に何があるのか」を考えるのである。

彼らを学べなくしているのは，「勉強とは，せっせと作業するものである」と捉える作業的学習観と「勉強とは自分の成功のための手段である」と捉える方法的学習観である。これを生み出しているのが「権威主義的知識観」と「主観主義的知識観」それに「マナー的学習観」である。

日本人は勉強を権威主義的に捉えてきた。本書はできるだけ権威主義的な書き方はしないように注意した。本書に書かれていることを丸暗記してもそれほど得るものは多くないだろう。筆者は，本書に書かれていることが，読者が世の中のことを考えるきっかけになることを願っている。

主観主義的知識観というのは，知識は常に「自分にとっての真理である」と考えることだ。例えば大学で教師が講義をしたとすると，学生たちは「あんなに真剣にしゃべっているのだから，これはあの先生にとっては真理なんだろう」と考えやすい。「自分には真理である」と思えるものも，それはあくまでも自分にとっての真理なのだ。社会心理学は社会を知る学問であるが，多くの日本の学生たちは，社会を知るということは「自分が社会は〜である」と悟ることである，と考えているようだ。本書では仮説と実験による検証が多く出てくる。これは学説とか理論は真理にせまるものと捉えているからである。

マナー的学習観は多くの家庭で見られる。子供が机に向かって何か作業をしていると親は子供が勉強していると思って喜ぶ。教師は，生徒たち，学生たちがせっせと黒板の文字をノートに写しているのを見ると，彼らがよく勉強していると判断する。親や教師は，勉強をある種の礼儀作法と考えているように見える。

　勉強を取り巻く状況がこういう状態だと，親や教師たちは生徒，学生たちに対して「君は（君たちは）～していないじゃないか」と叱ることが多くなるだろう。これに対して，生徒，学生たちは「それではどうすればよかったのですか」という回答にならざるを得ない。ますますマナー的学習観が固まっていく。

　こう考えていくと学べない人間というのは我々自身の中にある「学べない傾向」であることに気づく。筆者の中にも「学べない傾向」があることを自覚している。このことを意識し学べる人間でありたいと思う。

武田正樹・藤田依久子

目　次

はじめに　*i*／本書のねらい　*xi*

1　集団内の人間行動 ……………………………………… 1

1. 集団の定義　1
集団の類型　3
2. 同調行動　3
アッシュの実験　4／アッシュの実験と実生活との比較　6／同調行動をとらない場合　8／同調行動の文化による違い　9／モスコビッシらの実験　10
3. 社会的手抜き　11
ウィリアムスらの実験　11／「社会的手抜き」の実験の日常生活への応用　13／ラタネらの実験　13
4. 集団規範　15
いじめと「集団規範」　16／いじめが深刻化するであろう集団規範　16／休暇をとることに関する集団規範　17
5. 援助行動　19
ラタネらの実験　19／援助行動の条件　21／相手の援助行動を素直に受け入れるための被援助者の条件　23／援助行動と社会規範　25／援助行動と原因帰属　26
6. 集団決定と態度変容　27
集団決定法　27／レヴィンの実験　29／集団決定法 vs 個人教示法の実験　30／集団決定法が効果的である理由　30／職場における集団決定　32／集団討議が成功する条件　33
7. 集団の意思決定　35
集団極性化　35／マイノリティ・インフルーエンス　39／集団思考　39

2　個と集団 ……………………………………………… 45

1. 内集団ひいき　45
スポーツの観客の観察　45／タジフェルらの内集団ひいきについて調べた実験　46／一般互酬関係説　47／適応論　48
2. ブラックシープ　48

なぜこうしたことが起こるのか？　49／大石・吉田の実験　51
3. ソーシャル・サポート　52
　サポートと健康　55
4. 囚人のジレンマ　56
　アクセルロッドの囚人のジレンマ戦略選手権　58
5. 社会的ジレンマ　60
　ドウズの社会的ジレンマの定義　60
6. グラノヴェターの閾値モデル　63
　暴動が拡大するケース　66／暴動が縮小するケース　67
7. 透明性の錯覚　68
　エクマンとフリーセンの実験　68／ギロヴィッチらの実験　69
8. 責任の帰属　70
　原因帰属のエラー　73

3　集団と労働　　　　　　　　　　　　　　　　77

1. ホーソン研究　77
2. ハーズバーグの衛生理論　78
　ハーズバーグの研究　80
3. 印象操作　83
　防衛的自己呈示　85／主張的自己呈示　95／我々はなぜ，印象操作や自己呈示をおこなうのであろうか？　101／キプニスの実験　103
4. 集団の凝集性と生産性　105
　凝集性士気説　105／シャクターらの研究　105／凝集性士気説の前提条件　106
5. ブレインストーミングの技法
　―独創的なアイデアを出すにはどうすればよいか―　　107
　オズボーンの研究　107／テイラーの研究　108／ダネットの研究　109
6. メンタリングとコーチング―人を育てるコミュニケーション―　109
　メンタリングの機能と効果　110／OJT：職場での公式なメンタリング　111／コーチング　112
7. キャリアプランニング　115
　キャリア発達モデル　115／ピーターの法則　117／アドラーとアドラーの研究　118
8. 失　業　119
　リストラサバイバー・レイオフサバイバー　120

4　社会的影響力 ·· 123

1. 勢力関係　123
2. 勢力とリーダーシップ　127
    子供の勢力　127／子供の勢力についてのゴールドの研究　128／マキャベリアニズムとリーダーシップ　128
3. 集団の形成と集団間の葛藤　132
    シェリフらの研究　132／シェインの研究　135
4. リーダーシップ　その1―特性論，二次元論―　135
    特性論　137／二次元論　140
5. リーダーシップ　その2―状況理論―　143
    条件適合理論　143／SL理論　144／リーダーシップの国による違い　145／スポーツ応用心理学からのアプローチ　145
6. コミュニケーションスキル　151
    コントラスト　151／返報性　153／譲歩　157／コミットメント　157／社会的証拠（模倣）　159／ランチョン・テクニック　160／権威　162／ブーメラン・テクニック　163
7. 説得的コミュニケーションと態度変容　165
    送り手要因　168／呈示方法の要因　173／受け手要因　179／ハイダーのバランス理論　181／フェスティンガーの認知的不協和理論　187

5　動機づけ ·· 199

1. 動機づけとは何か　201
2. 動機の分類　202
    一次的動機（生得的な動機）　202／二次的動機　204
3. マズローの欲求五段階説　204
4. 認知的理論　205
5. 葛藤と欲求不満　207
6. 防衛機制　210
7. モチベーションが低下している時代の労働　212
    現状分析　212／自分自身や部下のモチベーションを上げる方法Ⅰ　213／感情のコントロールの重要性　217／自分自身や部下のモチベーションを上げる方法Ⅱ　218／公平理論　219

あとがき　223／文　　献　224／索　　引　232

本書のねらい

　ある高等学校の数学の授業をのぞいてみよう。数学の山田先生が,「関数」についての授業をしているところだ。
　山田先生は,「あなたたちは何を基準にしてスマートフォンを選んでいますか？」と生徒たちに質問した。
　「私はたくさんの機能が付いたものを選びます」と佐藤さんが答えた。
　「あなたの家はお金持ちだからいいけど，私は値段の安いものを選びます」と佐々木さんが答える。
　「僕はやっぱりかっこいいのがいいな」と鈴木君が言う。
　「俺はずっとドコモのを使ってきたから，買い替えるときもドコモのを選ぶよ」と三浦君は言った。
　「機能」で選ぶ人，「値段」で選ぶ人，「デザイン」で選ぶ人，「電話会社」で選ぶ人，「メーカー」で選ぶ人等，スマートフォンを選ぶ際には様々な基準が存在していることが分かった。

　その授業の際，生徒たちは「私は機能で選ぶ」とか,「私はデザインで選ぶ」と発言していたが，そのことに関して山田先生は次のように説明を加えた。
　「普通，人々はただ一つの理由でスマートフォンに限らず商品を選ぶことはありません。我々は，それらの関数として商品を選んでいるのです。機能で選ぶという人でも，値段があまりにも高かったり，デザインや色があまりにも気に入らなかったとしたら，それを選ぶことはありません。我々の好みはそれらの関数として与えられていて，ある水準を超えた時にそれらは選択（購買）されるのです」
　「ではスマートフォンのような物ではなく，あなたたちは恋人とか友人をどのような基準で選んでいるのですか」先生はさらに生徒たちに問いかけた。ここで教室は大いに盛り上がる。

山田先生は，「好み」に関して，スマートフォンのような「物」だけではなく，友人や恋人といった「人」に関しても同様のことが成り立つことを言いたかったのだ。

　その時，ある一人の女子高生は，恋人を選ぶ基準として「顔」で選ぶ，と発言した。それに対して山田先生は，それは「デザイン」で選ぶということなんですね，と答えた。山田先生は，物の好みも人の好みもいろいろな事柄，この場合は「デザイン」や「機能」といったものの関数として決まってくるということを言いたかったのだ。

　視点を変えて見てみると，「恋人を顔で選ぶ」と言った生徒は，スマートフォンを選ぶ場合でも「デザイン」で選ぶのではないか，という推論が出てくる。このような人は，物を選ぶ場合でも人を選ぶ場合でもデザインを重視して選択するのではないだろうか。また，機能を重視する人は，物を選ぶ場合でも人を選ぶ場合でも機能重視の選択をおこなうのではないか，と考えられる。

　人間の性質はそんなに変わるものではないので，主観的・感情的に物事を選ぶ人はどのような場面でも主観的・感情的な行動をとると予測され，理性的な人はどのような場面でも理性的な選択をするのではないかと予測できるからだ。

　本書では，個と集団のかかわりを通して，人間行動の原理を明らかにすることを試みている。物理学は，自然界に見られる現象に対して，様々な原理や法則を発見し，人類に恩恵をもたらしてきた。皆さんは，物理の原理や法則というと何を思い浮かべるだろうか。アルキメデスの原理とか，万有引力の法則とか，オームの法則といったものが思いつくかもしれない。

　「個と集団の心理学」も人間行動の中に，自然界における物理の法則のような原理や法則を見つけ出し，我々の生活をより豊かにするために，それらを利用していくことを考えている。筆者は，個や集団の視点から人間を理解することは，我々自身の生活を豊かにすることにつながると信じている。

1 集団内の人間行動

1. 集団の定義

　集団という言葉を聞くと我々は，複数の人々が集まっているものである，と考えがちであるが，心理学では，集団にはある一定の条件が必要であると考えている。
　集団には次の5つの条件が必要である，と言われている。

1) 対面的熟知性
　各成員の名前や行動特徴をメンバーが把握していること。（サッカースタジアムや野球場に集まっている人たちは知らない人たち同士なので集団ではない。たまたま駅で電車を待っている人同士というのも知らない人同士なので，「集団」であるとは言えない。）

2) 一体感の知覚
　メンバー自身に自分たちが集団を構成している，という一体感があること。（高校の部活のバレー部は一体感があるから集団であるが大きな予備校の説明会に居合わせた人々は一体感がないので集団ではない。）

3) 目標の共有
　メンバー相互に共通の目標がある。（部活のバレー部であれば試合に向けて練習するという目的をもっているので集団と言える。）

4）相互活動

メンバー相互が影響し合っていて，欲求や行動の相互依存性が見られる。（メンバーがお互いにまったく相手から影響を受けていない，自分も影響を与えてない，こういった人の集まりがあれば，それは集団の定義からすると集団とは言えない。）

5）地位と役割の分化と規範の共有

メンバーそれぞれにリーダーやフォロワー等の分類ができ，個人の行動に許容範囲や規範が存在する。（集団と言える人の集まりの場合，その中には個人の役割が決まっていて，規範やルールが存在している。何をやってもよいというわけではない。）

　この5つの「集団の定義」の条件に従うと，集団と言えるものは，例えば，大学のサークルやゼミ，会社等で，集団ではないものは，例えば，駅のホームに，たまたま居合わせた人たちや，試合観戦のためにサッカー場に居合わせた人たちである。集団とは相互作用と相互依存関係が認められるものを言う。
　このように言うと，集団と集団でないものは，はじめから決まっているように思われるかもしれないが，集団でないものが，何かのきっかけで集団に変化することがある。
　たまたま，ある飛行機に乗り合わせた人々が，何かの事故で飛行機が制御不能となり，乗客や乗組員たちが力を合わせて危機を乗り切るという内容の映画があった。これは，今まで集団ではなかったものが，集団に変化した一つの例である。同じような例であるが，大きな地震が起こった際，エレベーターの中に閉じ込められた人たちが，力を合わせてその危機を乗り切ったというようなことがあった場合にも，同じように今まで集団でなかったものが集団に変化した例といえるだろう。
　相互作用と相互依存性をもった人の集まりを集団とするほかに，社会的実体として意味を付与され，人々の認知や行動に影響を与えるものも「集団」として心理学の研究対象となる。

例：日本人・高齢者・華僑

■ **集団の類型**

アメリカの社会学者 C. H. クーリー（Cooley, 1909）は，集団を「第一次集団（primary group）」と「第二次集団（secondary group）」に区別した。

「第一次集団」とは，構成員が直接，接触し合う全人格的な対応が見られ，親密なコミュニケーションがおこなわれる，といった特徴をもつものである。例としては，家族とか遊び仲間集団，伝統的な地域共同体のことだ。

それに対して，「第二次集団」とは，対面性のない間接的な相互関係に基づく集団で，他者への転移が容易なメンバーシップといった特徴が見られる。他者への転移が容易というのは，代替可能という意味で，その人でなくてもよいという意味である。

「第二次集団」は，もしメンバーが気に入らなかったらメンバーを変えることができる集団のことだ。大企業や大きな政党は第二次集団である。また，軍隊も「第二次集団」の代表的なものだ。

クーリーだけでなく，様々な学者が集団の類型について研究している。F. テンニエス（Tönnies, 1920）の「ゲマインシャフト（Gemeinschaft）」と「ゲゼルシャフト（Gesellschaft）」は有名だ。

2. 同調行動（コンフォーミティー）

> 　河村，松村，佐藤は同じ会社の同僚である。ある日彼らは，昼休みに一緒に定食屋に入った。
> 　「俺，焼き魚定食」河村は注文を取りに来た店員に言った。
> 　「俺も同じでいいよ」松村も即座に決めた。
> 　「……じゃ……俺も……」少し考えてから佐藤は小声で言った。
> 　「焼き魚定食三つね」河村は大きな声で店員に注文した。
> 　「それで今回のプロジェクトの件なんだけど……」河村は松村に話しかけた。その時，ふと佐藤は考えた。
> 　「俺，今まで何か決める時，自分で決めたことがあっただろうか？」

> 「定食屋の注文なんて些細なことだけど，俺って学校や会社を選ぶ際にも他人の決定についてきただけだったな」
> 「でも，みんなが選んでいることに従っていることは楽だし，最良の選択だろう，きっと……」

　心理学では他人に同調する行動をコンフォーミティー（同調行動）と言う。人は，佐藤のように他人に同調しやすい動物のようだ。公園でよく見かける鳩は，1羽が何かに驚いて飛び立つと他の鳩もつられて飛び立つ。明らかに同調行動をとっている。サバンナにいるシマウマも同様だ。しかし，同じサバンナにいてもライオンは同調行動をとらない。鳩やシマウマのような弱い動物は，群れで行動し同調行動をとったほうが，外敵から身を守り生き延びる可能性が高まるのだろう。

　人は今でこそ自然界の王者として君臨しているが，人類の歴史の長い期間，鳩やシマウマと同じように天敵から逃げ回る生活をしてきたので，同調行動をとることが身についてしまったのだろう。人類が長い期間をかけて身につけてきたものを簡単には捨てられないのだ。

　そのため，佐藤のように何でも人に同調してしまう人がいるわけだ。確かに佐藤が言うように同調行動をとっていると，自分では何も考えなくてよいので楽だし，多くの人がとっている行動はそれなりに合理性があるとは思うのだが……。

　たぶん佐藤の悩みは，自分のアイデンティティが感じられないこと，つまりアイデンティティの喪失の問題なのだろう。確かに同調行動ばかりとっていると「自分」がなくなってしまうだろう。多くの人は佐藤と同じように同調行動をとる。しかし，世の中の人がみんな同調行動をとる，と思ってはいけない。まったく同調行動をとらない人もいる。

■ S. E. アッシュの実験（Asch, 1951）

　1951年にアッシュが，同調行動（コンフォーミティー）を最初に実験によって示した。

2. 同調行動（コンフォーミティー）

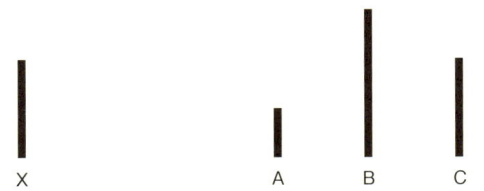

図1-1　アッシュの同調行動の実験（Asch, 1951）

　実験の内容は，次のようなものであった。実験者は黒板に，ある長さの線分（X）が書かれた紙を提示する。次にその紙を隠し，異なる長さの3本の線分A，B，Cが書かれた紙を提示する。それを見ていた被験者に対して，「最初に示した線分の長さと同じ長さの線分は，A，B，Cのどれですか」と質問をしたのである。

　この課題を個々の解答用紙に書いて提出させた場合は，ほとんどの人が正解を選んだ。つまり，この3本の線分はほとんどの人にその違いが分かるように設定されていたのだ。

　この課題を18問出題した。実験者は，被験者の中に何名かのサクラ（実験者の指示通りに動く者，実験者のまわし者）を紛れ込ませていた。実験者は，被験者が回答する前に，このサクラに口頭で回答させた。このサクラは，はじめの2問は正解を言った。ところが，3問目以降，18問目までは誤答を正解であると主張しだした。

　この実験では，サクラの人数を，1人，2人，3人，4人以上，と変化させて実験を繰り返した。

　またこれとは別に，サクラを入れない状態で同様の実験をした（統制群）。サクラを入れない統制群では，37人中35人が18問全問正解した（95％の正解率）。

　サクラを入れた場合（実験群）は，全問正解率が26％であった。18問といっても最初の2問はおとりなので，6問，間違った場合は，16問中6問，間違ったということになる。

　アッシュの実験では，実験群の被験者の30％の人が6問以上間違った。この実験では，統制群と実験群の間に大きな差が出たのだ。統制群の平均誤答数は

0.08 で，実験群の平均誤答数は 3.84 であった。しかも，実験群の誤答は，すべてサクラの誘導した誤答にしたがったものであった。この実験ではサクラが 4 名であった時，サクラの誘導が最大の効果を上げた。それ以上の人数のサクラを入れると，誤答率がかえって減ったのだ。これは，被験者がサクラの誘導に気づき始めたのではないかと予想された。

アッシュの実験は，集団圧力と呼ばれる，集団が成員（個）に対して及ぼす心理的な圧力についての実験である。人間は大多数の判断と自分の判断が異なる時に，心理的な圧力を感じるのだ。

■ アッシュの実験と実生活との比較

この実験と日常生活との間には 3 つの違いがある。

1）正解があるかないか

アッシュの実験の場合には，正解がある。このように正解があるものでも，人は他人に影響された。ところが日常生活の場合では，実は正解がない場合の方が圧倒的に多いのだ。

例えば，A 店に買い物に行くか B 店に行くか，選挙の際に A 党を選ぶか B 党を選ぶか，プロ野球で巨人を応援するか阪神を応援するか，これらのことは，どちらかが正解である，といったものではない。

正解があるアッシュの線分の長さの実験でも，間違った方に人々は誘導されたわけだから，正解がないことの多い日常生活では，なおさら多数派に影響されるのではないだろうかと予測される。

2）社会的な関係

アッシュの実験の場合は，お互いに顔見知りでない人たちが偶然集められて実験をおこなったので，被験者たちの間には面識がない。しかし，我々の日常生活では，付き合う人たちとの間に社会的な関係ができあがっている。

例えば，会社の中で何か議論をしている場合，一人一人の影響力には差がある。社長が「こうやろう」と意見を出した時には，他の社員は同調せざるを得

ないだろう。我々の社会生活のあるゆる場面で，このように自分の意見や判断は，社会的な関係の中で影響されている（このため，人は心ならずも他人の意見に同調してしまうことが，しばしばあるのだ）。

アッシュの実験は，たまたま集められた人たちで実験をおこなった。それでも多くの人がサクラの意見に同調したわけだから，実験の場面より実社会の方が，より他人の影響を受けやすいだろうと予想される。

また，日本人は特に他人からの評価を気にする国民であると言われている（自分が他人にどう見られているのかを気にするということ）。そのため日本人は，他の国の国民と比較して，同調行動が多く見られるのではないかと予想される。

アメリカの人類学者R.ベネディクト（1946）が『菊と刀』で西欧の「罪の文化」と日本の「恥の文化」について興味深いことを述べている。

西欧の罪の文化：人間の行動は，対神（たいかみ）との関係において決定される。
日本の恥の文化：人間の行動は，対人（たいひと）との関係において決定される。

悪い行いについて欧米人は，そんなことをしたら罪だ，と考える。そこには他人は介在しない。「人が見ていなくても罪を働いたら罪である。神はそれをお許しにはならない」と考える。

悪い行いについて日本人は「周りの人に，そんなことをした人だと思われるのが恥ずかしい，だから止めておこう」と考える。日本人にとって，恥は不名誉なのだ。

ヨーロッパの人たちは細かく国が分かれていて，それぞれの国ごとに価値観が違う。だから恥の文化というのは，生まれにくかったのかもしれない。他人に対して酷いことをしても，もう二度と会わないことが多い場合，恥にはならないのかもしれない。

しかし，日本人は農耕民族でしかも島国育ちなので，生まれた村で死ぬまで過ごすことが多かったため，村の人たちとうまくやっていかなければならなかったのだろう。日本人は，長い間他人の目を気にして生活してきた。そのため，同調行動が起こりやすいのではないかと考えられる。

3）課題の重要さ・緊急性

　アッシュの実験は，棒（線分）の長さが長いか短いかというだけの問題であった。たとえそれを間違ったからといって，被験者の人生に影響を与えるわけではない。ところが，日常生活の場合では，どこに旅行に行くか，阪神ファンになるか巨人ファンになるか，どこの会社に就職するか，どこの学校へ進学するか，といった進路の選択等，その人にとっては，自分自身の生活に関わることであり，どうでもよいことではない（自我関与がある）。

　自我関与に関しては，一応 2 通り考えられる。一つは自我関与が高いと同調行動が起こりやすいのではないか，ということ，もう一つは自我関与があまりにも高いとかえって同調行動が起こりにくくなるのではないか，とも考えられることである。

　自我関与が高いから同調行動が増すというのは，例えば，中学生が自分の友達がバスケットボール部に入ったから，自分もバスケットボール部に入るということや，友達が行っている塾に自分も行くとか，主婦の場合，隣の奥さんが○○スーパーに行っているから自分も同じスーパーに買い物に行こう，と思うことが，日常生活ではしばしば起こる。この程度の重要さ（自我関与度）がある問題に関しては，アッシュの実験のような自我関与度が低いものより，同調行動が起こりやすいのではないか，と考えられるのだ。

　一方，自我関与があまりにも高い問題（会社への就職・学校への進学といった自らの進路に関する問題等）となると，その人にとっては切実な問題であるわけだから，自分自身で考え同調行動は起こりにくいだろうと思われるのだ。

　しかし，2 節冒頭の佐藤のように学校や職業の選択といった，その人にとっては，切実な問題であろうと思われることで同調行動をとった人を，筆者は何人も知っている。例えば自分の友達が○○高校に行ったから，といった理由で高校進学（進路）を決めるということはよくあることなのだ。

■ 同調行動をとらない場合

　4 人のサクラ全員が，同一の間違った答えを言った場合，被験者の 30% が 2 回に 1 回は間違ったサクラの答えに誘導された。

サクラの中に正解を言う人を4人のうち1名混ぜた場合，間違ったサクラに誘導された被験者の割合が，30％から5.5％に激減した。正解を言うサクラを2名，あるいは3名にしても，この数字にあまり変化は見られないことが分かった。
　この実験における「正解を言うサクラ」は，被験者にとっては自分の味方であると考えることができるだろう。
　この実験によって，人は一人でも味方がいれば，同調行動をとらなくなることが予想される結果となった。この実験を日常生活に応用してみよう。
　正解を言うサクラは日常生活で考えると，その人の理解者あるいは支持者と置き換えることができる。人は，少数でも自分の理解者がいると，それが本当に正しいかどうかは別問題として，その人が正しいと思ったことを行動しやすくなるのではないだろうか，という仮説が立てられる。
　具体的な例を言うと，いじめを苦に自殺をする人は，その人を理解してくれる人や友人が一人もいない，と本人が思っている場合が多いのではないだろうか。一人でも自分を理解してくれる人がいる，と本人が感じとることができれば，その人は自殺を思いとどまるのではないか，ということがこのアッシュの同調行動の実験から予想されるのだ。

■ 同調行動の文化による違い

　今までの同調行動の研究結果を見ると，人間は同調行動をとりやすい，と思うかもしれない。また，同調行動をとる人は弱い人間であって，同調行動をとらない方がよい生き方であるように感じとった人がいるかもしれない。
　しかし，一概にそうとも言えないだろう。例えば，自分の住んでいる地域に○○野球球団や○○サッカーチームのファンが極端に多かった場合，自分もそのチームのファンになっていた方が，居心地がよいだろう。周りに同調していた方が近所の人たちとの人間関係がよくなったり，その地域で過ごしやすくなったりするのであれば，同調行動をとった方がよいかもしれない。特に日本の社会では，同調行動が求められている場合がある。
　しかし外国，特に欧米では過度に同調行動をとる人は，自分の意見がない人，

自分の主張がない人であるとみなされ，低い評価を受けてしまう。ただ他人に同調しているだけの人は，欧米では馬鹿にされてしまうので，欧米に出かけた場合は，過度な同調行動は控えた方がよいかもしれない。

■ S. モスコビッシらの実験（Moscovici et al., 1969）

1）実験内容
明るさの違うすべて青色のスライドを被験者に見せて，「これは何色ですか？」と質問する。
統制群：サクラの配置なし，被験者 4 名のみ。
実験群：被験者が 4 名，それ以外に 2 名のサクラを配置する。

2）実験結果
統制群，被験者のほぼ 100％が「青である」と答えた。
実験群
① 2 名のサクラが，一貫して「緑である」と言い続けた場合，被験者の 70％が「青」と答え，30％が「緑」と答えた（被験者の 30％がサクラの影響を受けたと考えられる）。
② 2 名のサクラは，ある時は「緑」ある時は「青」と答えた（全体の 2/3 は「緑」，全体の 1/3 は「青」，順番は不規則）。この場合は，被験者のほとんどは「青」と答えた。

3）実験考察
この実験によって，少数派が多数派に対して影響力を行使する場合は，主張に一貫性がなければならないことが分かった。例えば日本の政党を見ても，少数政党には主張に一貫性が見られるだろう。

モスコビッシの実験を世界史や日本史に応用してみよう。これまでの歴史をみると，歴史には必ず変革期がある。例えば，ロシア革命等の革命[1]や日本の

1）今まで支配されていた階級の人たちが支配階級を倒して，支配階級に立つこと。

明治維新のように，それまでの体制が変革する時期が必ずおとずれる。そうした変革期に変革を成し遂げる人は，その時代においては必ず少数派だ。はじめは人々に無視されたり，弾圧されたりするが，歴史を変えてきた人々は，首尾一貫して自分たちの主張を言い続けるのだ。そうした信念をもった人たちが社会を変え歴史を変えてきた，と言えるだろう。

> **社会的記憶**
>
> コンピュータは情報処理のために使われている。我々もコンピュータ同様，毎日，情報処理活動をおこなっている。いろいろな物事を，記憶したり，判断したり，評価したりしているのである。
>
> こうした，「人」がおこなっている情報処理のことを「認知」と呼んでいる。人の認知のシステムは，コンピュータとは違っている。コンピュータは，物事を機械的に記憶するが，我々は選択的に情報処理をおこなっている。人が大勢いてうるさいレストランの中でも，話している相手の声は聞き取れる。自分とは関係ない周りの人たちの声は，無視されるのだ。
>
> つまり，我々には情報処理の目的があり，その目的に沿った情報だけが選択的に受容されるのだ。
>
> 記憶について考えてみよう。自分の興味のある授業や関心のある話題は，よく覚えているだろう。それに対して，自分のあまり興味や関心のない授業はまじめに聞いていたとしても，後で振り返ってみるとあまり覚えていないことが多いのだ。
>
> パーティーの席で，初対面の人を紹介された時，今後も仕事等で付き合っていくことが考えられる人と，そのパーティーで知り合ったが，おそらく今後は二度と会わないだろうな，と思う人を我々は無意識のうちに判別している。
>
> そして，パーティー後，この両者について，自分が記憶している情報量を比べてみると，前者についての情報量の方が，後者についての情報量よりも圧倒的に多いはずである。今後付き合っていく可能性があるかないかで，情報処理の目的が異なるため，情報処理のされ方が異なる。

3. 社会的手抜き（Social loafing）

■ K. ウィリアムスらの実験（Williams et al., 1981）

1）大声を出す実験

被験者はマイクに向かって，「大声を出して下さい」と指示される。最初は，

「1人で頑張って下さい」と言われ，被験者は1人でマイクに向かって大声を出す。次に，「2人で頑張って大声を出して下さい」と言われ，2人の被験者はマイクに向かって大声を出す。このようにして，被験者の数を，1, 2, 3, 4名と変化させる。

　被験者の数が増えていくと，被験者たちは，しだいに手を抜き出す。マイクを通して，音量・音圧が計測されているので，被験者の数が増えるに従って，数値が減少する様子が分かるのだ。

2）綱引きの実験

　被験者は，「1人で綱引きして下さい」と指示される。次に，「2人で頑張って綱引きして下さい」と指示される。このように1人ずつ綱を引く人の数を増やしていく。逆サイドの綱は機械につながれており，被験者がどのくらいの力で引いたかが計測できるようになっている。この綱引きの実験の場合でも，1人の場合よりも2人，2人よりも3人と，人数が増えるごとに，1人当たりの綱を引く力を表す数値が減少していく。

　大声を出す実験の場合でも，綱引きの実験の場合でも，個では頑張るけれど集団となると全力ではやらなくなることが分かった。このことを「社会的手抜き」と呼んでいる。

3）実験の考察

　集団全体が評価されて個人の努力は評価されない，と被験者が考えた場合に，「社会的手抜き」が起こりやすい。
　その人の評価や努力が正当に評価される，と被験者が考えた場合は「社会的手抜き」は起こりにくい。
　＊集団になったとしても「社会的手抜き」が起こらない場合
　大声を出す実験で「マイクロフォンの性能がよく，あなたの前のマイクは確実にあなただけの声を拾うので，たとえ周りに人がいたとしても気にせずに頑張って下さい」と言われた人には，「社会的手抜き」はあまり起こらなかった。

■「社会的手抜き」の実験の日常生活への応用

　プロ野球やプロサッカーの試合でマスコミからインタビューを受けた選手の多くが，言葉上では「チームのために頑張ります」と言っている場面を多く目にするが，完全な負け試合でも，すべての選手は皆，全力で頑張ってプレーしている。プロ選手のプレーをお客さんは入場料を払って見に来ているわけだから，たとえ完全な負け試合であっても，全力でプレーすべきではある。

　しかし，もしチームの勝利を優先させるなら，完全な負け試合では体力を温存して次の試合に備える，という選択肢があってもよいように思うのだが，そんな試合はほとんどない。どんな試合でも，すべての選手は全力でプレーする。

　おそらく，一人一人のプロの選手の努力は，勝ち試合，負け試合に関係なく，個人のパフォーマンスとして査定されるからなのではないだろうか。

　団体競技の場合，個人の努力が正当に評価されなければ，「社会的手抜き」が起こりやすく，人は全力では頑張らなくなる。

　バレーボールやバスケットボールのような団体競技の場合，試合で勝った時に「皆さんよく頑張りましたね」という褒め方をする監督やコーチがいる。しかし，「社会的手抜き」のことを考えると，あまりよいコメントの仕方ではない，ということになる。

　この場合は，「〇〇さんのファインプレーがチームを救いましたね」とか「〇〇さんのあのプレーはよかったね」とか「△△さんの〜という声掛けの内容やタイミングがチームに勇気を与えたね」というように，一人ひとりの行動を評価するようなコメントを出すとよいのではないかと，この実験は教えている。

　集団の成員たちが「自分は集団の一員に過ぎない」と考える状況では，成員個々の能力を十分に引き出すことができないので，優秀なリーダーであるためには，集団の中の一人ひとりに配慮をする必要があると思われる。

■ B. ラタネらの実験 (Latané et al., 1979)

　社会的手抜きには，他にも様々な要素がかかわっている。その一つが，協調の失敗の問題だ。

　1979年にラタネらによっておこなわれた大声を出す実験を見てみよう。

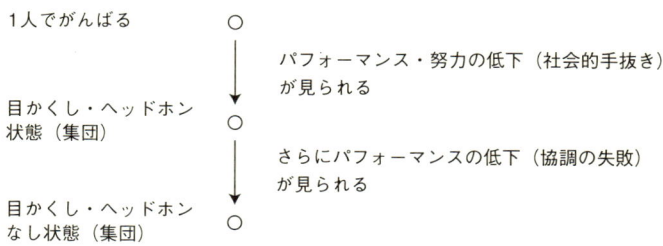

図 1-2　社会的手抜きと協調の失敗

　まず最初に被験者が単独で大声を出した場合のデータがとられた。次に，被験者が集団で大声を出した時のデータがとられた。すると，音量・音圧が低下した。

　次にラタネらは被験者に，目隠しとヘッドホンを付けさせ，できるだけ大声を出すように指示した。この場合も音量・音圧の低下が見られた。しかし，目隠し，ヘッドホンなしの時に比べてその減少は少なかったのだ。

　目隠し・ヘッドホン付きの場合は周りに人がいても，一人で声を出している状況に近くなる。実際，周りに人がいることは，被験者たちは分かっている。人の気配もするだろう。しかし，声や姿が見えない状況なのだ。

　ラタネらは，一人で声を出している状況と比べた，目隠し・ヘッドホン状態で見られた努力の減少を「社会的手抜き」とし，目隠し・ヘッドホンを付けていない時のパフォーマンスと目隠し・ヘッドホンを付けた時のパフォーマンスの低下の差を「協調の失敗」であると考えた。

　この実験のように，ただ単に大きな声を出すことであっても，周りに人がいると，声を出すタイミングのことを人は考えるので，パフォーマンスの低下が生じるのだ。

　ラタネら（1981）は「社会的インパクト理論（social impact theory）」によってこの現象について説明した。

　「ある個人が他の人々から社会的圧力の標的になった時，その個人への社会的圧力の総計は，他の人々のもつ圧力と近接性と人数を掛け合わせたものの関数である。しかし，集団がその標的になる場合，集団の外からの圧力が集団内

の特定の個人に及ぼすインパクトは，成員の強さと近接性，それに数が多いほど減少する。つまり，インパクトは集団の成員間で分散する」。これがラタネらの社会的インパクト理論だ。

先の実験で，被験者はなぜ大声を出したのだろうか？ それは，実験者に命令されたからだ。これは一種の社会的圧力と考えることができる。この社会的圧力を一人で受けるとその人はとても強い圧力を受けることになる。なかなか手抜きはできない。ところが，集団でその圧力を受けると，ラタネらによると，「集団の成員の人数に応じて分散される」ということなので，社会的手抜きが起こりやすくなるのだ。

4. 集団規範（group norm）

集団の成員たちによって共有された行動の準拠枠のことを「集団規範」という。集団規範とはその集団の中で望ましいとされる行動のことを指す。

「集団規範」の例
芸能界では，昼間に会っても夜に会っても，時刻には関係なく「おはようございます」と言うのがルールになっているようだ。こういうものを集団規範という。だから，その業界の人と接する時に，昼間に会ったので「こんにちは」という挨拶をしてしまうと，その業界の人は，「この人はこの業界の人ではないんだろうな」と思うだろう。

「時間」についての集団規範
・九州では，九州時間というものがあるそうだ。5時から会合があって5時ぴったりにくる九州の人は，ほとんどいないのだそうだ。九州では，「5時に来てくれ」といって「5時ぴったりに来るような人は大物ではない」と考えられているのだろう。九州の人にとっては，定刻の5分や10分遅れるのは当たり前なのだ。ところが，いくらなんでも30分以上遅れるとなると，非難されるようだ。沖縄でもこれと同じような，沖縄時間が存在しているようだ。この

ように，ある地域にはその地域独特の「集団規範」が存在している。
・一方で5時に集合といえば5時の10分前には着いているのが当たり前，という集団規範をもっている集団もある。10分前に来ていないと非難される。定刻ぴったりに来ると，遅刻してはいないのだが，「社長出勤だ！」とか言われて非難されるのだ。実際，このような集団規範をもった会社は多い。

どちらがよい，どちらが悪いといった話ではなく，それぞれの集団の集団規範には違いがあるということなのである。

■ いじめと「集団規範」

いじめは集団の中で発生するので，いじめと「集団規範」は密接な関係があると思われる。いじめを考える際には，誰がいじめているのか，誰がいじめられているのか，誰が傍観しているのかを考えるのと同時に彼らがどんな集団規範をもった集団に属しているのか，を考える必要がある。

例えば，親や先生に告げ口をする（ちくる）ような人は，卑怯者として非難されるという集団規範をもった集団があったとする。そこで，いじめが起こった時，集団の成員は，そのことを親や先生に報告する行動を起こしにくくなるだろう。そのため，いじめが深刻化することが考えられる。

また，ある集団が，「いじめには介入すべきではない」といった集団規範をもっているとする。そこで，いじめに積極的に介入する人がいると，非難されることになるだろう。その集団では，いじめがあった場合，それを見て見ぬふりをすることが，その集団の成員の行動としては最も是認される行動となるのだ。

■ いじめが深刻化するであろう集団規範

①親や先生等の他人にいじめを報告するのは，恥ずべき行為（やってはいけない行為）である。
②いじめは，見て見ぬふりをすることが，最も「よい」行為である。
　いじめに介入することは周りの人たちに迷惑を及ぼすことになる。

いじめに関して，このような集団規範をもっている集団は，いじめ以外の場面においても他人のことについては，放っておけばよいのであって深入りするべきではない，他人の問題に介入する（首を突っ込む）ことは，できるだけ避けて慎まなければならない，という集団規範をもっているであろうと思われる。

集団に，他人に無関心であることがよいことであるという集団規範が存在している場合，いじめは深刻化することになる。

しかし，こうした集団規範が成立するには，成立するだけの理由があり，日本の場合には，時代の潮流といってもよいものなので，これを変更することは難しいだろう。

戦後，日本人は，戦前のプライバシーをあまり大事にしない社会，個を大事にしない社会に対する反省もあって，個を大事にする社会を作り上げてきた。それと同時に生まれたのが，他人のことについてあれこれ言うことは，あまり褒められたことではない，という集団規範なのだ。これがいじめに関しては解決が遅れてしまうとか，必要以上に深刻化させてしまうという事態を引き起こしていると考えられる。

世界を見ると，親や先生に，いじめを密告することは卑怯なことで，自分で解決するべきなのだと，思っている集団規範もあるし，密告することがよいことであるという集団規範をもっている集団もあるので，自分たちのもつ集団規範が，世界中どこでも通用すると思うことは間違いだろう。

■ 休暇をとることに関する集団規範

大企業の場合，その集団で働く人々は，様々な職種に分かれて働いている。そこでは職種ごとに集団規範が違っていることがある。

1）研究職，企画課等に所属している人たち

特徴：緊急性が低い。
　　　専門的な能力を必要とする。
　　　代替性が低い。休んだからといって他の人が代わることはできない。
→土日の公休以外に月に2日程度の休暇をとることはOKで，他の人から文句

は出ない。しかし，月に5日，6日も休むと非難されるだろう。この職種は，頭脳労働なので，適度に休暇をとってリラックスして頭脳労働がしやすい状態にしておこう，という意味合いがある。

2) 工場労働，運搬，清掃等単純労働（肉体労働系）
　　特徴：緊急性は低い。
　　　　　専門性はいらない。
　　　　　代替性は高い。
→公休以外に2ヶ月に1日くらいの休暇しか許容されないだろう。それ以上多く休暇をとると周りの人から非難されてしまう。
　専門性が要求されない代替性の高い仕事だから，基本的には，「休まずにまじめにこつこつ働くべし」ということになるだろう。あまり多く休むと「そんなに休むのなら他の人に代えますよ」ということになるかもしれない。

3) 会社では取締役等，実際に経営にかかわっている人，国の場合は大統領や国務大臣等
　　特徴：緊急性が求められる。
　　　　　代替性はきわめて低い。
→基本的に欠勤は許されない。
　大統領や首相，大臣といった人たちも人間だから病気になることもあるだろう。しかし，この仕事をしている人たちはたとえ病気であっても欠勤することは許されない。病気になったり欠勤したりすると，その仕事に対する適格性が疑われる。これは，会社の社長や取締役も同様だ。

　一つの組織であっても各部署によってそれぞれ異なる集団規範がある。このことは学校においても同じことが起こることを示唆している。一つの学校であったとしても，学級ごとに違う集団規範があったり，部活ごとに違う集団規範が認められることがある。

5. 援助行動（helping behavior）

援助行動が着目された事件
（1964年3月13日午前3時30分）
　キティ・ジェノヴィーズ事件：バーの店長としての仕事を終えたキティ・ジェノヴィーズが，自宅に車で帰った際にこの事件は起きた。駐車場に車を入れて自分のアパートに帰る途中，キティは路上で一人の男性から襲撃を受けたのだ。
　キティは，その時，大声で周りに助けを求めた。そのため，周囲のアパートや家々の明かりがついて，窓からたくさんの人がこの事件を目撃した。それを見た襲撃犯はその場を逃走した。キティはこの1回目の襲撃でナイフで刺されたものの，血を流しながら自宅の近くまで自力でたどり着くことができた。
　彼女が自宅に着いた時再び，先ほどの犯人から襲撃を受けたのだ。その際もキティは，大声で叫んだので，また周りのアパートや家々から多くの人々がこれを目撃したのだった。しかし，誰も彼女を助けに来てはくれなかった。この後犯人はキティを刺し続けて，彼女はとうとう絶命した。
　後で調べると，明かりをつけ窓から身を乗り出してこの事件を目撃した人は38人いたのだが，その時は誰一人として警察に連絡をした人はいなかったのだ。
　結局，誰かが警察に連絡したのだったが，それはキティが死亡した後であった。

　この事件について，皆さんはどのように考えるだろうか。
　当時の多くの有識者は，この事件を隣人に対する無関心や，人に対する冷淡な社会が引き起こしたものである，として問題視した。
　ところが，心理学者たちの中の何人かが，この有識者たちの意見に対して疑問をもったのだ。彼らは「この事件の原因は，本当に他人に対する無関心さ・冷淡さなのだろうか」と考えた。彼らは，このことをきっかけとして，援助行動に関する研究を始めた。

■ ラタネらの実験（1969）

1）実験内容

　被験者が，アンケートに回答するという仕事をするという名目で集められた。被験者たちは，実験者の指示に従ってアンケートに答える作業を始める。

その部屋に同席していた一人の女性の実験者が，何か用事があると言って隣の部屋に行く。しばらくした後，隣の部屋で突然，何か物が落ちたような大きな音がする。その後，先ほど出て行った女性の悲鳴が聞こえる。そのような条件で援助行動が起こるかどうかの実験をした。

次の4つの条件を設定して，それぞれについて援助行動の発生率が調べられた。
①単独条件
被験者1名の場合
→90%の人が助けに行った。
②友人条件
1名の被験者がいて，1名の友人がいる場合
→70%の人が助けに行った。
③面識のない他人条件
1名の被験者がいて，この実験で，たまたま同席した人（1名）がいる場合
→最終的には40%の援助率
④サクラ条件
1名の被験者がいて，その隣には，ひたすら作業を続けるように言われているサクラ（1名）がいる場合
→15%くらいの援助率

2）実験結果

単独条件や友人条件では被験者の反応はとても迅速であった。しかも，単独条件の援助率は90%に達している。しかし，友人条件の場合は70%で止まっている。

面識のない他人条件の場合は，援助行動が起こるまでの反応時間が長かった。つまり反応が鈍かった。最終的に40%程度しか援助行動は起こらなかった。サクラ条件であると，さらに極端に援助行動は起こりにくいことが分かった。

3）実験の考察

この実験をキティ事件に置き換えて考えてみると，事件を目撃したのが1人であれば，その人は90％くらいの確率で警察に電話をしたのではないだろうか，と推測される。

また，事件の目撃者が友人同士の2人づれであった場合であっても，援助した可能性は高い。ところが，周りに多くの人がいると，なにも自分が電話をしなくても誰かが電話するだろうとか，自分が電話をすると後で警察にいろいろ聞かれて面倒なことになるのではないか，できるなら事件にはあまりかかわりたくない，または余計なおせっかいをすることになるのではないか，といった考えが，1人の場合よりも強く出てきて，援助行動を抑制してしまうのではないかと考えられるのだ。

■ 援助行動の条件

R. バロンの「援助の認知的五段階仮説」

第1段階：緊急性
第2段階：自分の判断に対する自信
第3段階：「自分」が助けるべきかの判断
第4段階：自分の能力
第5段階：援助行動

第1段階：緊急性

そこで発生している事態が緊急性を要するという判断が，自分にあるかどうかが第一の条件である。そこで起こっていることに対して，それほど緊急を要することではない，とその人が判断した場合は，援助行動は起こらない。

キティ事件の時に，援助行動を起こさなかった人の中には，それが映画か何かの撮影であると思った人が何人かいたし，また，痴話喧嘩のようなものだと判断した人もいた。これらの人たちが，援助行動を起こさなかったのは，バロンによる第一の条件が満たされなかったことにあると考えられる。

第2段階：自分の判断に対する自信

　事態は緊急を要すると思ったとしても，人は，自分の判断が正しいかどうかに自信がもてないのだ。そのため，周りの人たちの様子をうかがう。そこで，周りの人たちが平気な顔をしていると，自分の「緊急性を要する」という判断が間違っているのではないか，と思うので，その人の援助行動は抑制されてしまう。

　キティ事件の時にも，目撃者たちはお互いに周りにいる人たちの様子をうかがう行動が見られた。

第3段階：「自分」が助けるべきかの判断

　他の人ではなく，「自分」が援助行動を起こすべきかどうかの判断がなされる。そこで自分が行動を起こすべきでないと判断した場合は，援助行動は起こらない。

　例えば，通りすがりの家の中が少し燃えていて，それを消火するためには，家の中に入るためにドアを破らなければならない，といった状況の時に，果たしてその人は，消火活動（援助行動）を起こすだろうか。また，例えば，子供が公園で転んで泣いている，という状況の時に，果たして自分がそれを援助すべきかどうか，を人は考えるだろう。特に，周りに親がいた場合に自分の援助行動がとがめられることも考えられるし，変質者に間違えられるかもしれない。「自分が援助行動を起こすべきである」と判断されなければ援助行動は起こりにくい。

　キティ事件の場合も，周りの目撃者の中に，例えば，キティの親戚や肉親といった人が，もしいたとしたら，その人は行動を起こしたであろうと思われる。ところが，不幸なことに目撃者はすべて赤の他人であったため，この条件が満たされなかったのだ。

第4段階：自分の能力

　火事や，川で人が溺れているという場合，どうするのが最善の方法であるのか，ということを知っている人でないと援助行動は起こりにくい。やみくもに

援助行動を起こしても良い結果になるとは思えないから，自分が援助の方法を知っているかどうかは，人が援助行動を起こすかどうかの判断に重要な影響を及ぼす要因だと考えられる。

第5段階：援助行動
　第1段階から第4段階までのすべての条件が満たされた時に，第5段階として，援助行動が起こる。

■ 相手の援助行動を素直に受け入れるための被援助者の条件
　援助行動を今度は援助される側から見てみよう。そうすると，援助行動のすべてが歓迎されるものではないことが分かる。
　援助者は良かれと思って援助しているわけだが，被援助者からみると，「余計なおせっかいだ」といった場合も日常生活の中ではかなり多いのだ。援助されたことによって被援助者の自尊心が傷ついたり，援助者に対する嫌悪感が生まれることだってあるのだ。
　①人には，自分よりも地位が低い者から援助されることを快く思わない人も多い。例えば，電車の中で，どう見ても自分よりも年上と思われる人から席を譲られた老人の中には，「自分はそんなに老けていると見られたのか」と思ってその援助行動に不満をもつ人がいる。
　会社の中で部長が平社員に5000円渡して，「これで飲みに行ってこい」と言ったとする。この場合はその平社員は喜ぶだろう。しかし，平社員が部長に5000円渡して「これで飲みに行ってきて下さい」と言った場合はどうだろうか。
　②援助することによって優越感を覚える援助者がいるのだ。彼らは，優越感を味わうために援助をする。つまり，援助者のすべてが，困っている人を助けたい，という純粋な気持ちをもっている人ばかりではないのだ。そのことを我々は知っているので，援助する人に対して嫌悪感を覚えることがあるのだ。
　③自分の失敗で援助が必要になった場合は，他人の援助を受け入れられな

い。例えば，医師が手術中にちょっとした失敗をしたとする。その失敗をフォローするために，自分が患者に対して何らかの処置をしなければならないとする。そうした場合，その処置に関しては，他の医師の援助（援助行動）は求めたくない，という心理が起こる。

その事態を引き起こした原因が自分にあるということを認識している場合に援助行動は歓迎されないのだ。上記の医師以外の例として，ハイヒールをはいて歩いている女性が転んだ場合について考えてみよう。その転んだ状況が自分に責任がある，つまり転んだ原因が「転びやすいハイヒールをはいた自分のせいだ」と本人が認識している場合，他人からの援助は快く受け入れられないだろう。したがってハイヒールをはいた人が転んだ場合は，あまり援助しない方がよいのかもしれない。その場合は，転んだ人は援助をして欲しいとは思っておらず，もし誰かが援助しようとすると，「ほっといてくれ」「自分でやるから」と思うに違いない。

もともと好意的な感情をもっている相手からの援助は，素直に受け入れられるが，もともと嫌悪感をもっている相手からの援助は，否定的に受け取られる，という報告がある。

相手が，もともとその人に対し嫌悪感情をもっているような場合，援助行動をとっても，相手に対する嫌悪感や軽蔑感が増すだけである（ストーカー行為等）。これは，第三者から見ると，援助しているように見える行為なのだが，当事者には，そのようには受け取られず，まったくの迷惑行為だ。援助行動といっても人間関係によってその行為自体の意味合いが変わってくるのだ。

学校や職場といった環境の中で，○○さんが自分に対してもともと嫌悪感情をもっている場合，自分としては純粋に親切心から○○さんに援助行動をおこなっても，相手が持っている自分に対する嫌悪感情が増すだけ，という結果になるだろう。

このように援助は，いつも歓迎されるとは限らないことを知る必要がある。

援助行動は，援助者と被援助者の関係によってその意味合いが違ってくる。援助行動自体を独立して考えるのではなく，様々な従属変数を考えなければならない。誰が，誰に，どういう状況で援助行動をしているのかによって，その

援助行動がもつ意味合いが変わってくるのだから。
　「人を援助すること，助けることは，よいことだから褒められてしかるべきなのだ」という考え方は成り立たないのである。

■ 援助行動と社会規範

　「援助することがよいことだ」と皆が思っているような社会の中では，援助行動は起こりやすい。ところが，援助をしている人を見て，「何かそこには下心があるのではないか」と考えたり，「自分だけいい子ぶって何を考えているのだ」「自分が優越感を味わうためにしているのだろう」と思う人が多い社会では，援助行動は起こりにくい。つまり，そこには援助行動を抑制させるような社会規範が存在しているからだ。
　社会規範というのは，その社会の中で，どういう行動が好ましい行動であり，どういう行動が好ましくない行動なのか，を規定しているものだ。だから，援助行動が好ましくない行動だと規定している社会規範をもっている社会では，援助行動は抑制される。このように，援助行動は社会規範とも深く関係している。

あるテレビ番組の実験

　あるテレビ番組で，若い女性がうずくまって泣いているという状況を，いろいろな国に行って実験していた。
　これをフランスのパリでおこなった場合極端に援助行動が少なかった。つまり，誰も声をかけてこなかった。
　東京でおこなった時には声をかけてくる人が2, 3人だった。
　ケニアのナイロビでやると道を歩いているほとんどの人が「どうしたの？」と声をかけてくる。そのうち，そこを歩いている人がみんな集まってきて，人だかりができた。
　→援助行動が起こるか起こらないかには，社会規範も働いていると考えられる。
　援助行動が起こらない社会というのは，どういった社会なのだろうか？
　「そこには何か裏があるのではないか？」とか，「なんか怪しい」とか，「これ

は私を陥れようとする罠ではないか」「新手の詐欺ではないか」「犯罪行為をしようとしてるのではないか」と疑っても仕方がない，と思われるような社会の場合，人々は，なるべくトラブルには巻き込まれない方がよいと考えるだろう。だから，その人が困っている人を助けないからといって冷たい人であるとは一概には言えない。つまり，ケニアの人の心が温かく，フランスの人の心が冷たいというわけではないのだ。個人の問題でなくその人の住んでいる社会がどんな社会であるか，を考慮しないといけない。

■ 援助行動と原因帰属

もし，あなたが友達から「お金を貸してくれ」と言われたら，なんと答えるだろうか？

たぶん，その友達がどうしてそんなにお金が必要になったか，を尋ねるに違いない。そこで，その友達が「今月は，ギャンブルにお金を使いすぎて，生活費がなくなった」と言ったら，あなたはその人にお金を貸すだろうか？

では，もしその友達が「自分の妹が先週病気で入院して，急にお金が必要になった」と言った場合はどうだろうか？

このこと（援助行動と原因帰属）に関しては，1979年にR. D. バーンズら（Barnes et al., 1979）によって研究されている。

彼らは，大学生が，「自分では，うまく講義のノートがとれなかったので，あなたの講義ノートを貸して欲しい」と言った場合と，「講義に出席したかったのだが急病のため，病欠してしまったので講義ノートを貸して欲しい」と言った場合とを比較した。この場合は，明らかに「病欠」の方が，多くの人がノートを貸してくれた（援助してくれた）と報告している。

前出の，ギャンブルにお金を使いすぎた場合も，妹が病気になった場合も，どちらもこの人は，困っていて「お金を貸してくれ」と言っているのだが，「なぜこの人が，困っているのか」という理由が違う。

バーンズらの研究でも，どちらも「ノートを貸して欲しい」と言っているのだが，その理由が違う。

ギャンブルにお金を使いすぎた，とか自分のノートのとり方が不十分だ，と

いった理由は,「内的あるいは統制可能」な原因だ。こういう場合は人は,この人が,自分でもっと努力すれば援助が必要となるような事態は起こらなかっただろう,と考えるので援助行動は,起こりにくくなるだろう。

それに対して,妹が病気になったとか,病欠の場合は,「外的あるいは統制不可能」な原因だ。この場合,人は困っている人に対して同情したり共感するかもしれないので,援助行動は起こりやすくなる。

6. 集団決定と態度変容

一般的には,人々の態度が変化することは少ない。人間は,現状のよいところは過大評価し,悪いところ・問題点は過小評価する傾向があり,そのため,人々の態度は,通常,保守的であり変化することは少ない。

したがって,ヘビースモーカーに禁煙を説得するのは難しい。しかし喫煙者に,なんとか説得して禁煙するようにもっていくことはできないものなのだろうか？煙草がいかに体に悪いかを説明するよりも,煙草を吸う人を何人か集めて煙草の害について話し合ってもらい,最後に,集まった喫煙者の人たちに禁煙の決意を表明してもらうという方法が効果的だ,と言われている。

■ 集団決定法 (group decision)

「集団決定法」とは人々の態度や行動を変化させる技法・手法の一つである。

人々の態度変容を起こすことを目的として,K. レヴィン[2] (Lewin, 1953) によって実験がおこなわれた。

この実験は,第2次世界大戦中のアメリカでおこなわれた。当時は,戦争中だったのでアメリカ全土で食料が不足していた。良質の肉は戦地にいる兵士に優先的に支給されたため,国内では肉の流通量が非常に少なくなった。そのため,国内にいるアメリカ人は,主食である肉が満足に食べられない状況となっていた。そこで,内臓を調理して食べようではないか,ということになった。

---

2) 後にレヴィンは「グループダイナミックス」の創始者となる。

内臓は栄養価が高いので肉の代替品となる。しかし、アメリカ人にはそれまで内臓を食べる習慣がなかった。どうすれば、アメリカ人に、今まで食べていなかった内臓を食べさせることができるか、が問題となった。そこでアメリカ政府は、当時ドイツから亡命していた社会心理学者であるレヴィンに相談をした。

> **ソシオメトリー（sociometry）**
>
> 「ソシオメトリー」とは、J. L. モレノ（Moreno, 1953）が考え出した、個々の集団のコミュニケーションの状態（個々の集団の中で、どのようなコミュニケーションの流れがあるのか）を把握するための実践的な方法である。
>
> 集団の成員全員に対する好き・嫌い・無関心を、すべての成員に対して調査・測定する。そのことによって誰と誰が好意的関係にあるのか、誰が孤立していて、誰と誰が対立していて、誰が集団の中で人気者になっているのか、を図に表して分かるようにする（「ソシオメトリー」を「ソシオメトリックテスト（sociometric test）」で測定して、それを図で表したものが「ソシオグラム」である）。
>
> 具体的に言うと、「あなたは誰が好きですか？」とか「誰と付き合いたいですか？」と質問して、集団の中にいるメンバーの名前を挙げさせる。その逆に「あなたは誰が嫌いですか？」とか「誰と友達になりたくないですか？」と質問して、集団の中のメンバーの名前を挙げてもらう。その結果をもとに、人と人との関係を矢印で図示したものが「ソシオグラム」と呼ばれるものである。
>
> 「ソシオメトリックテスト」によって集団内のコミュニケーションのパターン、リーダー、対立関係、孤立者等が分かる。
>
> これは、軍隊において効果があると考えられ使われた。軍隊には、多数の部隊があり、個々の部隊の階級編成は、ほぼ同じである（指揮官と副官が必ずいる等）。またフォーマルな情報の流れは、どこの部隊でもほぼ同じだが、「ソシオメトリックテスト」によって調査をすると、インフォーマルなコミュニケーションパターン（コミュニケーションの流れ）が把握できる。さらに、軍隊として危険な部隊か、そうでないか、も予測できる。

■ レヴィンの実験（1951）

　政府が国民に対して、「内臓を食べよう」と勧めるだけでは人々の行動や態度は変わらないであろう、と考えたレヴィンは、「集団決定法」という手法を考案した。彼は、アメリカ国民一人ひとりに、それ（内臓を食べる）を実行するという自己決定が必要であると考えたのである。

1）実験内容

　主婦の人たちを集め、6グループに分けて実験した。
　3グループ（A）には集団で話し合ってもらった（集団決定法）。
　はじめに基本的な情報を提供する（今まで食べていた肉には、栄養価がどのくらいあり、それに対して、内臓の栄養価はどのくらいある、といった基本的な情報を与える）。
　内臓を食べるための調理法（焼くのか煮るのか）を提案する。その後、参加者たちに実際に内臓を使った料理をつくってもらう。その後、参加者全員で「集団討議」をおこなう。最後に、周りの人たちに対して、自分は家に帰っても内臓を調理して食べる、と一人ひとりみんなの前で「宣言」をしてもらう。
　このことによってレヴィンは人々の態度や行動を変容できる、と考えた。
　残りの3グループ（B）には栄養学の専門家が講義をおこなった。その時に調理法の資料が配付された。講師が優秀な人であったため魅力的な講義となった。

2）実験結果

　後者の3グループ（B）は、優秀な講師による魅力的で楽しい雰囲気の講義がおこなわれたにもかかわらず、その後、自宅に帰って内臓を調理した主婦は、たった3％しかいなかった。
　集団決定法をとった最初の3グループ（A）では、32％の人が実際に自宅に帰って内臓を使って調理していた。

■ 集団決定法 vs 個人教示法の実験（1951年にレヴィンがおこなった実験）

　個人教示法とは，日本でおこなわれている医者と患者の関係のように，1対1で面接をして，情報を提供する方法である。集団決定法と個人教示法との効果の違いを測定した結果，集団決定法の方が個人教示法よりも優れているという結果が出た。

　このことにより集団決定法は，講義形式よりもはるかに効果が高いし，個人教示法よりも効果が高いことが示された。

　なぜ，集団決定法は人々の態度変容に効果があるのだろうか。

■ 集団決定法が効果的である理由
　①自我関与の問題
　②多面的な視点
　③不安心配の解消
　④集団規範

1) 自我関与の問題

　もともと人間は他人のことには興味がない。例えば，政治の場合だと，政治は自分とは何の関係もないものである，と国民が思っている状態だと選挙での投票率が低くなるが，消費税が上がる等，自分の日常生活に直接かかわる問題が政治の問題として持ち上がってくると，突然，投票率が高くなったりする。

　集団決定法をおこなうと，成員全員が集団討議に参加するため，他の方法に比べると，「そのことが自分の問題である」と意識しやすくなる。そのため，自我関与度が高まる。

2) 多面的な視点

　一人の人が講義をした場合，どうしても一方的なあるいは一面的な喋りになってしまう。これに対して，集団討議の場合は，いろいろな視点からの情報が集まってくる。

　そのため，人々はそれらの中から，自分にとって最適な方法を選択しやすく

なる。そのため，自分の行動を変えやすくなるのではないか，と考えられる。禁煙やアルコール依存等のグループセラピーを例にとると，それぞれの人が独自の禁煙や禁酒等の方法を発表するので，そのいくつかの方法の中から参加者自身が最も取り組みやすい方法を選択しやすくなるのではないか，と考えられるのだ。

3) 不安や心配の解消

今までおこなったことのない新しい行動に対して不安や心配があると，人々の行動はなかなか変わらない。心配があると，その心配事を人に喋りたいという気持ちが生じてくる。話しやすい小集団があると，自分の不安な気持ちを発表しやすくなる。講義形式では，変な質問をすると周りの人から非難されるのではないかと考え，質問しにくいが，話しやすい小集団の場合は，不安な気持ちを表現しやすい。集団討議の場合，グループの中に1名は専門家がいて，不安や心配事に関する質問に，その専門家が解説をする。このことによって，安心感が生まれ，態度や行動の変容につながるのだ。

例えば，煙草をやめる，お酒を断つといった時に，何か新しい提案がなされると，当事者にとっては不安や心配が出てくる（本当にその方法でうまくいくのだろうか？　自分にできるのだろうか？等）。その不安や心配が解消されない限り，その人の行動は変わらない。1対1で，専門家が「この方法で大丈夫ですよ」と言ったとしても本人は不安になるかもしれない。しかし，グループの場合は同じ問題で悩んでいるグループの中の一人から「私はこの方法を実践した結果うまくいきましたよ」という意見が出ると，不安が解消され，行動の変容が起こりやすくなる。

4) 集団規範

集団でディスカッションをしていると，次第に仲間意識が生まれてくる。集団決定法では，その仲間に向かって最終的には，「私は，○○します」と新たな行動をとることを「宣言」するというプログラムになっている。

このことは，新しくできた仲間に対して約束をした，ということになる。人

間は普通，約束したことは守ろうという意識が発生するので，その人の態度や行動の変容が期待できる．

　交通違反の常習者，薬物依存の人，喫煙者やひきこもりの人等は，今の態度や行動に問題があって，悪習慣が身についてしまっている状態である．彼らには，自分の態度・行動を変化させることが必要だ．
　今までの話を参考にすると，講師がやって来て講義をしたり，医者やカウンセラーが，その人と会って1対1で話をする方法（個人教示法）をとるよりも，集団討議による集団決定法によって治していく方が，より効果があるのではないかと思われる．そのため，実際しばしばこの方法がとられている．

■ 職場における集団決定
1）個人の目標
　職場でおこなわれている集団決定法では，はじめに，個人の目標が定められ，それが達成されたかどうかが評価される．職場の中で行動目標を定める時には具体的な内容が決められることが重要だ．
　よくある例でいうと，職場の中でコミュニケーションがうまくいっていないので，「職場内のコミュニケーションを良くしよう」という目標が定められたり，「職場内の雰囲気を良くしよう」とか「明るくしよう」等の抽象的なものが目標として掲げられることがある．しかし，これを目標としてもそれが達成されたかどうかの検証ができないので，これらは目標とはなり得ない．
　具体的に，いつまでに誰がどこで何をどのようにおこなうのか等が，明確にされていないと目標とはなり得ないのだ．また，実行できる可能性がないものは目標となり得ない．
　実行可能性の高いものを自分の目標として設定すると，周りの同僚や上司に「その程度があなたの目標なのか！」と言われるのではないか，と考える人が出てくる．これを気にして多くの人が高めの目標を設定しがちになる．しかし，実現可能なものを目標として設定しなければ，失敗してしまうことが多くなり，行動や意識の変革にはつながらない．

個人の目標設定には，実行可能性があり，具体的におこなうことができ，それができたかどうかが，後で検証できる，という条件が必要である。集団決定法であれば，その目標を周りに宣言することで実現可能性がさらに高まるだろう。

2）集団で共通の目標を定める場合

チームの目標を定める場合は，目標を定めなければならない理由を成員たちが理解していなければならない。上司からの押しつけの目標だと，やる気が起こらず，「やりたい人だけがやればよいのではないか」という状況になってしまう。集団（組織）の目標が，自分の利益につながらないと成員には受け入れられない。会社の場合だと，組織の目標が達成すれば自分の利益にもなると思えた時に成員たちは頑張る。

■ 集団討議が成功する条件

集団討議がうまくいくためには，集団が発達していることが必要である。集団は，どのようなプロセスを経て発達していくのだろうか。

1）初期段階

一番初めに集団ができた時には，そこでは当たり障りのない会話がなされる。自己紹介というのは当たり障りのない会話の代表である。自分の名前や出身校を言ったとしても，それに対して異議を挟む人はなく，議論は起こらない。

集団ができあがった初期の段階では，議論にならないような話題，自己紹介や天候の話がされることが多い。この状態では，ある特定の目的をもった話し合いをすることは不可能である。今までにない新製品を開発しようと思って人が集められプロジェクトが立ち上げられたとしても，集団が発達していないこの段階では，いきなり新製品について話を始めることはないだろう。

集団の初期段階では効果的な話し合いはできない。集団の中にいる人はどんな人なのか，どういう経歴をもった人なのか，を確かめた上で発言したい，と通常，人は考える。そのため，集団の初期の段階では，探り合いの時間がもた

2）形成段階

初期段階が終わると，集団形成の段階へと移行する。一通り紹介等が終わると，成員たちもそろそろ本題に入りたい，という気持ちが出てくる。それを察知した集団の中の進行役やリーダーが「そろそろ本題に入りましょうか」と言い出す。

会社のプロジェクトだと，現状分析についての話が出てくる。集団形成の段階では，集団を作っていこうという意識があるから，そこで議論を挑もうとはせず，和やかな明るい雰囲気の集団が通常，形成される。

3）集団成長

集団形成期が終わると，次につっこんだ話が始まる。集団が集団目標を達成することは，最も優先されるべきものであるが，集団の成員一人ひとりが成長することも必要である。集団が作り上げられる集団形成の段階は，和やかな状態であるが，ずっとこの状態だと成員の成長は期待できない。成員が成長しないと集団目標も達成できないことが多い。そのために，第3段階としてメンバーがお互いに成長する段階が必要となる。この段階になってくると相手を批判するような発言が出てくる。

形成段階では楽しい感情だけであったのが，成長期となると，集団の成員一人ひとりが否定もされ肯定もされるため，怒りの感情や悲しみの感情が出てきたりする。周りから肯定されれば自分が認められたと感じ，嬉しい感情が起こるだろう。反対に否定されれば否定的な感情が生まれるだろう。このことは個人個人が成長するきっかけとなってくる。

集団成長期には，成員一人ひとりの成長と集団の議論が深まっていくことが同時に起こるようになる。この段階になると成熟した集団と言えるだろう。集団は成熟した段階となってはじめて，質の高い話し合いが可能となる。

しかし，すべての集団がこういった成長過程をとるわけではない。いったん

この 1) 〜 3) の段階を踏み，成熟した集団となったとしても，一気に 1) の初期段階に戻ることもある。せっかく集団が成熟したとしても，例えばその集団のリーダーが成員の意向を無視した決定を最終的におこなったような場合，そこに至るまでは集団は成熟していたにもかかわらず，「どうせ自分がどんな意見を言っても，最終的にはすべてリーダーが決めるんだろう」と集団のメンバーが思うと「当たり障りのないことや世間話を言っているだけでよいだろう」となってしまう。つまりリーダーの運営の仕方一つで初期段階に戻ることもあるのだ。そのため，リーダーの役割は大きい。

7. 集団の意思決定

■ 集団極性化（group polarization）
J. F. ストーナーの研究（Stoner, 1961）

ストーナーの研究（Stoner, 1961）では，人生の岐路に関する場面（結婚する場合，離婚する場合，職業選択の場合等）を設定し，個人で意思決定をする場合と，6人の集団で議論した後，意思決定するという場合とに分けて，どのような決定がなされるか，が調べられた。この時，グループで決定した方が個人で決定した方よりも危険度が高い決定となった。

集団討議後の決定は，個人による意思決定よりも危険度の高い決定がなされる傾向がある。この現象のことをストーナーは，「リスキーシフト（risky shift）」と呼んだ。

逆に課題や場面によっては，より慎重な方向へシフトすることがあり，これを「コーシャスシフト（cautious shift）」と呼ぶ。「リスキーシフト」と「コーシャスシフト」を併せて「集団極性化」と言う。

例えば，A さんは現在，大会社の会社員で，会社が倒産する可能性は少なく，その会社で定年まで勤務すれば，人並みの生活が期待できる，とする。しかし，収入が爆発的に増える見込みはない。その A さんに対して，ヘッドハンターが声をかけてきた。そのヘッドハンターの話に乗って，あるベンチャー企業の重役になると，給料は今よりもはるかに多くなる。うまくいくと社長にな

れるかもしれない．しかし，会社が倒産する可能性もある．そういう状況の中でAさんは，どういう決定を出すだろうか．

ストーナーは選択肢を6つ設定した．
第1の選択肢は，ベンチャー企業の成功する確率が10分の1の場合（9割が倒産し，1割が成功する）でもベンチャー企業に就職するという選択．
第2の選択肢は，成功する確率が3割の場合（7割が倒産し，3割が成功する）でもベンチャー企業に就職するという選択．
第3の選択肢は，成功する確率が5割の場合（五分五分）でベンチャー企業に就職するという選択．
第4の選択肢は，成功する確率が7割の場合であればベンチャー企業に就職するという選択．
第5の選択肢は，成功する確率が9割の場合ならばベンチャー企業に就職するという選択．
第6の選択肢は，現会社（大企業）を辞めないという選択．

この6つの選択肢の中の内で，「あなた（たち）ならどれを選びますか？」という実験をしたのである．
自分がもしA氏だったら，「ベンチャー企業の成功の確率が9割でないと行かないだろうなぁ」とか，「五分五分であれば行こう」とか「俺は成功の確率が1割でも行くぞ」と人それぞれ意見は違うだろう．
ベンチャー企業に移ったときのメリット・デメリットについての資料も配布し，よく考えてもらう．最後にその結果を一人ひとりに聞いて，個人に聞いた場合のデータを出す．
次に，その人たちを集めて，議論させる．実際に，ベンチャー企業の社長を呼び，彼にいろいろな質問をしてみる．例えば，「今，この会社はどのような業務をやっているの？」とか「この会社はどこにあるの？」とか「給料はいくらもらえるの？」とか「もし入社したら，この会社ではどんな仕事をすることになるの？」と給料だけでは測れない部分についても質問し，それについて後で

議論する。

　討議の後，最後にグループの決定をさせる。そのグループ討議で話し合った結果と，最初に個人で決定したものを比較する。

　そうすると集団で討議した結果の方が，危険性の高い方にシフトしていた（他人と議論すればするほど，リスキーな方に傾いた）。

　また，別の実験で討議参加者は「ある心臓病患者が手術を受けるべきか？」について討議した。

　「その手術に失敗すれば命を失い，成功すれば完治する」とする。「あなたは，成功の確率が何％であればその手術を受けますか？」という質問がなされた（Wallach et al., 1962; 岡本，1986）。

　この実験の結果は，討議前の男性の平均は55.8％（55.8％の成功率なら手術を受けるということ），討議前の女性の平均は54.7％，討議後の男性の平均は47.9％（47.9％の成功率でも手術を受けるということ），討議後の女性の平均は46.8％，集団討議直後の個別回答男性の平均は47.1％，女性の平均は47.8％であった。この実験でも集団討議によるリスキーシフトが確認された。この実験以外にも，さまざまな研究で，男女に関係なく多くの状況でリスキーシフトの現象が確認された。

　しかし，集団決定の方が個人による決定よりもコーシャス（安定性の高い）方向にシフトするものもあった。ここで，コーシャスシフトの見られた仮想状況の例を挙げる。

　「婚約したカップルが意見の食い違いがあり関係が悪化した。カウンセラーに聞いてみると，幸せな結婚も可能ではあるが保証はできないと言っている。この2人は結婚するかどうかで悩んでいる」。

　このような例ではコーシャスシフトが見られた。

　選択ジレンマ問題による多くの研究によって，個人の最初の決定がリスキーなものであれば，集団決定ではよりリスキーな方向にシフトし，個人の最初の決定がより安全性の高いコーシャスなものであれば集団決定によって，よりコーシャスな方にシフトする。つまり，個人の最初の決定が集団討議の後，より

一層極端なものになることが発見された。

　なぜ，集団で討議したほうが個人で考えるより多くの場合，極端な方にシフトしてしまうのだろうか？　これに対しては社会的比較説，説得的論拠説，集団決定過程説による説明がなされている。

　社会的比較説とは次のようなものである。もともと，その社会の中でリスクを冒すことに対して肯定的な価値観が人々の間で共有されていた場合，討議することで自分の意見が，他の人の意見よりも穏健なものであることに気づいた人が，その集団の価値観に沿うような方向に自分の意見を変える。このようにして，穏健な態度をもつ人が意見を変えることによって，その社会に共有されているリスクを冒すことに対して肯定的な価値観の方に集団の意見がシフトされていく。

　説得的論拠説の説明はおおよそ次のようなものである。その集団討議の中で誰かが，リスクを冒してでも，そのことをやることに意味があると思わせる説得力のある説明をしたとする。その説明を聞いた他の討議参加者は，その人の意見に賛同して自分の意見を変える。

　集団決定過程説の説明は次のようになる。人の価値観が争点となっている問題では，集団で討議したからといって個人の意見はそう簡単には変わらない。だとすると，討議以前の多数派がもっていた意見が集団の決定となりやすい。例えば，3人で議論していてある人は80％以上の成功確率がないとその手術は受けるべきではない，と思っていても，残り2人が「20％でも手術を受けるべし」，と考えていたら，多数決で「20％でも手術を受けるべし」がその3人集団の決定となる。この決定はこの3人集団の平均（40％）よりリスキーな方にシフトしている。集団決定過程説では，このように捉える。つまり，この説によると，集団で討議したからといって個人の決定より極端な決定の方に意見を変えるわけではない，ということになる。

　個人で見ると極端な意見から穏健な意見まで様々な意見が存在するが，集団で決定すると極端な意見になるのではなく，話し合い前の多数派がもっていた意見にシフトする，ということになる。

もちろんこの説をとる学者も，集団で討議することによって個人の意見が変化することは認めている。しかし，そのことが集団極性化現象の本質ではない，と主張している。

　この3つの説はどの説にもそれらを支持する証拠が示されていて，集団極性化を説明する根拠として有効であると考えられている。

■ マイノリティ・インフルーエンス（minority influence）
　　―映画『12人の怒れる男』―

　12人の陪審員の11人までは被告を死刑と主張し，最後の1人（マイノリティ）が無実ではないかと言い出した。→議論の末，無罪へ。

　この映画ではたとえマイノリティであったとしても「一貫して」主張を貫くと，それが人々の意見を変えていき，人々に影響を与えていくことができる，ということが示されている。

　マイノリティが集団に対する影響力を行使する時の一つの方法として描かれている。

→首尾一貫した理性あるマイノリティが多数派の意見を変えていくこと，を「マイノリティ・インフルエンス」と言う。

■ 集団思考（group think）

　集団討議が成功するためには集団が発達していなければならないことを前述した。もし，集団が発達していない状態の場合，集団討議がどういう状況となるのだろうか。

1) 集団凝集性が低い代表例：ウィーン会議[3]

　1814年9月18日～1815年の6月9日の間，何日間も議論がなされたにもかかわらず，結局，何も結論が出なかった。

　3）ナポレオン・ボナパルトがエルバ島に流されたあと，オーストリア宰相のメッテルニヒによって主催された会議。当時のヨーロッパ各国の代表が集まった。

これは，集団の凝集性が低い場合の一例だ。ここに集まった人たちの，唯一の共通点は，戦勝国であることくらいしかないわけだから，凝集性としては低い。集団の凝集性が低いと，何も決められないことが分かる。

だとすると，集団凝集性が高ければ，集団討議が効果的におこなわれ，うまくいくように思われる。しかし実際には，集団思考といって，非常に偏った結果が出る場合がある。

> **I. L. ジェニス（Janis, 1972）**
> 「集団思考とは，集団で意思決定をする時に仲間との関係を優先し，冷静な判断能力が失われてしまうことである」

2）歴史に表れた集団思考の例

1959年にキューバに革命が起こり，キューバにカストロが指導する社会主義政権が成立した。このことは当時のアメリカにとっては容認できない事態だったので，1961年にアメリカはキューバとの国交を断絶．そして，アメリカに亡命を希望しているキューバ人を支援するという名目で，キューバに対して侵攻作戦が立てられた。その作戦が1961年4月に実行され，これが後にピッグズ湾事件と呼ばれることとなる。

これは，典型的な集団思考に陥った例として挙げられる事件である。ジェニス著の『集団思考の犠牲者達 Victims of groupthink』（1972）で紹介されている。

東西冷戦の中で，ピッグズ湾事件は起こった。ケネディ政権にとって，アメリカの敵は東側諸国だけではなかった。国内にいるコミュニストたちも敵となっていたので，警戒が必要だった。こういった時代背景の中で，ケネディ政権はキューバに侵攻することを決定した。

アメリカ軍は1400名規模の攻撃部隊を編成し，4隻の船舶が参加したが，キューバの空軍に攻撃され2隻が撃沈され，残りの2隻は逃げ帰り，アメリカにとっては負け戦になった（1日目の戦況）。

2日目，3日目の戦闘でも，アメリカの攻撃部隊はほとんどが死亡か，キュ

ーバの収容所に捕虜となって捕えられ，この作戦はアメリカの大失敗に終わった。アメリカ軍の被ったダメージに比べて，キューバのカストロ軍はそれほど大きなダメージを受けなかった。

　このピッグズ湾事件は，アメリカの集団思考が起こした歴史上最悪の政策決定であった，と言われている。彼らは，どのように間違ったのだろうか？

　アメリカは，当時，キューバのカストロ軍がそんなに強いとは思っていなかった。アメリカの軍事力を考えれば，何万人もの兵士を投入することだってできたが，敵はそれほど強くない，と思っていたため，この1400名規模の兵力でキューバには十分勝てると思ったのだ。つまり作戦上の誤りがあった。

　ジェニスは，集団がひとたび集団思考に陥ると，通常の精神機能や道徳判断や現場検証が損なわれることを発見した。その結果，理性的な判断ができなくなってしまい，愚かな意思決定をしてしまうのだ。

　このケネディ政権時の，ピッグズ湾事件以外にも，ジェニスは集団思考が見られる事件をいくつか調べた。

・トルーマン政権の北朝鮮侵攻（朝鮮戦争1950年）
・ジョンソン政権時のベトナム戦争

　すべての集団で集団思考が起こるわけではなく，ある程度の条件が整った時に集団思考が発生する。次に集団思考が発生する条件について見てみよう。

3）集団思考が発生する条件

①凝集性の高い集団

　集団のまとまりが強い，凝集性が高い集団に発生する。凝集性が低いと集団思考は起こらない。

②構造的な欠陥をもっていること。

　ⅰ）集団が孤立していること。
　ⅱ）公平なリーダーシップの伝統がないこと。
　ⅲ）物事を決める手続きについての規範が欠如していること。
　ⅳ）メンバーのイデオロギーが同質であること。

③誘因となる状況があること

ⅰ）リーダーの案よりもよい解決策が出そうにもない状況。
ⅱ）様々な原因により自尊感情が低下する状況。
ⅲ）外部のストレスが非常に強くて，よい解決策が出そうにない状況。

これらの条件がそろった時に集団思考になりやすい。

集団思考に陥ると，次のような現象が起こる。
・過度の楽観論（「カミカゼが吹く，負けるはずがない」）が集団を支配する。
・危険な徴候（リスク）に注意が向かなくなる。
・自分たちに不利であると思われる情報について，否定はしないものの，ゆがめて解釈する。
・成員の中で異議を申し立てる者に対して圧力がかかる。
・全員の意見が一致している，という幻想が生まれる。

4）ジェニスの指摘

凝集性の高い集団が集団思考に陥りやすい要因として，ジェニスは以下の点を指摘した。

①自分たちの力と道徳性の過大評価
ⅰ）ピッグス湾事件で言えば，冷戦時代のアメリカはキューバに対して軍事力においては圧倒的に優位であり，アメリカがキューバに負けるはずがないという楽観論があった。
ⅱ）冷戦時代でイデオロギーの対立があった。これが原因で自分たちの道徳性を過大評価したと想像できる。

②閉鎖的な心理状態
ⅰ）自分たちにとって不都合な情報の軽視
　イソップ物語で，「ぶどうときつね」という話がある。きつねが歩いていると木の上の方にぶどうが実っていてジャンプするが取れない。きつねは何度もジ

ャンプしてぶどうを取ろうと試みるが，結局，取れないのであきらめる。

その後，きつねは，「あのぶどうはどうせ酸っぱいに決まっている」と自分を納得させるという話である。

きつねはそうすることにより，自分自身の精神状態を安定させる。取れなかったぶどうが美味しいと思うと心が安定しないのだ。このように，人は自分自身にとって不都合な情報はもともと軽視しやすい。集団思考になるとより強くその傾向が出る。

ⅱ）相手に対する自己中心的ステレオタイプ化

ピッグス湾事件で言えば，「キューバ人は無能である，極悪人だ」という自己中心的な物の見方により相手を評価した。

③集団統一への圧力

ⅰ）集団の意向に添った行動をすることを促す圧力

国民全体が戦争をしようとしている時に，反戦を言い出すと和を乱すことになる（皆で一つの方向に向かってやろうとしている時に，なぜ協力をしないのだ）。

集団から逸脱していると見なされるような行為は非難される。集団の統一性・斉一性への圧力が成員にかかる。

ⅱ）満場一致の圧力

皆が同じ意見であるという錯覚をもつこと。大多数が同じであるとの感覚をもつこと。

ⅲ）逸脱者への圧力

ⅳ）相互監視

お互いがお互いを監視するような状態にもっていく。表面的には集団の意向に添うようなことを言っていてもプライベートな時に違うことをしゃべっているような人は排除しなければならないため，内部監視網が必要となる。これにより逸脱者に対して圧力をかける。成員一人ひとりの行動を監視する体制ができあがっていくのだ。心理的にはより閉鎖的な状態となり，集団思考が固まっていくこととなる。

ステレオタイプ

　ドイツ人は几帳面だ，アメリカ人は楽天的だ，日本人は礼儀正しい，痩せた人は神経質だ，女性は感情的だ，関西人は陽気だ……といった具合に，ある特定の集団に対して紋切り型の見方をすることを，ステレオタイプと言う。

　我々の周りには大量の情報があふれかえっている。これらを一つ一つ調べていくことはとても大変で，実際にはできない。そこで我々は，ステレオタイプという「過度な一般化」によって認知の効率を上げているのだ。

　「偏見」はネガティブなステレオタイプのことを言う。ステレオタイプや偏見は態度（行動に入る準備段階）で「差別」は行動に表われた状態のことを言う。

　我々は複雑な社会を分かりやすく捉えたいので，ある集団の特徴を決めつけるのだ。確かに，ステレオタイプは物事を分かりやすくするため，便利なのだが，様々な問題点もある。

　その一つがネガティブなステレオタイプである「偏見」だろう。ある人に対する非好意的な態度が，その人に関する事実から生じているのではなく，ある特定の集団に所属しているという理由だけから生じているわけなのだから……。

2 個と集団

1. 内集団ひいき

　他の条件がすべて同じであれば，人は自分と同じ性別，文化，地方，の人を応援する。なぜかというと，人は，自分たちが他人よりも優れているということを証明したいからだ。「自分は優秀だ」ということを言いたい気持ちを，人は必ずもっている。

■ スポーツの観客の観察

　スポーツの観客をよく観察してみると，勝った時は，「我々は相手チーム○○に勝った」と言っている人がいることに気づく。我々という言葉を使うということは，勝った時はその人はチームと自分を一体化して考えているのだろう。負けた時は，「彼らは，相手チーム○○に負けた」と言っている。その場合は，我々は，とは言わない。あのチームと自分とは違うのだということなのだろう。
　人間は自分の優秀性を証明したい。しかしそれを証明するのは難しいから，何かを自分の代理として使う。それが自分のひいきのチームであったり，自分の出身校であったり，自分のふるさとであったりする。そういったものを代理にするのだ。したがって，人は自分の所属している集団を，高く好意的に評価する傾向があるのだ。
　自分の所属している集団を「内集団」，自分の所属していない集団を「外集団」と言う。

オリンピックの時には日本では，柔道，体操，マラソン，水泳等，日本人選手が活躍する競技がマスコミで連日伝えられ，国民の関心も高い。日本国民の多くが日本人選手を応援する。

オリンピックが開催されている時に，外国にいて，テレビの放送を見ると，日本にいる時とは，全然様子が違っていて驚くことがある。日本では必ず放送されている柔道等はまったく放送されておらず，その国の選手が好成績をとることが予想される競技が放送されているのだ。その競技がカヌーやヨットだったりすると，オリンピックではこういう競技も行われているのだと再認識したりする。

サッカーのワールドカップでは日本チームを応援し，高校野球では出身校が出ていればもちろんそのチーム，出ていなければ地元のチームを応援する，というのが普通の日本人だ。この内集団ひいきは日本人に限らず世界中どこでも見られる。これは，スポーツだけではなく民族紛争や戦争の原因の一つにもなり得る。したがって，社会心理学ではそのメカニズムについて多くの研究がなされてきた。

■ H. タジフェルらの内集団ひいきについて調べた実験

タジフェルら（Tajfel et al., 1971）はお互いに面識のない8人の男子小学生を被験者に選んだ。

まず最初に，実験者は2枚の抽象画を子供たちに見せ，どちらが好きか，を答えさせた。

これによって，子供たちを2つのグループに分けた。なぜこのような方法を取ったのかというと，なるべく現実の社会集団と関係のない基準で，2つのグループを作りたかったからである。その後，子供たちには次の表が見せられた。

19	18	17	16	15	14	13	12	11	10	9	8	7
1	3	5	7	9	11	13	15	17	19	21	23	25

実験者は，子供たちにこの表の上下一つの組を選ぶように指示した（例えば19と1の組み合わせとか，15と9の組み合わせとか）。ただし「上の数字に書

かれたポイントは内集団のメンバーの一人に与え，下のポイントは外集団のメンバーの一人に与えるように」と指示した。「このポイントは実験後，実験に参加してもらったお礼として現金に換算されて各自に支給する」と子供たちに告げられた。

　ある子供が，上13，下13の組を選ぶと内集団と外集団に平等に分配したことになるが，13，13の組よりも左の組を選択すると内集団ひいき，右の組を選択すると外集団ひいきということになる。この実験の結果，タジフェルらは子供たちの内集団ひいきを確認した。

　こうした実験を積み重ねた結果，タジフェルと J. C. ターナー（Tajfel & Turner, 1986）は「社会的アイデンティティ理論（social identity theory）」を作り上げた。この実験のように内集団と外集団が存在している状況では，人は内集団と外集団とを比べ，内集団のほうが優れていると思うことによって自らの自尊心を満足させている，というのが社会的アイデンティティ理論による説明だ。

　人は内集団と自分自身との間に一体感を感じ，外集団を差別するのだ。オリンピックで日本人選手が金メダルを取ると，多くの日本人はまるで自分が金メダルを取ったかのように喜び誇らしく感じるのはこのためだ。

■ 一般互酬関係説

　A さんが B さんに優しく接する。そうすると B さんも A さんに優しく接するようになる。A さんが田舎の両親から送ってきたりんごを，いくつか B さんに持っていった。そうすると今度は B さんが，田舎から送ってきたみかんを A さんに持っていくかもしれない。

　このような関係を限定互酬関係という。このような関係が複数の人間の間で成り立っていると，一般互酬関係がある，と言う。自分がある人物に与えた財が別の人物から帰ってくるといった状況のことだ。

　山岸（1998）は，タジフェルらの実験のように，自分が誰かを助けると同時に，自分も誰かによって助けられるといった，相互依存状況が内集団ひいきの原因である，と主張した。

タジフェルらの実験では，自分が他の人に報酬を与えていると同時に，他の人から報酬を決定されている。「同じ集団のメンバーはお互いに助け合うべきである」という社会規範が内集団ひいきを生み出すのであって，内集団のメンバーに利益を与えようとする行為が内集団ひいきであるとする。

1996年におこなわれた神ら（1996）による実験では，他の参加者に報酬を分配する人は他者から報酬を受け取らないという状況で，同じ実験をした。そうすると，内集団ひいきは，見られなくなったのである。

■ 適応論

人類は進化の過程の中で，群れの中で生活するという環境の中で生活してきた。人間は集団を作りお互いに助け合って生きてきたのだ。そこから，人間は自分がある集団に所属していると感じると，その集団のメンバーを助けようと思うし，自分が困った時にはその集団の誰かが自分を助けてくれるだろうと期待するのである。このように「内集団ひいき」のような行動や，その行動をもたらす心の仕組みを人がもつことは，長い間人類に利益をもたらしてきた。そのため，「内集団ひいき」は人々の心に定着した，と考えられるのだ。

この説によると外集団に対する差別は単なる副産物である，ということになる。しかし，このような適応論をとると，外集団から常に資源を奪うことによって生存してきた部族があれば，その部族には積極的に外集団を差別し，おとしめる行動が身についていく，と考えられる（Tooby & Cosmides, 1988）。

2. ブラックシープ

集団の中で最も能力の劣った人を「ブラックシープ」と呼んでいる。

例えば，○○高校バレー部という集団の中で，一番技術の低い人，あるいは運動能力が劣っている人が，その集団の中の「ブラックシープ」である。

集団の中に所属している人々は，内集団の「ブラックシープ」を客観的な評価よりも低く見積もる傾向がある。外集団（他のチーム）の「ブラックシープ」に対しては，客観的に評価することができるのであるが，自分の集団に所属し

ている「ブラックシープ」に対しては、客観的な評価よりも低く見積もってしまうのだ。

しかも、評価した人はそのことを自覚していない。

彼らは、主観的な視点で物を見ているのであるが、本人はそれを客観的な視点によって判断をしていると思っているのだ。

このことを、実験によって確かめてみた（武田・藤田, 2000）。

ブラックシープの客観的な能力は、運動能力テストや専門家の判断によって測定し、判断した。集団のメンバーの内集団のブラックシープに対する評価はアンケート調査によって調べた。外集団のブラックシープに関しても同様に調べてみた。

その結果、集団のメンバーは、外集団のブラックシープに関しては、比較的客観的な評価をするのに対して、内集団のブラックシープに関しては、その能力を低く見積もる、ということが確かめられた。評価をたのんだ被験者たちが、自分たちが客観的な視点で評価していると思っていることも確認できた。

■ なぜこうしたことが起こるのか？

内集団のブラックシープに関して低く評価することは、「集団アイデンティティ」の問題ではないかと思われる。おおむね、人というのは、「他の人によく見られたい」と思っている動物である。よく見られたいものの中に、集団アイデンティティがある。

自分が所属している集団がよき集団であると思いたいのである。○○大学で体育会系の○○部に所属している人にとっては、○○大学○○部は、その人の集団アイデンティティを形づくる。人は自分の所属している集団はよき集団であってもらいたい、と思うので、そこに所属しているブラックシープは、本当は同じ集団にいてもらいたくない、と思う。そのために低い評価をしてしまうのではないだろうか、という仮説が考えられた。

プロスポーツのスーパースターの出身校では、多くの学生たちが、自分たちの学校に誇りをもっている。それは、自分とスーパースターが同じ出身校だからである。これはブラックシープの裏返しと考えられるのではないだろうか。

社会で大活躍している人と同じ出身校に，自分も所属しているということは，自分の集団アイデンティティをプラスの方に導くことができる。

それがブラックシープでは逆に出る。あの人（ブラックシープ）が所属している○○部に自分も所属しているとは思いたくないという気持ちが出てくる。できるならば，ブラックシープにはやめてもらいたい，抜けてもらいたい。こういった心の働きが，ブラックシープの客観的な低い評価を導き出しているのであれば，その人は，ブラックシープに対して主観的な評価をしていることになる。その人の都合（その人の集団アイデンティティ）でブラックシープを判断しているからである。

ところが，外集団に対しては集団アイデンティティが入り込む余地がないため，客観的な判断ができるのではないだろうか。

ブラックシープの人はその集団に居づらいため抜けやすい。そのため，ブラックシープ予備軍の人たちは，あまりブラックシープの評価を低く見積もらない。ブラックシープの人がその集団を抜けると，今度は自分自身がブラックシープとなってしまうかもしれないので，ブラックシープの技術評価を客観的な評価より高く見積もるかもしれない。

これも結局は，自分の都合によって主観的に相手の技術能力を判断しているのである。しかし，ここでも自分では客観的な評価・判断をしているつもりなのである。

「弱い人をいじめてはいけないのだ！」と学校ではよく言われるが，自分のアイデンティティが傷つくことを避けようとする防衛的動機から，いじめが起こっている場合もあるから根が深い。

集団に対して帰属意識をもちなさいと言ったり，愛校心をもちなさいとよく言われる。また人（ブラックシープ）をいじめてはいけないともよく言われる。しかし，このことは矛盾をきたしているのかもしれない。しかし，言っている人はそのことに気づいていないに違いない。ブラックシープをいじめる人は，本人に愛校心があるがゆえに，ブラックシープをいじめているのかもしれないのだ。

能力の面からブラックシープを捉えるのではなく，逸脱という面から考えて

みよう。学校によっては，例えば○○女子大の学生は，お嬢様風の格好を好むという伝統があるとする。その中でカジュアル系の格好をしている人がいるとブラックシープとなり得る。周りの人はその人に，その格好をして欲しくないと思うだろう。

この場合は，単に能力が劣っているという理由ではなく，逸脱しているということが，ブラックシープを作る原因となっている。このように能力以外にも，その集団に合わない人間に対しては，ブラックシープ効果が働くだろうと予想され，集団から逸脱していると判断された人は，周りの人から疎んじられることがある。

■ 大石・吉田（2002）の実験

内集団と外集団に分けた。
内集団：看護専門学生 100 名
外集団：一般の大学生 100 名程度

実験者によって意図的にブラックシープが作られた。
好ましくない看護学生と，好ましくない大学生を実験者が作って，それを看護学生たちと大学生たちがどのように評価するか，を調べた。
看護学生たちは好ましくない大学生に対しては寛容だが，好ましくない看護学生に対しては厳しい評価を下した。つまり，外集団のブラックシープには寛大だが，内集団のブラックシープに対しては強い圧力をかけたのである。大学生の場合も，好ましくない看護学生に対しては寛容だが好ましくない大学生に対しては厳しい評価を下し，ここでもやはりブラックシープ効果が見られた。
この実験でも，自分の内集団にいるブラックシープには厳しい評価となるが外集団にいるブラックシープには寛容となることが示された。

3. ソーシャル・サポート（social support）

穴に落ちた男

　ある日，男が町を歩いている時，道にあった深い穴に落ちてしまった。
　彼はそこから脱出できないかと，何度も脱出を試みるがうまくいかない。困り果てていると，そこに一人の医者が通った。彼は大声でその医者に助けを求めた。
　すると，その医者は処方箋を書いてそれを穴の中に投げ込んで，その場を立ち去った。それを見ても，彼には何が書いてあるのか分からない。
　仕方がないので，彼は道を通る人に助けを求め，叫び続けた。しばらくすると，そこに一人の弁護士が通りかかった。彼は必死にその弁護士に助けを求めた。
　彼を見た弁護士は「よし分かった。その穴からの脱出方法をこの紙に書くから，その通りにしなさい。もし脱出できなかったり，何か困ったことがあったら，ここに電話して下さい」と言って，脱出方法と電話番号を書いた紙を穴の中に投げ入れた。
　彼はその紙に書かれた脱出方法を試みたが，結局，穴から出ることはできなかった。途方にくれていると，そこに友人のジョージが通りかかった。
　「やあ，ジョージ，俺はこの穴に落ちて困っているんだ。助けてくれ」と彼はジョージに向かって叫んだ。これを聞いたジョージは何も言わず，すぐにその穴に飛び込んだ。
　「ワオー，なんてこった。二人で穴に落ちてどうするんだ」と彼は言った。
　すると，ジョージは「心配するな。大丈夫だ。俺も以前にこの穴に落ちたことがあるので，脱出方法を知っているんだよ」と言ったのである。
　これはアメリカのテレビドラマで，上司が部下の一人に言う台詞だ。その後，その上司の台詞は次のように続く。
　「私は決して君を見捨てない。我々は仲間だ」。

　我々は何か困ったことが起きた時，誰に相談するだろうか？
　その道の専門家に相談することもあるだろう。家族や友人に相談する人もいると思う。その時，相談する相手によって返ってくる答えの質が違うことに気がつくだろう。専門家の回答は専門知識に裏づけられた合理的なものに違いない。友人や家族の回答は，合理性には乏しくても，心からあなたのことを心配したうえでの回答だろう。

3. ソーシャル・サポート (social support)

　このドラマでは主人公は仲間のサポート，上司のサポート，それに専門家である精神科医の助けで，PTSD（心的外傷後ストレス症候群）を克服していく。
　心理学にカウンセリングという分野がある。様々な精神的な悩みをもった人の相談にのり，心理学を基礎にした人間理解と援助を与えることである。カウンセラーとはどういう人物であるべきか，どういう態度でクライエントに接するべきか，について最初に述べたのがC.ロジャーズである。
　上記の寓話の医師も弁護士もジョージも，ロジャーズのいうカウンセラーとしての条件を満たしていない。つまり，3人ともカウンセラーとは程遠い。
　彼ら3人とカウンセラーとの違いは何なのだろう。
　ロジャーズはカウンセラーに必要な条件は，「共感的理解」「邪気がないこと」「受容」であると言った。
　「共感的理解」とは相手の気持ちを自らの実感として感じ取り，内面から相手のことを理解することだ。上記の寓話の医師や弁護士は「彼は今こういう状況に陥っているのだ」と頭では理解しているが，共感はしていない。
　頭で理解し共感していない人からのアドバイスは，理性的で正しいアドバイスであることが多い。しかし，あまり役には立たないことも多い。例えば，違法薬物にはまっている人，ビデオゲームをやめられない中学生のような人に対して，いかにその薬物が体に悪いか，いかに長時間ゲームをすることが悪いかについて説いてもほとんど無駄だ。本人たちもそれらが悪いことは十分に理解していて，それでもやめられないのだから……。同じことは，不登校の子供にも言える。本人たちは不登校の状態は悪いことで，できるのなら学校に登校したいと思っていることが多いのだ。
　では，ジョージのやり方はどうなのだろう。彼は共感している。
　共感によく似たものに同情，同感といったものがある。ジョージは同情，同感に近いと思われる。共感とは相手の枠組みに沿って分かることで，相手に取り込まれて分かることではない。病気の人に「辛いね」と心から言える人は共感している。共感するために，その人と同じ病気になる必要はないのだ。
　同情，同感は行き過ぎると危険な場合がある。友達の不治の病に同情して，その友達と一緒に自殺をした女子高生がいた。有名なタレントが自殺をする

と，ファンの人が後追い自殺をするケースがこれまで何例もあった。

　ここでは，ソーシャル・サポートについて論じる。我々は周りにいる人たちと社会的な関係を結び，自分が他人を支えたり，支えられたりして生活している。社会的なつながりの中で，人に対して与えられる支援を，ソーシャル・サポートという。

　ソーシャル・サポートは，構造的サポートと機能的サポートに分けられ，機能的サポートは道具的サポート，情緒的サポート，環境に関する情報提供，自己評価に関する情報提供に分けられる（Cohen & Syme, 1985）。

　構造的サポートとは，婚姻関係，友人関係，組織に所属することによる社会的な関係等からサポートを定義するものである。今，日本では一人暮らしの老人が誰にも看取られることなく，孤独に死んでいく「孤独死」が社会問題になっている。定年退職したか失業中で，仕事がなく，友人もいない，配偶者もいないという状況に置かれた一人暮らしの高齢者に「孤独死」が多いと言われている。こういう人たちは社会から孤立していて，家の中で倒れていても誰も気がつかない。そのため，死に至ることが多い。さらに，こういう社会的に孤立した人たちは，精神的健康および肉体的健康が侵されやすいことが報告されている。

　社会学者 E. デュルケームは，都市生活者で独居者は，地方生活者で既婚者に比べて自殺率が高いことを発見した（Durkheim, 1951）。

　前者は社会との結びつきが弱く，後者は社会との結びつきが適度にある。このことが自殺率に関係しているとデュルケームは言った。

```
ソーシャル・サポート ─┬─ 構造的サポート
                      │
                      └─ 機能的サポート ─┬─ 道具的サポート
                                          │
                                          ├─ 情緒的サポート
                                          │
                                          ├─ 環境に関する情報提供
                                          │
                                          └─ 自己評価に関する情報提供
```

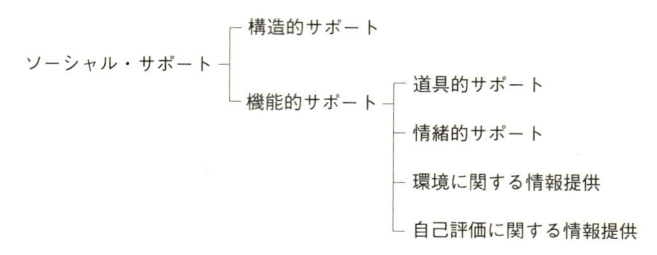

図 2-1　ソーシャルサポートの分類

機能的サポートとは，具体的に社会的結びつきが個人にどのような恩恵を与えるのか，といった観点から定義したものである。

道具的サポートとは，例えばお金に困った時にお金を援助してくれる，とか災害時に水や食料，医薬品等が援助されるといったことを指す。

情緒的サポートとは，ある人が何か悩みを抱えている時に，悩みを聞いてくれるとか，話し相手になってくれて気をまぎらせてくれるといったことを指す。

環境についての情報提供とは，自分の進路について悩んでいる高校生に対して，世の中にはこれこれこういう仕事があり，それをするためにはこれこれの資格が必要で，その資格を取るためには，これこれの学校に行かなければならない等の情報を提供することである。

自己評価に関する情報提供とは，その高校生が自分の能力で果たしてその資格が取れるのかが分からない時に，そのことに関して情報を与えることである。

■ サポートと健康

「既婚者は伴侶をもたない人に比べて死亡率や疾病率が低い」という報告がある（Morgan, 1980）。

M. モーガンは，配偶者を亡くした人と亡くしていない人を比較すると，配偶者を亡くした人の死亡率が増えることを調査によって確認した。

47歳男性で比較すると配偶者を亡くした男性は亡くしていない男性に比べて80％死亡率が増加した。47歳女性の場合は，配偶者を亡くした女性は亡くしていない女性に比べて約40％死亡率が増加した。47歳男性で離婚や別居している場合，そうでない人に比べて100％死亡率が増加した。47歳女性の場合，離婚や別居した人は，そうでない人に比べて220％も死亡率が増加した。

モーガンの研究だけを見ると，結婚は人の健康にとって非常によいもののように見えるが，必ずしもそうとはいえない場合も多いだろう。重要なのは夫婦の関係の質であると思われる。

結婚している，していない以外に，よき友人や同僚に恵まれている人は，そうでない人に比べて健康であるという報告がある（Russell et al., 1984）。

このような報告を見ると，親密な人間関係は個人の健康に正の相関があるよ

うに見える。

しかし,「穴に落ちた男」の所にあるように,親密な関係が負の相関をもつ場合がある。親密な関係にある両者が同じような困難な状況に置かれている場合,関係が親密であるがゆえに,ますます不安・ストレスが高まって両者とも自殺に至るというケースがあるのだ。こうしたことを圧力釜効果と呼んでいる。

4. 囚人のジレンマ（prisoners' dilemma）

重大な刑事事件が起こり,その事件の容疑者が2人別件で捕まった。この2人はその重大事件の共犯ではないかと思われた。しかし,決定的な証拠は見つからなかった。そこで,容疑者2人の取り調べにあたった刑事は2人を別々の取調室に入れて,それぞれに次のような司法取引をもちかけた。

刑事は容疑者Aに対して次のようにもちかける。
「容疑者Bが黙秘をして,Aが自白すれば刑を懲役1年にする。その時,容疑者Bは懲役15年になる。もし2人とも,自白した場合は,2人とも懲役10年とする。もし2人とも黙秘した場合は,別件の罪だけになるので懲役3年である」。

容疑者Bに対しても同様の内容の司法取引が,もちかけられた。これを表にまとめてみよう。

		容疑者A	
		共犯者と協力行動を取る（黙秘）	共犯者と非協力行動を取る（自白）
容疑者B	協力（黙秘）	3年 / 3年	15年 / 1年
	非協力（自白）	1年 / 15年	10年 / 10年

これが囚人のジレンマと言われているものである。
容疑者同士の人間関係から捉えると,自白することは相手に対する裏切りになり,黙秘することは相手に対する協力となる。

さて、この状況で容疑者はどちらの選択をするべきだろうか？
　それぞれの容疑者が自分の利益を最大にしようと思ったら、相手を裏切った方がよい。つまり、自白した方がよい。なぜなら、もし相手が裏切った場合、自分だけが相手に協力すると、自分の刑は懲役15年になってしまう。自分も裏切った場合懲役10年なので、裏切った方がよいことになる。
　もし相手が協力した場合、自分だけが裏切ると自分の刑は懲役1年となり、相手に合わせて、自分も協力すると懲役3年になるわけだから、この場合も裏切った方がよいことになる。

・相手が裏切った場合
　自分が相手に協力する（黙秘する）と、自分の刑は15年。
　自分が相手を裏切る（自白する）と、自分の刑は10年。
　15年＞10年なので、自分としては、相手を裏切った方がよい。

・相手が協力した場合
　自分も相手に協力すると、自分の刑は3年。
　自分だけが相手を裏切ると、自分の刑は1年。
　3年＞1年なので、自分としては、相手を裏切った方がよい。

　ところが2人ともそう考えて2人とも裏切ってしまうと、両者とも懲役10年になってしまう。
　今度は、1人ひとりで考えるのではなく、この2人を1つのグループとして考えてみよう。
　グループ全体の利益として考えると、2人とも協力すると2人の合計の刑期は6年となる。2人とも裏切ると2人の合計の刑期は20年になってしまう。1人が裏切り1人が協力すると16年だ。このように、2人を1グループとして考えグループ全体の利益を考えると、協力した方がよい。つまり黙秘した方がよいことになる。
　これまでの研究から、人間はお互いに協力した方がよいにもかかわらず、相

手を信頼することができずに，自分だけが損をすることのないように行動するので共貧状態に陥ってしまう傾向があることが示されている。

■ R. アクセルロッドの囚人のジレンマ戦略選手権

1984年，アクセルロッドは，囚人のジレンマを研究している世界中の有名な学者に呼びかけて，囚人のジレンマの状態ではどのような戦略がもっとも有効なのかを知るため，戦略選手権をおこなった。

アクセルロッドは，それぞれの学者に，その学者が推薦する戦略を紹介してもらいたいという旨の連絡を送った。これに答えて世界中から様々な戦略が送られてきた。

戦略選手権は2度おこなわれ，1回目は14種類，2回目は64種類の戦略がこの選手権に参加した。これらの戦略は総当たり戦で何度も繰り返しておこなわれ，平均利得が最も高い戦略が優勝戦略，とされた。この時に採用された利得表は次のようなものであった。

相手が協力してくれると，お互いに3点獲得できる。このようにして何回か3点をゲットすると，裏切りたくなってくるかもしれない。なぜなら，相手が協力している時に自分が裏切ると5点獲得できるからだ。

もし，一度，相手の裏切りにあうと，自分も裏切りたくなるかもしれない。この場合は両者1点ずつの獲得になる。

さて，この戦略選手権での勝者となった戦略は，驚くべきものであった。実に単純な戦略が，この2回の戦略選手権に連続優勝したのだ。さらに驚くことに，この戦略はすべての対戦相手に勝つことはなかったのである。つまり，負けるか引き分けだったのだ。

		A 協力	A 非協力
B	協力	3点 / 3点	5点 / 0点
B	非協力	0点 / 5点	1点 / 1点

4. 囚人のジレンマ（prisoners' dilemma）

その驚くべき戦略（この戦略選手権を制した戦略）は，「しっぺ返し戦略」であった。

これは実に単純な戦略で，最初は必ず相手に協力する。2回目以降は前回相手がとった行動と同じ行動を取る，というものであった（1回目は協力，2回目は1回目に相手が協力したなら，自分も協力，1回目に相手が非協力なら自分も非協力。3回目以降も同様）。

このしっぺ返し戦略が，強いと思われた「すべて裏切り戦略」と対戦すると，どうなるだろうか？

1回目は，自分は0点，相手は5点，2回目以降は，両者とも非協力が続くことになるから，ずっと1点ずつが両者に入ることになる。したがって勝負としては「すべて裏切り戦略」が5点差で勝つことになる。

しかし，両者の得点差は5点であり「しっぺ返し戦略」から見ると，僅差での負けということになる。相手が「すべて協力戦略」をとってくると3点ずつが両者に入り，両者ともかなり高得点の引き分けになる。

この「しっぺ返し戦略」はもっと複雑な戦略と対戦した場合も，すべて後手後手に回るので僅差での負けとなった。しかし，対戦相手との勝負には負けはしたが，獲得した得点は最も多くなり，結局，優勝したのである。

アクセルロッドはこの優勝した戦略の特徴について次のように評した。

「この戦略は，自分からは決して裏切らない上品な戦略であり，相手の裏切りや協力に対して，即座に対応するという，相手にとって，とても分かりやすい戦略だった」。

実は，国と国との外交はこの囚人のジレンマによく似ている。国は外交の場面では，自国の利益が最大になるような行動を取る。そうした国同士が，協力的な関係を築いていくことができるのだろうか。お互いに協力関係が築ければ両国とも利益があるだろう。しかし，相手の国が協力してくれるかどうかは分からないのだ。

こういった関係にあるのは，国と国との関係だけでなく，日常の人間関係やビジネス上の関係等，応用範囲が広い。囚人のジレンマは，集団の中で生きる個の心の問題と深くかかわっている。

5. 社会的ジレンマ（social dillemma）

1968年，G. ハーディンは「共有地の悲劇」という論文を発表した（Hardin, 1968）。

ある村には，羊を放牧するための共有地がある。その村には何人かの羊飼いがいて，羊を放牧することによって生計を立てている。その羊飼いの一人がたくさんの羊を放牧すると，その人の利益は増える。ところが共有地の草は食べ尽され回復が追いつかなくなって，土地が荒廃してしまう。これが「共有地の悲劇」の状況である。

つまり，そこにいる一人ひとりが，自分の利益だけを追求すると，集団全体の利益が損なわれてしまうのだ。

このような状況を「社会的ジレンマ」と言う。

「共有地の悲劇」は一つの象徴的な話であるが，我々の周りには環境問題や資源問題といった形で，社会的ジレンマは切実な問題として提起されている。

■ ドウズの社会的ジレンマの定義

①集団のメンバー，一人ひとりは協力することもできるし，非協力という選択もできる状況にある。
②集団内の個人にとって見ると，非協力行動をとった方が自分の利益になる。
③集団内の多数のメンバーが非協力行動をとったとすると，集団全員が協力行動をとった場合に比べ個人の利益が減ってしまう。

R. M. ドウズ（Dawes, 1980）は，この3つの条件を満たす状況を社会的ジレンマの状況であると定義した。

「社会的ジレンマは囚人のジレンマと同じじゃないか」と思う読者もいるに違いない。囚人のジレンマは二者で起こる事態のことを言い，社会的ジレンマは三者以上の集団で起こる事態を言う。たいした違いはない，と思うかもしれないが，実は三者以上になると問題解決が，かなり難しくなる。二者だけがか

かわっている場合だと，相手が協力したか裏切ったかがすぐに分かる。ところが，三者以上になると，誰が協力して誰が非協力行動をとったのかが分かりづらい。

このような状況だと，「誰にも分からないのだから，自分ひとりだけ非協力行動をとってもいいだろう」と思って非協力行動をとる人が増えるのだ。このようにして非協力行動をとる人が増えてくると，それまで協力していた人たちも自分だけが協力しても，事態はいっこうに変わらないので，協力行動をとるのが，ばかばかしくなってくる。

そのため，協力行動をとっていた人たちも非協力行動をとるようになる。こうなると社会全体は共貧状態に陥っていく。集団が大きくなればなるほど共貧状態に陥りやすいことが知られている。

社会的ジレンマには take-some 型と give-some 型の２種類がある。

take-some 型は共用の資源から自分がいくらもらうか，という「共有地の悲劇」に見られるものだ。

give-some 型は，NHK の受信料の支払いのような，自分の資源を公共のためにいくら払うかを問題にする。

社会的ジレンマを解決するにはどうすればよいのだろう。その１つとして考えられるのは集団の利得関係を，ジレンマが起こらないように変えてしまうことである。つまり，個人が取った協力，非協力がその人個人の損得に直結する仕組みになるようにすることだ。

もう１つ考えられる方法は，集団のメンバーに「協力しても大丈夫なんだ」と思わせるような信頼関係を集団と個人との間に作り上げること，である。また，「集団に協力することは良いことである」という道徳が集団のメンバーたちに共有されるようにすることも必要だ。

スコトーマの原理

「日曜日に電車に乗っているとギターを持った人とよく出会う」という話を友人にすると、「私は、そんな人見たことない」と言われた。彼は街中で製図道具を持った人をよく見かけると言うのだが、今度は、私のほうが「そんな人見たことない」と言う。自分が興味のあるものは自分から積極的に情報を集めるし、同じことに興味をもつ人たちと交流する。ところが、そのことにまったく興味がない人たちは、そういった情報に触れることはない。

その友人はいわゆる仕事人間で、ほとんどの時間を仕事中心で過ごしている。彼は建物の設計の仕事をしているのだが、建物を外から見ただけでおよそ、その建物の造りが分かるそうだ。

ギター専門店に勤める別の友人は、ステージで弾かれている楽器を見ただけで、その製作者が分かると言う。もっとマニアの人になると音を聞いただけで分かる人もいるらしい。さらに別の友人は、ハイキングに行くと野草の名前を詳しく説明してくれる。我々は、同じ国、同じ時代を生きているのだがどうも見えている世界が違っているようだ。

我々は道端に百円玉が落ちていると、それに気がつくが、もし日本の百円玉がケニアの道端に落ちていたとして、果たして、ケニアの人たちは、それに目を留めるだろうか？

我々はものがそこにあるから見えていると思っているが、実はそうではない。我々は自分が見たいものだけを見ているのだ。したがって、見たくないもの、関心のないものは、たとえそれが目の前にあったとしても、我々には見えない。それを、スコトーマの原理と言う（スコトーマとは盲点という意味）。

人が選択的に音を聞いていることは、カフェテリア効果としてよく知られている。カフェテリアのような、騒がしい場所でも相手の声は聞こえるし、話の内容も理解できる。騒がしいカフェテリアに録音機器を持ち込んで、その場の音を録音し、後で聞いてみると、周りの雑音が思ったより大きく、よくこんな場所で会話ができたな、と思うだろう。

この問題が重要なのは、見える、聞こえるといった認知のレベルに留まらないからだ。人の一生を決めてしまうことさえあるのだ。

「自分は頭が悪いので医者や弁護士には、なれないだろう」と思っている子供は、おそらく絶対になれないだろう。その子供の、自分の将来像の中に医者や弁護士は入っていないので、この子供がこれらになることは、ほとんど考えられないのだ。いわば、それらの職業はその子供には見えていないのである。「信じぬ夢は実現しない」と言われるのは、このことを表している。

我々は同じ世界の中で一緒に過ごしていると思っているのだが、同じものを見ても、一人ひとりに見えているものが違うということは、とても奇妙なことだ。皆さんはどう思うだろうか？

6. M.グラノヴェター(1978)の閾値モデル(threshold model)

　1992年カリフォルニア州ロサンゼルスで暴動が起きた。この暴動における死者は50名以上，負傷者は約2,500名，逮捕者は15,000名以上であった。これが有名なロス暴動である。ロス暴動以外にも，世界では様々な地域で暴動が起きている。ここではその暴動が，どのような原因で引き起されたのか，といったことを問題にするのではなく，一般的に暴動がどのようにして広がっていくのかを問題にしたい。

　暴動は集合行動の一種である。我々は時々何かのブームが発生することに出くわす。人がそうしたブームに乗る行動も集合行動であり，暴動の時とよく似ている。

　グラノヴェターは，こうした人間の集合行動を理解するために「閾値モデル」を考え出した (Granovetter, 1978；Granovetter & Soong, 1983)。

　閾値モデルは人の同調性から導き出された1つのモデルである。彼は，人がある行動を選択する時は，その集団内の他の人の行動に依存すると考えたのだ。

　グラノヴェターの考えを簡単にまとめると，「暴動に加わるか加わらないかは，集団の構成員である一人ひとりの閾値による」「閾値とは，ある時点において実際に暴動に参加している人の人数に依存する」「閾値の小さい人は，その時点で実際に暴動に参加している人が少なくても，その暴動に参加する」「閾値の大きい人はその時点で，実際に暴動に参加している人が多くないと，その暴動には参加しない。しかし，実際に暴動に参加する人が多くなると，閾値の大きい人でも参加する」。

　つまり，閾値の小さい人というのは要するに，周りからの影響を受けやすく乗りやすい人だ。閾値の大きい人はあまり周りの影響を受けないタイプの人だ。
　ここで2つの集団を考えてみよう。閾値の分布は次のようなものを考える。

閾値（%）	0	1	2	3	4～	97	98	99
集団A	1名	1名	1名	1名	1名～	1名	1名	1名
集団B	1名	1名	1名	0名	2名～	1名	1名	1名

閾値が0%の人というのは，暴動の場合について考えると，周りの人が，1人も暴動に参加していなくても暴動を起こす人である。

集団Aを考えてみよう。まず閾値0%の人は，周りの誰も暴動を起こさなくても暴動を起こすので，まず，この人が暴動を起こす。そうすると，この集団の中で，1人の人が暴動を起こしているわけだから，閾値1%の人がこの集団には1人いるので，次はこの人が暴動に加わる。そうすると集団Aでは，暴動に参加している人は合計2人だ。こうなると閾値2%の人がこれを見て，自分もその暴動に加わることになる。

このようにして，集団Aでは結局，全員が暴動に加わることになる。

今度は集団Bを見てみよう。集団Aと同様，閾値0%の人が1人いるので，まず，この人が最初に暴動を起こす。これを見た閾値1%の人がその暴動に加わる。この時点で集団Bでは暴動に参加している人は2名だ。

次に閾値2%の人が，これを見てこの暴動に参加する。この時点で集団Bの暴動参加者は合計3名になる。ところが，集団Bには閾値3%の人が1人もいないので暴動はもうこれ以上広がっていかない。

グラノヴェターのモデルでは，集団Aでは最終的に全員が暴動に参加し，集団Bでは暴動は広がらなかった。つまり，結果には大きな差がある。しかし，実は，この集団Aと集団Bとは，表を見ても分かるように，とても似かよった集団なのだ。

グラノヴェターは，マクロ的な結果だけを見てその集団の構成員一人ひとりを推測すると大きな間違いを犯すことになる，と言いたいのだ。

ある地域で暴動が起きたから，その地域の一人ひとりの住民が，すべて暴力的である，とかその地域の住民は暴力的な人が多い，と推測してはいけないと言っているわけである。

世の中に存在する現実の集団のことを考えると，集団Aや集団Bのような閾値の分布にはならないだろう。おそらく正規分布に近いものになるだろうと予測される。

図2-2が閾値が正規分布になったと仮定した時の相対度数分布グラフで，図2-3が累積度数分布グラフだ。

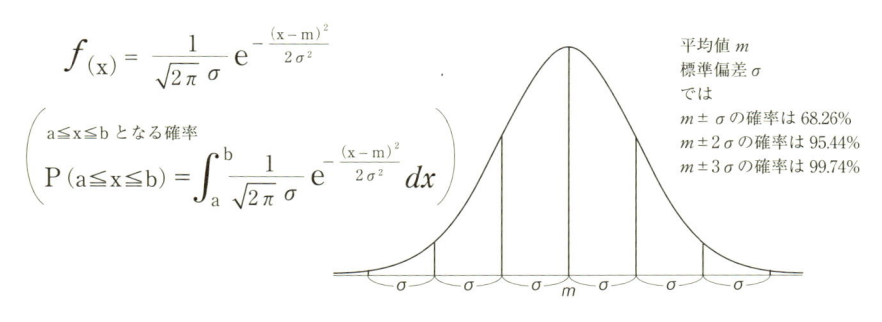

6. M. グラノヴェター (1978) の閾値モデル (threshold model)

$$f_{(x)} = \frac{1}{\sqrt{2\pi}\,\sigma} e^{-\frac{(x-m)^2}{2\sigma^2}}$$

$$\left(\begin{array}{l} a \leq x \leq b \text{ となる確率} \\ P(a \leq x \leq b) = \displaystyle\int_a^b \frac{1}{\sqrt{2\pi}\,\sigma} e^{-\frac{(x-m)^2}{2\sigma^2}} dx \end{array} \right)$$

平均値 m
標準偏差 σ
では
$m \pm \sigma$ の確率は 68.26%
$m \pm 2\sigma$ の確率は 95.44%
$m \pm 3\sigma$ の確率は 99.74%

図 2-2　正規分布グラフ

累積度数分布グラフで考えてみよう。

もし，現実に暴動に加わっている人が，閾値40%までの人だったとする。そうすると，この集団の中の50%の人がその暴動に参加していることになる。そうなると，閾値50%までの人がこの暴動に参加するだろう。

閾値50%までの人はこの集団の中には70%いるわけだから，今度は閾値70%までの人はこの暴動に参加することになる。こうなると結局この集団の人は全員暴動に参加することになる。

今度は，現実に暴動に参加している人が閾値30%までの人だったとする。そうするとこの集団の中に閾値

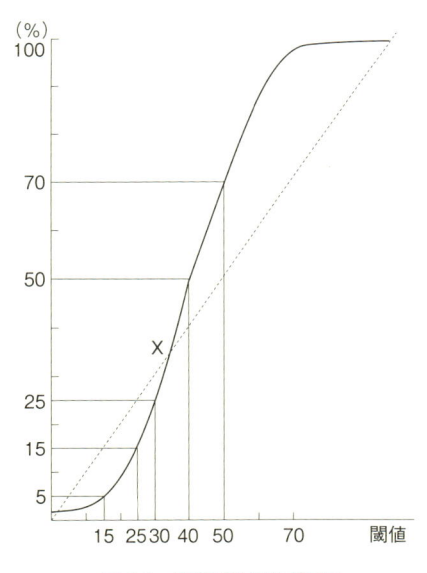

図 2-3　累積度数分布グラフ

30%までの人は25%いるので，この集団の25%の人はこの暴動に参加する。実際に暴動に参加している人が25%だから閾値25%までの人が暴動に参加することになる。閾値25%までの人は，この集団の中の15%なので，集団の15%の人がこの暴動に参加する。そうすると実際に暴動に参加しているのが，集団の15%なので閾値15%までの人が暴動に参加する。閾値15%までの人は

この集団には5％しかいないから，この人たちだけが暴動に参加することになる。つまりこの場合は，暴動は収まっていく。

このように考えると，暴動が拡大するか沈静化するかを決める点があることが分かる。このグラフの点 X である。点 X のことをクリティカル・マスと呼んでいる。クリティカル・マスは，限界質量とも言われる。

■ 暴動が拡大するケース

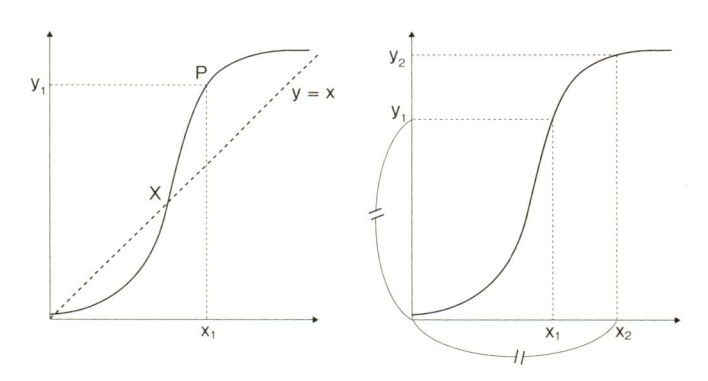

図2-4　暴動が拡大するケース

クリティカル・マスを $X(x, y)$ とする。

現実に暴動に加わっている人 $P(x_1, y_1)$ が $x < x_1 < 100$ の区間にあったとする。この区間では正規分布からとった累積度数分布グラフが関数 $y=x$ の上部にあるので $y_1 > x_1$ が常に成り立っている。したがって，実際に暴動に参加している人 y_1 を閾値になおした時（それを x_2 とすると），

$$x_1 < x_2$$

が成り立ち，同様に

$$x_2 < y_2$$
$$\vdots$$

となるので暴動は拡大する。

■ 暴動が縮小するケース

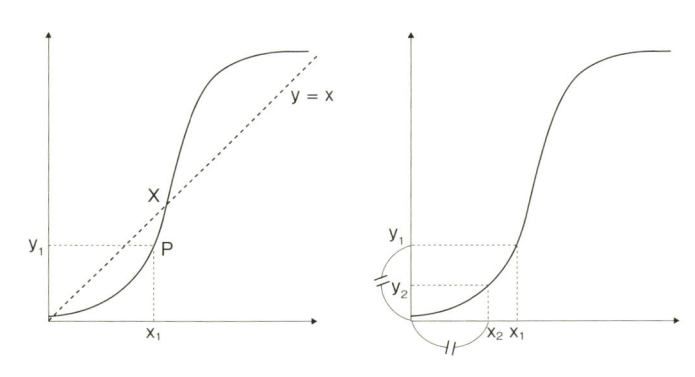

図2-5　暴動が縮小するケース

クリティカル・マスを$X(x, y)$とする。

現実に暴動に加わっている人$P(x_1, y_1)$が$0 < x_1 < x$の区間にあったとする。この区間では累積度数分布グラフが関数$y=x$の下部にあるので$y_1 < x_1$が常に成り立っている。したがって，実際に暴動に参加している人y_1を閾値になおした時（それをx_2とすると），

$$x_2 < x_1$$

が成り立ち，同様に

$$y_2 < x_2$$
$$\vdots$$

となるので暴動は収まっていく。

ここでは，同じ集団でもクリティカル・マスを超えた時と，超えない時ではまったく異なった集合行動をとることが示された。現在はこれよりもっと発展したモデルが考えられている（Watts, 2003）。

7. 透明性の錯覚

人は他人の嘘を，どのくらい見破ることができるだろうか？

■ P. エクマンと W. V. フリーセンの実験（Ekman & Friesen, 1974）

1974 年，エクマンとフリーセンは，「人が他人の嘘をどのくらい見破れるのか」についての実験をおこなった。

1) 実験内容

実験者は，看護学校に通う看護学生に，これから自分のネガティブな感情を偽装する練習をする，と言って実験に参加させた。

実験者は，「看護師には自分の感情を抑える能力が必要だ」と言って，実験参加者（看護学生たち）に真剣に練習に取り組むように指示をした。看護学生たちには，凄惨な手術のビデオが見せられた。カメラには写らないが，一人のインタビュアーが，手術を見ている看護学生にいろいろな質問をした。看護学生は，その手術のビデオによって動揺することなく，自然の風景のビデオを見ているかのように，そのインタビュアーの質問に答えることが求められた。

看護学生は自然の風景を見ているかのごとく偽装するわけだ。そして，その様子が撮影された。

一方，本当に自然の風景のビデオを見せて，まったく同じインタビューが，まったく同じ看護学生に対しておこなわれた。この様子も撮影された。このようにして録られた 2 本の映像のどちらかを，嘘を見破る役の実験参加者に見せて，ビデオに録画されている人（インタビューを受けている人）が嘘をついているかどうか，を判定させた。

2) 実験結果

この実験の結果は，嘘を見破ることができた人は，50％は超えたものの，ほとんど偶然に正解する確率の 50％ に近いものであった。つまり，この実験から

言えることは，人は他人の嘘をそんなに簡単には見破れない，ということだ。

ところが，人は嘘をついている時，自分の嘘が見破られているかのように感じることがないだろうか？

人は嘘をついている時，実際にはそれが相手に見破られていないにもかかわらず，見破られているかのごとく感じるのである。これを「透明性の錯覚」と言う。ギロヴィッチらは，「透明性の錯覚」を実験によって確認した。

■ T. ギロヴィッチらの実験（Gilovich et al., 1998）

ギロヴィッチらの実験を見てみよう。

1) 実験内容

実験参加者たちは5人1組になって，この実験に参加した。この5人はお互いに面識のない人が選ばれた。実験者はこの5人に真偽がはっきりしている質問をする。例えば「男の兄弟がいますか？」とか「自動車の免許を持っていますか？」とか「ディズニーランドに行ったことがありますか？」とか……。また，実験者はこの5人のうち1人だけにランダムに合図を送る。この合図は送られた本人にしか分からないようになっている。この合図を送られた人は，質問に対して他の参加者に分からないように嘘を答えることが求められた。合図を送られなかった人たちは，本当のことを答える。

1つの質問に5人が答えると，合図を送られなかった参加者は，誰が嘘をついたのかを用紙に記入し，合図を送られた参加者は4人のうち，誰が自分の嘘を見破ったかを用紙に記入することが求められた。

2) 実験結果

この実験の結果，嘘を見破る役になった人が，嘘を見破った正解率は25.6%であった。つまり，毎回4人の内1人だけが正解している程度の数字である。ところが，嘘をつく役の人は，自分の嘘は約4人中2人に見破られたと回答した。実際には4人中1人にしか嘘は見破られていないわけだから，「透明性の錯覚」が確認されたのである。

人前でプレゼンテーションをしたり，人前で何かスピーチをするといった場面になると，過度に緊張してしまう人がいる。いわゆる「あがり症」だ。この人たちに「透明性の錯覚」について教えると，不安が軽減される，という報告がある（Savitsky & Gilovich, 2003）。

8. 責任の帰属

時々芸能界に麻薬事件が起こることがある。俳優，歌手等のタレントが麻薬を使用したことがマスコミを通して伝えられることがあるのだ。こうした事件の責任は，いったい誰にあるのだろうか？　麻薬を使用した本人なのか，麻薬を売った人なのか，それとも麻薬の蔓延を防止できない警察や政府なのだろうか？

タバコの場合はどうなのだろう？　タバコの吸いすぎで肺がんになった場合，その責任は，タバコを吸った本人なのか，吸いすぎると肺がんになるような危険物を売ったタバコ会社なのだろうか？

よく例に挙げられるのは，自己破産のケースである。自己破産した本人に責任があるのだろうか，それとも貸し過ぎた金融機関に責任があるのだろうか？

我々は，何か事件が起こった時に，その原因が何かを追及し，物事の本質的な理解を得ようとする。その事件が起こった社会にとって，その事件が不都合なものであれば，「誰に責任があるのか」「何に責任があるのか」を突き止めることは，その後の非難や制裁を与える対象を特定するためにも，必要である。

責任という言葉は，「この仕事は，私の責任で処理します」とか，「自分の仕事には責任をもってあたれ」とか，まだ何も出来事が生じていないのに，人の引き受けるべき義務という意味で使われることもある。しかし，責任帰属研究で使われる「責任」という言葉は，何かある特定の出来事が起こっていて，そのことに対して，非難や制裁を加える趣旨で使われるものである。

K. G. シェーバー（Shaver, 1985）は，

①原因の帰属（何がそのことの原因か）

②責任の帰属（誰にそのことの責任があるのか）

③非難の帰属（誰を非難すべきか）
この3つの帰属過程が存在すると言う。

　物事が起こった時には，まず因果関係が考えられ，次に，責任の帰属が考えられ，最後にどの程度非難をするべきかといった非難の帰属がなされるのだ。

　出来事の原因を考えることを，原因帰属と言い，そのことの責任が誰にあるかを考えることを，責任帰属と言う。その出来事が関係する社会事象の仕組みを考え，これらを理解するプロセスのことを帰属過程と言う。

　個人の行動の原因は，本人自身かまたはその人が置かれた状況にあるとされる。原因が本人の能力や性質といった，本人自身にあるとされることを内的帰属と言う。原因が本人ではなく周りの状況にあるとされることを外的帰属と言う。物事が内的帰属されるのと外的帰属されるのでは，その事件の見え方がずいぶん違ったものになる。

　E. E. ジョーンズと K. E. デイビス（Jones & Davis, 1965）の対応推論モデルを使って帰属過程について見てみよう。ここでは，生活に困ってコンビニ強盗をした人と，ボランティアで災害救助活動をした人を，例に考えてみる。我々観察者は，まず最初に，行為者の行為とそこから引き起こされた結果を見ることになる。コンビニ強盗では，コンビニ強盗犯の実際におこなった行為と，そのために引き起こされた現実の損害や社会の安全性を脅かし社会不安を引き起こした，といった社会に与えた影響を目にすることになるだろう。災害ボランティアの場合は，この人が実際におこなった活動と，その結果，その地域が復興する姿を目にするだろう。

　次に，我々観察者は，行為者の能力と知識，それに行為者の意図を推察することになる。行為者がそのことに対して能力と知識をもっており，推察された意図と行為の結果とに結びつきがあると判断された場合は，その行為は行為者自身によって意図されたものであると考えられる。つまり，この出来事は行為者が原因で引き起こされたものであるということだ。

　また，次に，我々観察者は，行為者の気質・性格といった個人的な属性について考えることになるだろう。ジョーンズらは，コンビニ強盗のような社会的に好ましくないものは，行為者の性格特性に帰属されやすいと言う。反対に，

ボランティアで災害救助をするといった行為のような，社会的に望ましい行為は，行為者の性格特性に帰属されにくいという。

　社会的に望ましい行為→行為者の性格特性に帰属されにくい。
　社会的に望ましくない行為→行為者の性格特性に帰属されやすい。

　また，その行為によって，その場面固有の効果が数多く存在する場合は，行為者に原因が帰属されにくい。
　コンビニ強盗の場合で言えば，犯人は生活苦のためにこの事件を引き起こしたと主張しているのだが，実は病気の子供の手術費が必要になって，仕方なくこの行為に及んだ，といった事情等があった場合のことである。災害ボランティアの場合は，この人は，ある異性に熱を上げており，この異性がボランティアにポジティブな意見をもっていたため，この人は，その異性に気に入ってもらいたくてこの行動をとった，という事情があった場合や，この人が所属している大学では，災害ボランティアに参加すると単位がもらえるといった事情があった場合等だ。
　また，行為の生起に何らかの外的な圧力が存在している場合にも，行為者に原因が帰属されにくい。コンビニ強盗の場合は，この犯人がギャングのボスに命令されておこなったといった事情等があった場合で，災害ボランティアの場合も同様で，この人が誰かに強制されてこうした行動を取ったという事情がある場合だ。
　このように，ある人がおこなった行為は内的帰属される場合もあるし外的帰属される場合もある。芸能界の麻薬事件，タバコの問題，自己破産の問題を最初に取り上げたが，これらもケースバイケースで，その責任が本人にあると考えられる場合もあるし，状況（社会）にあると考えられる場合もある。
　帰属過程は，個人の主観的なプロセスなので，そこでおこなわれる推論や判断が間違っている場合もある。社会心理学では帰属のエラーについての研究は，数多くおこなわれているので，それらを見ていくことにしよう。

■ 原因帰属のエラー

1) 基本的帰属錯誤

　個人による行為の原因は，外的要因よりも内的要因に帰属されやすい傾向がある。行為者と行為は，まとまったものと認知されやすいので，状況が見落とされる傾向があるのだ。看護師が患者に対してやさしい笑顔で接した場合，患者は看護師をやさしい人だと認知しやすい。ファーストフードの店員さんの場合も同様だ。患者や客は，そのやさしい笑顔を個人的な特性に帰属して考えてしまう。状況の要因が軽視されてしまうのだ。

2) 行為者と観察者によって帰属に違いが起こる

　行為者は，自分のとった行為の原因を外的帰属しやすい。それに対して，観察者は行為者のとった行為の原因を内的帰属しやすい。自己破産の例だと，自己破産した本人は，その原因を自分ではなく，貸し過ぎる金融機関にあると考えやすい。しかし，観察者は，自己破産は自己破産した本人が悪いと思いやすい。

3) 自己奉仕的バイアス

　物事がうまくいった場合は，その原因は，自分の能力，才能，努力といった自分の内部にあると考えやすい（内的帰属）。その反対に，物事がうまくいかない時には，その原因を状況のせいにしやすい。例えば，うまくいかなかったのは，時期が熟していなかったためだ，課題が難しかったためだ，運が悪かったせいだ，といった具合に，外的帰属しやすいのだ。

　日本でも，裁判員裁判が始まった。社会心理学の責任帰属の研究の主なものは，責任帰属のバイアスの問題である。これは，現実の裁判のような社会制度とも関連してくるので，この分野の研究は意味があるものであろう。

　まず，F. ハイダー（Heider, 1958）による責任判断の分類について見てみよう。

①その人と事件とは直接の因果関係にはないのだが，何らかの関連性があるために責任が問われるケース。

このケースの代表的なものは，ある国（A国）が他国（B国）を100年前に侵略したとする。現在A国の国民であるPさんは，100年前のA国の侵略には，まったくかかわっていないのだが，PさんがA国の国民であることによって，B国の人々から非難される，ということが起こり得る。

②本人が原因となった事柄に関して，責任が問われるケース。
　J.ピアジェはこれを「客観的責任」と呼んだ。
③本人は直接その事件の原因になったわけではないし，意図したことでもないのだが，本人がその事件を予見可能であったことで責任が問われるケース。
④本人が直接意図したものだけに関して責任が問われるケース。
　ピアジェはこれを「主観的責任」と呼んだ。
⑤本人が意図した行為であっても，その動機をもたらしたものまで考えて責任が問われるケース。

4）責任帰属のバイアス

　事態が深刻なものであればあるほど，それを起こした本人に責任が帰属される傾向がある（Walster, 1966）。事故の場合は，大事故の方が小さな事故よりも本人に責任があると思われやすいのだ。犯罪の場合も同様だ。

　これは，大きな事故や犯罪が，それを起こした本人に責任がそれほどないということになれば，誰でもそのような大きな事故や犯罪を犯す可能性があるということになる。人々は，そのようには考えたくない。その事故や犯罪を犯した人が特別であると思いたいので，本人に責任を帰属させようとする傾向が生じるのだ，と説明されている。

　事故の当事者や犯罪加害者は，自分の責任を軽く考えたいという，利己的な考えをもつのが一般的だ。ところが，観察者が事故の当事者や犯罪加害者と類似点をもつ場合は，これと同じような利己的な動機によって，その事故や事件を判断するという。

　レイプ事件を研究した結果，男性陪審員の方が女性陪審員よりも，加害者に寛容であることが示された（Kanekar et al., 1981）。男性陪審員も犯人も男性であるという類似点をもつことがこのことに影響していると考えられた。

また，類似性に関して，社会的地位が似通っている事故の当事者や犯罪加害者に対しても，観察者には利己的なバイアスがかかりそうだ。黒人の観察者は，事故の当事者や犯罪加害者が黒人だと加害者に寛容になりそうだ。白人の場合も同様だ。自分と類似している人には，寛容になり，自分と類似点がない人には厳しい見方をするのだ。

　権威主義的性格の陪審員は，自分よりも低い地位にある被告に対しては，厳しい判断をする（Mitchell & Byrne, 1973）。

　身体的魅力や社会的地位が高い人は，陪審員にも好意的に判断されやすいだろう。

　Aさんが自己破産した，Bさんはタバコの吸い過ぎで肺がんになった，といった不幸があった時，多くの人は，その責任は状況や環境ではなく，本人にある，と考えるだろう。これは人々が，良きおこないをしていれば良い結果が生じ，悪いおこないをしていれば悪い結果が生じると信じたいので，こうした悪い結果に対しては，本人に責任が帰属しやすいのだ。実際には，必ずしも良きおこないが良き結果を生むとはいえないし，悪いおこないが悪い結果を生むとは限らない。しかし，多くの人は，良きおこないをした人が悪い結果になったり，悪いおこないをした人が良き結果になったりするのを見たくないのだ。

3 集団と労働

　この章は，普通の人が「集団」と言えば思い浮かべるような「集団」について取り扱っていく。企業の中で個と集団の関係を捉えることは重要で実用的であろう。

1. ホーソン研究

　1924年，ウエスタン・エレクトリック社のホーソン工場で，生産性を上げる目的で，労働者が働きやすい環境を作ろうとした。どのような環境にすれば労働者が最も快適に作業ができ，生産が向上するのか，を調べようとしたわけである。

　例えば，作業台の高さ，椅子の高さ，照明の配置，照明の強さ，人と人との距離等についてである。このようなものを最適なものにして，労働者の職場環境をよくすれば生産が向上するであろう，と考えたわけである。

　これを調べるために何人かの従業員が選抜され集められた。従業員たちは，「普段通りの作業をやってください」と実験者に言われるのだが，作業中に椅子の高さが変わったり，照明が明るくなったり暗くなったりした。

　この実験のために選抜された労働者は，無作為に選抜されたが，選抜された労働者の中には，自分たちは大勢いる従業員の中から選ばれている従業員なのだ，という意識があったようである。例えば照明が暗くなれば，従業員たちは自分たちの作業能力が試されているのではないか，と勘違いをして，暗くなればなるほど作業量が上がった。つまり，実験者から見ると，「こんなに暗い環境

で生産性が高まるはずはない」と思われる状況なのに生産性が高まったのである。

　ホーソン工場では、職場環境（衛生環境・不満足要因）を改善することによって業績アップを試みたのであるが、この実験（Hawthone experiment, 1924-1932）によって、業績アップと不満足度要因ダウンには関係がないことが分かった。つまり、会社は、よい職場環境だと生産性が上がると思っていたのだが、それが否定される結果となったのだ。

　ホーソン研究は、やる気とかモチベーションといった従業員の心のもちようが生産性に大きな影響を及ぼし、職場環境、衛生環境といったものは、生産性にはあまり影響を及ぼさない、ということを示すきっかけになったのである。

2. F. ハーズバーグ（1966）の衛生理論（Hygiene Theory）

　「最近、うちの会社の若い人は仕事にやる気がなくて困っているんだよ」
　「うちの会社でも同じだよ。若い人たちにやる気をもたせる何かよい方法はないものかな？」
　こうした会話は、年配の管理職の間でよく耳にする。
　「従業員のやる気をアップさせるためにはどうすればよいか」について考えてみよう。従業員のやる気をアップさせる要因は2種類ある。1つは、従業員の仕事へのやる気を増大させるもので、ハーズバーグはこれを促進要因と呼んだ。

　もう1つは、それが満たされないと、不満が増大するもので、ハーズバーグはこれを衛生要因と呼んだ。以下に整理してみよう。

　促進要因とは、「達成感が感じられた」「いい仕事ができた」「上司や同僚に認められた」「仕事を任されている感がある」「仕事そのものが面白い」「仕事を通して自分の能力を向上させることができる」等である。こういう要因が満たされていると、人は仕事にやる気を起こす。

　衛生要因とは、「給与が高い」「福利厚生が充実している」「職場内での処遇がよい」「仕事がそんなにきつくない」「仕事の条件がよい」「職場内の人間関係が

2. F. ハーズバーグ（1966）の衛生理論（Hygiene Theory）

よい」「職場の従業員管理に納得できる」等である。これらが満たされないと，人は不満を感じる。

衛生要因は，それが満たされないと，従業員が不満に思うものであるが，それが満たされたからといって，その職場に満足するわけではない。促進要因は，それが満たされると人は満足感を得て仕事に対してやる気が起こってくる。

従業員のやる気がないことで悩んでいる会社はたくさんある。この問題を考える際には考える順序が重要だ。会社によって問題点が違い，その会社にあった問題解決方法をとらないと，よかれと思ってやったことが，事態をさらに悪化させてしまうことにもなりかねない。

まず，「なぜ，従業員のやる気がないのか」をみきわめることが必要だ。

最初に，衛生要因について調べる。

従業員は，組織の中で評価されているわけだが，その評価に従業員が納得しているか？ 従業員にとってその仕事はきつくないか？ 従業員は今の給与に満足しているか？ 従業員は今の労働条件に満足しているか？

これら衛生要因に関する項目に不満であると考えている人が，35％以上いた場合は，会社としては，これに対処することが必要だろう。

例えば，給与に対して40％〜50％もの従業員が不満である，と言っている場合は，給与を上げることを考えなければならないだろう。職場環境や仕事のきつさ等，も同様だ。人事評価に関しても，やはり35％以上の人が納得していなければ見直さなければならない。

つまり，衛生要因に問題がある職場は，従業員に達成感をもたせるとか，責任を与えてやりがいをもたせるとか，促進要因に関する対策をとってもほとんど無意味である。腹の減っている人に，「勉強しろ」「仕事しろ」と言っても無理だろう。最低限の欲求が満たされていないわけだから……。

とりあえず，最低限の欲求が満たされているかをチェックすることが必要だ。

しかし，衛生要因で35％以上不満がないのに，例えば25％の人が不満だからといって衛生要因を改善する必要はないかもしれない。衛生要因は満たされないと駄目だが，ある一定のところまで来ると，それ以上改善しても職員の満足度が上がるわけではない。

次に，促進要因について調べる。仕事の中で自分のやりたいことができているか？　上司との関係はうまくいっているか？　上司にほめられたことがあるか？　仕事の中で自分が成長していると感じられているか？等，促進要因に関する項目について調べる。

衛生要因がクリアされ，促進要因も OK となると，次はロイヤリティの問題を考える。つまり，この職場が好きか？　この職場にいつまでも居たい，と思うか？　職場や仕事と一体感を感じているか？といったレベルまで考えられる。

やる気の出ない原因を把握するためには，アンケートを利用して調査したり，リーダーが日常の職場を観察することによって突き止めたりする。リーダーは，日ごろ部下と会話したり，部下同士の会話を聞いたりして，従業員のやる気が出ない原因を突き止める努力をすることが必要だ。

■ ハーズバーグの研究（Herzberg, 1959）

ハーズバーグは職場における労働者の満足感や不満足感について研究した。200 名を超すくらいの規模の会社で面接調査をおこなった。

「満足感情」を測るために「この職場に勤めてよかったと思うことはなんですか？」と聞いた。この質問に対して，もし，職場に満足している従業員がいたとしたら，何と答えるだろうか？

ハーズバーグがおこなった調査では，「何かの仕事を与えられ，それが達成できた時に，達成感とか満足感を感じた」と答える人が多かった。あるいは，「職場内の他の人たち（上司をも含めた周りの従業員の人たちやお客さんも含む）から，自分の仕事ぶりが認められた時に，満足感を感じた」と答える人も多かった。

仕事をやり終えた時に感じる達成感というのは，その人の担当している仕事の内容には関係ないことがある。例えば，プロ野球の日本シリーズとか，サッカーの World Cup のような大イベントの時に，プレーしている人はもちろんだが，その会場で弁当を売るアルバイトをしている人であっても，自分もその大きなイベントに参加した，そこに携わっているということで達成感を感じる。

仕事である種の権限を与えられたり，責任を与えられたりした時（例えば昇

進した時), 満足感を感じた, と答える人もいた。また, 特に責任を与えられたりしなくても周りの人から認められたと感じた時に満足感を感じた, という回答も多かった。この満足感 (達成感を感じた, 人から認められた, 責任を与えられた) が, 不満足感情と結びつくことは少なかった。

　このハーズバーグの調査では, 人から認められたから不満足だ, 昇進したから不満足だ, 権限を与えられたから不満足だという人はいなかった。

　しかし, 昇進や権限を与えられた時には, 満足感も感じるが同時に不満足感を感じる場合がある (「ピーターの法則 (昇進・出世すればするほど人間は無能になっていく」 p.117 参照)。

　人は昇進すると,「与えられたその役職が務まるだろうか?」という漠然とした不安感情が高まり, ステップアップした段階で,「果たして自分は今までのように有能で居続けることができるだろうか?」と思うのである。

　つまり人は薄々ピーターの法則に気づいているから, 満足感情と同時に不満足感情をもつ場合があるのだ。

　「今の会社のどういうところが不満なのですか」と不満感情の理由を聞くと, 会社の具体的な営業方法が気に入らないという回答が多かった。また, 自分の上司や監督者に不満である, という理由も多かった。また, 自分の給料が不満であるとか, 職場内の人間関係が不満であるといった意見も見られた。

　職場の人間関係がよいから (上司がよい人である, 会社の経営方針がよい等), また, 給料がよいからその職場に満足しているという人は少なかった。

考　察

　ハーズバーグは,「満足感と不満足感は別々の感情であり, 連続した両極ではない」ことを発見した。つまり,「満足の反対は不満足ではなく, 不満足の反対は満足ではない」。

　それでは, 満足の反対は何だろう?　「満足の反対は, 満足ではない」であり,「不満足の反対は, 不満足ではない」であることが分かったのである。そして, 満足, 不満足, 共にそれらを発生させる要因があることも分かった。

満足要因：やりがい　権限　達成感
不満足要因：職場環境がよいかどうか（衛生要因）　職場内がきれい　職場内の人間関係がよい　労働条件　給料……

　ハーズバーグは，「会社の中で人々のモチベーションを向上させる（やる気にさせる）ことによって，会社の業績を向上させるためには，満足要因（動機づけ要因）が充足されなければならない」とした。
　その満足要因は，仕事に対するやりがいであったり，権限が与えられていることであったり，仕事に達成感があることである。仕事にとって周辺的な労働条件等の衛生要因と言われるものは，不満足要因である。衛生要因（不満足要因）と動機づけ要因（満足要因）とは別のものであり，関連性がない。
　これらをいくら整備しても労働者のやる気が上がるわけではない（ホーソン研究）。福利厚生が整っている職場では，従業員は仕事に対して不満足ではないが，だからといって，そういう職場ではモチベーションが上がっていて，従業員の士気が高いというわけではない。福利厚生が整っていない職場であったとしても，満足要因が満たされていれば従業員のモチベーションが上がることがある。
　例えば，ハンバーガーショップや牛丼チェーン店等の「店長」と言われている人たちのことを考えてみよう。たとえ，給料が低いとか，休憩室もなければ寮もないといった職場環境が整っていない環境であったとしても，店長という責任を与えられ本人もそのことにやりがいを見出していれば，仕事に対するやる気は上がり，バリバリ働いているだろう。
　過労死をする勤務医が問題になったことがあるが，これも同じメカニズムである。本人が医師であることにやりがいを見出すと，満足条件が満たされることとなり，猛烈に働く人がいる。過労死に注意が必要だ。
　職場には，満足要因と不満足要因があって，経営側から見れば，満足要因をある程度満たせば，衛生要因（不満足要因）が多少悪くても従業員は辞めない。一方，従業員を不満足でない状態にしても従業員は辞めない。給料もある程度出し，職場環境も職場関係も良好にすると，不満足要因が解消されるので

従業員は辞めなくなる。しかし，そういった職場環境・人間関係が良好な職場の従業員が張り切ってバリバリ働いているかというと，必ずしもそうではない。

3. 印象操作（impression management）

クラウン・カルドーソの憂うつ
　ここは，町の，ある精神科の診療室である。一人の，何かに打ちのめされたように見える男が診察の順番を待っている。彼がここを訪れるのは初めてだ。
「ジョンソンさん，中に入って下さい」。
　どうやら彼が呼ばれたようだ。
　診察室の中には，初老の男性の精神科医が座っていた。
「ジョンソンさんですね？　どうしました？」。
　彼は，ゆっくり，とつとつと自分の辛さをしゃべりだした。彼の顔には深い苦悩の影がはっきりと見て取れた。初老の精神科医は，彼の打ちひしがれた様子から，今にも自殺をしそうな危険さえ感じた。
　診察が終わった最後に，精神科医は，彼が処方する薬の効果と飲み方に関する説明をした。
　診察が終わり，ジョンソンが，診察室から出て行こうとした時，初老の精神科医は彼に向かってこう言った。
「ところで，ジョンソンさん，今，この町には，クラウン[1]・カルドーソ一座というサーカスの一座が来ていて，町の人の間でとても人気があるんですよ。私は家族と一緒に3回も見に行きました。あのクラウン・カルドーソはお笑いの天才ですね」「私の家族は，みんな腹を抱えて笑いましたよ。ジョンソンさんも一度，クラウン・カルドーソ一座がこの町にいる間に見に行くと，気分が晴れると思いますよ」。
　これを聞いたジョンソンは，その精神科医に言った。
「実は，私がそのクラウン・カルドーソなんです」。

　人は社会生活を送る中で，知らず知らずに「仮面」をつけて生活するようになる。本当の自分と，見せている自分が分離するのである。そのため，外から見ているだけだと，その人の本当の姿は分からないことが多いのだ。外から見ていると，とても有能で，恵まれていて，生き生きとした人生を送っているように見えても，本当の自分はそうではないかもしれない。

1）クラウンとは，ピエロのこと。

> クラウン・カルドーソは架空の人物であるが、現実の社会を見ると、これと同じような場面を目にすることがある。誰が見ても恵まれていて、有能な、タレントや俳優や政治家が悩みを抱えて自殺するという話は、決して珍しい話ではない。
> 　心の問題は目に見えないがゆえに、自分で管理することが必要だ。身体の病気や怪我の場合は周りの人も気づくので、いろいろアドバイスをしてくれるが、心の問題は本人にしか分からない場合が多いのだ。身体の自己管理同様、心のセルフコントロールが重要だ。
> 　今日の社会は以前に比べると複雑な社会だ。社会が、複雑になればなるほど心を病む人が増えていく。しっかりとした、心身の健康に関する知識をもつことが現代人には求められている。

　ジョンソンさんは心の病をもっていながら見事にクラウン・カルドーソを演じていた。ここでは、人が社会生活の中で、自分の本来の姿をさらけ出すのではなく、社会が求めている役割を演じていることについて論じる。現代人は社会生活の中では、その場その場にふさわしい「仮面」をつけかえて生活しているのだ。

　職場内に限らず、我々は自分が周りの人たちにどのように見られているか、に注意を払っている。周りの人にできるだけよい印象を与えたい、と人は思う。このことを印象動機という。

　職場内では、同じ人に対しても場面場面によって、周りの人たちの期待するものが異なる。例えば、会議の場面では真剣に会議に参加し、まじめな意見を言うことが期待されている。ところが、歓送迎会等では、その場を盛り上げてくれる陽気なキャラクターが望まれている。人はそうした周囲の期待を、暗黙のうちに感じ取るので、ある時にはまじめな人、ある時にはひょうきんで陽気な人といった役割を演じ分ける。

　印象動機が、人の行動のレベルにまでなったものを印象操作という。人は周りの人によく見られたいので、様々な方法で印象操作をおこなう。印象操作は自己呈示とよく似ている。自己呈示とは、周りの人によい印象を与えるために自分の言動をコントロールすることである。印象操作と自己呈示はほとんど同じだが、タレント事務所が、新しいタレントを売り出す時、そのタレントの印

象を作り上げる作業をおこなうといったことも印象操作に含まれるので，印象操作の方が広い意味合いで使われている。

　E. ゴフマンは人の印象操作について論じた（Goffman, 1959）。

　「人が社会の中に出て人前で示す言動は，舞台俳優が楽屋から舞台に出て演技をするのとほとんど同じである」と彼は言った。我々人間は舞台俳優のように，日常生活においても，何かの役割を演じ分けているのだ。職場の中を観察すると，はっきりそのことが分かる。上司として部下の前で威張っていた人が，クレーム客の前に出ると，平身低頭して謝っている姿をよく見かける。これなどは印象操作のよい例だ。

　J. T. テダスキーと N. ノーマンは，自己呈示（self presentation）を「防衛的自己呈示」と「主張的自己呈示」の2つに分けた（Tedeschi & Norman, 1985）。

■ 防衛的自己呈示

　防衛的自己呈示とは，自分がこれまで築き上げた「自分の印象」が，何らかの原因によって危機に瀕した時に，「自分の印象」を守るために，その人がとる防衛的な印象操作のことである（謝罪，弁解，正当化，否認，セルフ・ハンディキャッピング）。

1）謝　　罪

　謝罪とは自分の罪や過ちを認めたうえで，相手に許しを請うことである。謝罪をする場面とは，社長が部下の不始末や会社の不祥事について謝罪するケース，上司が部下に代わって謝罪するケース，自分自身が相手に迷惑をかけて謝罪するケース等がある。謝罪をすることによって，相手に自分の誠意が伝われば，相手が自分や自分たちに対してもったネガティブな印象を回復できるかもしれない。

　自分が相手に謝罪をすることは，悪いのは自分であって相手ではないと主張するわけだから，相手の面子を回復することができ，相手からの報復の危険性を回避することができる。不祥事を起こした会社が，マスコミを通して謝罪し

ている場面をよく見かける。これなどは，消費者からの制裁としての攻撃（不買運動等）をかわそうとする意図もあると考えられる。

　人はいろいろな状況において，どのように謝罪するのだろうか？　どのように謝罪すると効果的なのだろうか？

　B. R. シュレンカー（Schlenker, 1980）は，

・自らがおこなったことへの罪悪感や後悔の念の表出
・何が適切な行為であったかを，現在は知っていると明言すること
・自分のおこなった規則違反に対して罰が与えられてもそれを受容する旨の言及
・間違った行為をした自分に対する批難
・今後は正しい行為をすることを約束すること
・自分のおこなった行為に対して補償をすることを申し出ること

謝罪をする場合は，以上の要素がすべて含まれた謝罪がなされるべきであると言う。

2) 弁　　解

　弁解とは，何か失敗をした時に，「こんなことをするつもりはなかった」「こんなことになるとは思わなかった」「自分では制御できない力，例えば，酒や病気のため，仕方がなかった」と言い訳をすることである。つまり，何かに自分の責任を転嫁するのである。例えば，「バスが遅れたから，昨日遅刻してしまいました」といった言い訳をすることはよくある。弁解では謝罪同様，自分に非があることを認める。自分に非があることは認めるものの，そのことが起きたのはやむを得ない事情によるものであることを主張することで，自分の責任を軽減しようとするのだ。

　弁解とは，結果の因果的な説明をする際に，その原因を能力や知能といったその人の内部にある原因ではなく，より周辺的な原因に求めようとする方法である（Snyder & Higgins, 1988）。

　C. R. スナイダーらの主張を，共変原理（covariation principle）によって説明する。共変原理では，ある現象が生じている時には存在していて，その現象

3. 印象操作（impression management）

が生じていない時には，存在しないような要因があれば，それがその現象の原因だ，とする。

他者の行動と共変する要因は，①対象，②時・様態，③人，の3つが考えられる。

そこで，
・その対象だけに反応を示しているか？（弁別性情報）
・時，様態が変わっても反応は生じているか？（一貫性情報）
・他の人はどう反応しているか？（合意性情報）

が調べられる。

あるお笑いタレントの芸を見て，Aさんが笑っているとする。この時のAさんが笑っている原因を，この共変原理で説明してみよう。
・Aさんは，そのお笑いタレントの芸だけを笑っている。他のお笑いタレントの芸には笑っていない（弁別性が高い）。
・Aさんは，一人でテレビを見ている時も，みんなでテレビを見ている時も，劇場で見る時も，状況に関係なく，そのお笑いタレントの芸を笑っている（一貫性が高い）。
・Aさん以外の人も，そのお笑いタレントを笑っている（合意性が高い）。

この場合は，Aさんがそのお笑いタレントを見て笑っている原因は，そのお笑いタレントの能力の高さが原因であることになる。

次のような場合はどうだろう。
・Aさんは，そのお笑いタレントの芸を見て笑っているが，その他のタレントを見ても笑っている（弁別性が低い）。
・Aさんは，状況に関係なく，そのお笑いタレントを見て笑っている（一貫性が高い）。
・Aさん以外の人は，そのお笑いタレントの芸を見て笑っていない（合意性が低い）。

この場合は，Aさんが笑っている原因は，そのお笑いタレントが有能であるからではない。つまり，そのお笑いタレントが面白いから，Aさんが笑ってい

るのではなく，Ａさんは，どんなものを見ても笑う人である，とＡさんが笑っている原因はＡさん自身に帰属されるだろう．

次は，何か失敗をした人が弁解をする場面について考えてみよう．
Ａさんは，英語の試験で落第点を取ってしまった．さてＡさんが落第点を取った原因は，何なのだろう？
・Ａさんは，いつも英語の試験で落第点を取っている（一貫性が高い）．
・Ａさんは，英語は落第点だがその他の科目は，よい成績である（弁別性が高い）．
・Ａさん以外の多くの人が，英語で落第点を取っている（合意性が高い）．
このような状況だと，Ａさんの落第点の原因は，英語の試験の難しさにある，と人々は考えるだろう．
ところが，こうなったらどうだろう？
・Ａさんは，いつも英語で落第点を取っている（一貫性が高い）．
・Ａさんは，英語以外にも落第点を取っている科目が，いくつかある（弁別性が低い）．
・Ａさんのように英語で落第点をとった人は，クラスの中には，ほとんどいない（合意性が低い）．
この場合は，Ａさんが落第点を取った原因は，Ａさんの能力の低さにある，と周りの人は考えるだろう．

この場合，自分がＡさんであると考えてみよう．自分が落第点を取った原因は自分の能力の低さである，と周りの人に思われるのは，嫌だろう．
では，どうすればよいのだろうか？ 共変原理を使って，落第点の原因を「能力の低さ」ではなく「試験の難しさ」にすりかえてしまえばよいのである．例えば，合意性が高いことを，主張する．つまり，英語の試験で落第点を取ったのは，私だけではなく，ＢさんやＣさんも落第点を取っていると，他者に対して主張すればよいのだ．
また，一貫性を低めるような説明をする．例えば，「私はいつも英語の試験で落第点を取っているわけではない，今回はたまたまだ」といった主張をする．

さらに，弁別性を高める。つまり，「落第点を取ったのは，英語だけなんだ。その他の科目は，みんなよい点だ」と主張するのだ。

このような主張が，もしうまくいけば，あまり望ましくない結果が，自分の能力とは関係ないものだと，他の人に見てもらえるかもしれない。

これまで述べてきた弁解は，人が何か失敗をした時に，自分の印象が悪くならないようにおこなうものであった。しかし，実は，我々が弁解をするケースというのは，こうしたケースより，相手のことを考えて，相手の顔をつぶさないことを目的におこなわれるケースの方が多いのだ（Weiner, 1991）。

B.ワイナーの研究では，弁解の目的で最も多かったのが，自分が行動しなかったため（約30％）であった。2番目に多かったのが相手を傷つけないため（約23％）であった。

部下が上司から，「なぜまだ書類ができてないんだ」と言われた時に，「接客が長引いてしまってできませんでした。今からやります」といったように答えることは多いだろう。

また，会議の中で見られる弁明が，実は自分だけでなく相手の面子を守るために，おこなわれることがよくあることが知られている。こうなってくると，弁明や弁解は，ただ自分の自己イメージを守るためだけではない。社会生活の中で，うまく適切に弁明・弁解がおこなわれないと，人間関係を悪化させるだろうことが示唆される。

3）正当化

正当化は謝罪や弁解と違って，自分には非がないと言い張ったり，部分的な自分の責任は認めたとしても，その行為自体は決して悪いものではないと主張したりする。つまり，正当化とは，相手の評価そのものに対して異議を唱えることである。

会社を休んだ場合だと，昨日，会社を休んだのは，自分の子供が急病になったからである，とか，父親が交通事故で病院に運ばれた，という知らせを受けたからである，と会社に行くよりも重要な出来事があったことを説明し，自分のとった行動は正しいものであると主張することである。

正当化にもたくさんのものが考えられるが，ここでは因果応報の法則へのアピール，社会的比較，自己充足，功利主義の原理へのアピールを挙げておこう。

因果応報の法則へのアピールとは，犯罪被害者が加害者に報復攻撃を加える等のことだ。「私は確かに彼に攻撃を加えたが，彼には危害を受けるに値することをやったのだ」等が典型的なものだ。

社会的比較の典型的なアピールはこれだ。「私は，確かに法を破ったかもしれないが，世の中には私よりもっと悪いことをやっている人がたくさんいて，その人たちは捕まってもいない」。

自己充足による正当化に，良心がもち出されることがある。「あなたは，私が悪いことをやったと言うが，私は自分の良心に従ってこれをやったのだ」。

功利主義の原理へのアピールとは，ブレーキが故障したバスの運転手が，電柱にぶつけてバスを止めた時に「たしかに，私は電柱にぶつけてバスを止めましたが，もしそれをやらなければ，この先は坂道なので，バスがさらに加速されてもっと酷い事故になって犠牲者も，もっと多く出たに違いない」と言う等のことだ。

4) 否　　認

否認は，その事実を認めないことで，いくつかの否認の方法がある。

「それをやったのは私ではない」と否認するのが代表的な方法だ。「そのことについて，私はまったく覚えていない」と主張することや「それをやったのは，私だけではない」と，そのことには複数の人間が協同していることを主張し，そのことの責任を担っているのは自分だけではないと主張することもよく見られる。「私は全然危害を加えてない」とか「それほど危害は加えてない」といったように，事実そのものを否定したり，伝えられていることが事実と違うことを主張することもある。

謝罪，弁解，正当化，否認は，人が社会的苦境に陥った時の，防衛的自己呈示である（これを釈明と言う）。それぞれ，どのようなものであるかについて見てきたが，状況によってどれが使われるか，また，どれとどれを組み合わせて使うのかが，次に問題になる。このことに関係すると思われるのは，結果の

重大さ，自分に責任があるのかないのか，あるとしたらどの程度あるのか，性差，文化の違い，等である。

ここでは性差に関するゴンザレスらによる研究（Gonzalez, 1990）を見てみよう。

実験者はレストランで被験者に分からないように，被験者のグラスを倒して隣の客のかばんに，飲み物がかかってしまうようにした。被験者は，自分がグラスを倒してしまったと思うのだ。この時，人々がどのような釈明をするのかが録画され，後でそれが分析された。その結果，男性に比べて女性の方が釈明の言葉が長いこと，女性は謝罪と弁解を多く使うことが示された。

5）セルフ・ハンディキャッピング

これまで述べた謝罪，弁解，正当化，否認は，自分自身の行為等によって自己イメージが傷ついてしまった時に，事後に傷ついた自己イメージを回復させるためにおこなわれるものであった。

これに対してセルフ・ハンディキャッピングとは，事前に自分にはハンディがあることをアピールすることによって，悪い結果が起こっても，それは本来の自分ではないのだから仕方がないのだ，と主張し自分の評価が下がらないようにすることである。

例えば，仲間でカラオケに行った時に，「俺，最近あんまり歌ってないんだよ」と言う人がいるが，これがセルフ・ハンディキャッピングだ。定期試験の前に高校生が，友人に「勉強した？」と聞くと「全然やってないよ」という答えが返ってくるケースもこれだ。

もし定期試験で悪い結果が出た時に，「あの人は頭が悪い」とか，「能力がない」と思われるのが嫌だから，あらかじめ，自分は何らかの原因で勉強ができない状況にあることをアピールして，もし悪い結果が出たとしたらそれが原因で悪い結果が出たのだ，本当の自分はもっと実力があるのだ，と言いたいのだ。

①セルフ・ハンディキャッピングの方法

明日，会社で大事なプレゼンテーションがある，といった時に，その前日に

たくさん酒を飲む人がいることが知られている。

　セルフ・ハンディキャッピングとは，自分にとって重要な特性が評価の対象となる場面があり，そこで自分が高い評価を受けられるかに自信がない場合に起こり，課題の遂行に明らかに不利な条件の存在を，他者に主張するのだ。

　この場合（大事なプレゼンテーションの前に酒を飲む人の場合）も，この人は，そのプレゼンテーションがうまくいかなかった時，知的能力の低さに，その失敗の原因が帰属されないように，あらかじめ酒というハンディキャップを作り出して，周りの人が「能力がないから失敗した」という評価をしにくくしているわけである。

　この場合，もし，酒を飲んでいても，ある程度きちんとしたプレゼンテーションができたとしたらどうだろう。周りの人は「不利な条件があったにもかかわらず，彼はやり遂げた」「酒を飲んでいなかったら，相当高い能力があるに違いない」と評価するだろう。

　多くの課題の遂行は，アルコールによって阻害されるので，酒を飲んでいればたとえ失敗しても，その人には能力がないとは言えないことになる。セルフ・ハンディキャッピングは，アルコール依存症と関係があると主張する研究者もいる。

　失敗の言い訳として使われるものは，酒だけではない。ハンディキャップを自分の中に求めるか，それとも外に求めるか，さらに，そのハンディキャップを自分で作り出すか，それとも，もうすでにあるものを使うかということで4つに分類することができる。

　セルフ・ハンディキャッピングの方法として努力の抑制（獲得的・内的）が

表3-1　セルフ・ハンディキャッピングの方法

	獲得的（自ら作り出す）	主張的（すでにあるものを使う）
内的 （不利な条件を 内部に求める）	アルコールの摂取 努力の抑制	身体的不調を訴える
外的 （不利な条件を 外部に求める）	不利な条件の選択 あえて困難な目標を選択する	課題が困難なことを主張する 外部環境の悪さを主張する

入っている。定期試験前に高校生が「自分は試験勉強を全然やっていない」と主張することについて述べたが，努力をしないことがなぜセルフ・ハンディキャッピングになるのだろう。努力の抑制とは例えばスポーツ選手が，大事な試合の前に練習をしないとか，受験生が試験の前に試験勉強をしないといったことを指すわけだから，ここだけを見ても自己評価が下がりそうだ。

　セルフ・ハンディキャッピングは自己評価を下げないためにおこなわれる行為なので，理解に苦しむ人がいるかもしれない。しかし，練習をするとか，勉強をするといった努力は，それをするかしないかは，自分で決められる。つまり，自分でコントロール可能な要因だ。それに比べて，自分に「能力がない」というレッテルが貼られると，それは決定的なダメージを受けてしまう。だから，「これよりはまだましだ」と考える人が出てくるのだ。

　例えば，試験の前に全力で精一杯勉強し，その結果落第してしまうと，その人の能力はその程度のものか，と周りの人は判断するだろう。ところが，努力をしないというセルフ・ハンディキャッピングをやっておくと，「今回はたまたま努力をしなかったために落ちたが，努力さえすれば合格できる」と言い訳をすることが可能となるのだ。

　F. ロードウォルトら（Rhodewalt & Agustsdottir, 1986）は，プリンストン大学の水泳部員のセルフ・ハンディキャッピング尺度を調べ，セルフ・ハンディキャッピングをとる傾向が，強い人と，弱い人とを選び分けた。そして，小さな水泳競技会前と，大きな水泳競技会の前に，彼らがどのくらい練習するのかが調べられた。

　その結果は，小さな競技会だとこの両者の練習量に差は認められなかった。しかし，大きな競技会の前には，セルフ・ハンディキャッピング傾向の強い人は練習量を減少させ，セルフ・ハンディキャッピング傾向の弱い人は，練習量を増加させた。

　次に不利な条件の選択（獲得的・外的）について述べる。大学入試で合格の可能性が50％や70％であると判定された大学ではなく，合格の可能性がかなり低い（ほとんどない）と判定された大学を，あえて受ける人がいる。

　このような選択をすると，失敗する可能性が当然高まる。しかし，この場合，

もし失敗したとしてもその責任を，すべて自分で引き受ける必要はなくなる。

　上記の，努力の抑制（獲得的・内的）をやると，そのこと自体が，自分に対する他者のネガティブな評価を受ける危険性があるが，不利な条件の選択や，あえて困難な目標を選択することは，そういった危険性のない安全な方法と言えるだろう。

　相手と技を競っている場合，あえて相手に有利な状況を作り出すことによって相手のパフォーマンスが高まるように自分から仕向けていくことがある。

　柔道やレスリングといった格闘技の大会では，優勝するためには1日に5,6試合に勝たなければならない。そこで，決勝戦に勝ち上がってくる選手たちは，それまでの試合で，怪我をしている場合も多いだろう。例えば前の試合で，相手の選手が足を怪我したことを知った選手が，試合では決して怪我をしている方の足を攻撃しない，という行動をとることが起こりそうだ。

　彼（彼女）は，正々堂々と勝負したいという動機からくる行動なのだろうから，この行為はセルフ・ハンディキャッピングとは違う。しかし，もしこの場面で，彼（彼女）がとった行為が，セルフ・ハンディキャッピングによるものだったと仮定してみよう。その場合，たとえ，その試合で自分が負けたとしても，自分の実力のなさに負けた原因があると人々に思われにくくなるし，もし，自分が勝ったら，自分の能力が高く評価されるだろう。さらに，大勢の人が見ている場所で，試合が行われていたとすると，この試合を見た人は「彼（彼女）は相手のことを思いやる心をもった人だ」「相手の弱いところをあえて攻撃しない，正々堂々としたまさにスポーツマンだ」……といったよい印象を与えることができるだろう。彼（彼女）の行動の動機は，外見だけでは判別ができない。

②セルフ・ハンディキャッピングに影響を与える要因
　①これからおこなわれることが，その人にとって重要であるとその人が認識していること。その課題がうまくできるか，できないかによって，その人が守ろうとしている自己の側面が傷つく恐れがあること。
　②これからおこなわれる課題が，それほど簡単ではなく，うまくやれるかど

うか自信がもてないこと。
③これからおこなわれる課題は、その後、多くの人がその結果を知るだろうと予測されること。
④これからおこなわれる課題の前に、もし、自分がセルフ・ハンディキャッピングをとったとしたら、そのセルフ・ハンディキャッピングの成功する見込みがあること。
⑤人の性格特性が、セルフ・ハンディキャッピングのやり方に、影響を与える。

　例えば、自尊心の低い人は、自分の能力の低さが明らかになってしまいそうな時に、セルフ・ハンディキャッピングをおこなう。反対に、自尊心の高い人は、自分の能力の高さを示す機会がある時に、わざと自分にとっては不利な条件を作って、そんな条件でも成功したんだと、自分の優秀性を誇示しようとする。

■ 主張的自己呈示

　主張的自己呈示とは、新しい「自分の印象」を他人（周りの人）に与えるために人がとる、攻めの印象操作である（取り入り、自己宣伝、示範、威嚇、哀願）。

1）取り入り

　取り入りとは、相手にお世辞を言ったり、同調したりする自己呈示の行動である。人はお世辞を言われると、それがお世辞であると分かっていても、うれしいし、自分の意見に同調してくれると、人は同調してくれた人を自分の仲間だと思うのでその人と仲良くなるだろう。取引先との接待や、団地に引っ越してきた主婦が、団地のメンバーと早く仲良くなりたい時などに、よく使われる。
　ここでは、上司によい印象を与えて、勤務評定をよくしようと思っている部下を観察してみよう。
　まずは、外見が大事だろう。上司が気に入る服装や髪形をすることが必要だ。次は言動を見てみよう。たとえ上司が何を言っても、「ごもっとも」「私も

上司と同じ意見です」といった上司の意見に同調する言動が，多く見られるだろう。上司がつまらないジョークを言っても，その部下は大声で笑うだろう。上司が愚痴を言った場合には，何時間でもその愚痴に付き合って聞いてやるだろう。また，「さすが○○課長，人を見る目がありますね」「○○課長の手際のよさは，誰も真似ができませんよ」等，お世辞が頻繁に使われるだろう。事あるごとに，自分が上司を頼りにしていることを述べ，上司の得意の分野に関して，アドバイスを求める言動が増えるだろう。さらにこの部下は，仕事には関係のないプライベートな場面にも顔を出すだろう。例えば，上司の自宅の庭の手入れを手伝ったり，上司が引越しをする場合には，必ず手伝いに来るだろう。さらに，盆暮れには，必ずお中元，お歳暮は欠かさず贈り，年賀状，クリスマスカード，誕生日カード等のものも欠かさず送るだろう。

ノンバーバル・コミュニケーションを見ても，取り入り戦術を取っている人は，ある程度分かる。上司が，何かしゃべっている時には，身を乗り出して聞く（聞くふりをする）。さらに，上司が言った言葉に，うんうんとうなずいて聞くだろう。

ただし，この部下が，このような上司への取り入りを始めるには，いくつかの条件がクリアされなければならない。

次に，取り入りがおこなわれるための条件について見ていこう。これらがクリアされると人は取り入り戦術をとる。

まず最初に，この部下にとって，この上司に取り入ることに，どのくらいの利益があるかという問題だ。この上司が社内でほとんど権限がなく，たとえ取り入ったとしても，部下にとって昇進等のメリットがなければ，取り入りは，起こらない。

次に，もし自分が取り入り戦術を取った時，果たして成功するかどうかの，その部下の主観的な判断。普段，その上司を観察していれば，取り入りが効果を発揮しそうかどうかは分かる。

世の中には，取り入り行動をする人を嫌う人もたくさんいるので，上司がもしそういう人であると判断されたら，取り入り行動はとられない。

それに部下である自分が，取り入りが得意であるかどうかも，重要だ。人に

3. 印象操作（impression management）　　97

取り入ることが得意な人は，こうした行動を取りやすい。その反対に，取り入ることが得意でない，嫌いだ，という人も，たくさんいるので，そういう人は取り入り行動はとらない。

　取り入りは，その戦術を取る部下の自己欺瞞と，そのターゲットになった上司の虚栄心によって成り立つものであるから，この両者の主観的な評価が，すべてを決める。

　つまり，第三者が客観的に見て，いかにも見え見えのお世辞であったとしても，本人たちがそのことによって，お互いに何らかの利益を得ているのであれば，この取り入り戦術は成り立つのだ。

　一般的に，我々は，お世辞にはかなり弱いことが知られている。ほとんどの人は，自分に対するよい評価を他人から聞きたいと思っているのだ。その人のためを思って厳しい評価をすることも必要であると思う人もいるかもしれないが，たいてい嫌われるだろう。我々がお世辞に弱いことは，たとえそれが事実ではなくても，そのことをたいして気にしないことからも分かる。また，物を売りたいとか出世したいとか，お世辞を言う人の本当の目的が分かっていても，お世辞を言われると，言われた人は喜んでしまう。つまり，他人からの好意的な評価（お世辞）は，それが本当であれ，嘘であれ，下心があったとしても，たいてい言われた人は，言った人に好意をもつのだ。

2）自己宣伝

　自己宣伝とは，相手が自分に対してよい印象をもつように，自分には能力があることなどをアピールすることである。就職時の面接では，うまく自己宣伝ができないと雇ってもらえない。うまく成功すると，評価されたり尊敬されたりするが，これに失敗すると，不誠実な人間であると評価されるかもしれない。

　自己宣伝の具体的な方法としては，「私は〇〇の業績を上げました」と主張することだ。「私は，ドイツの〇〇大学で，世界的に高名な〇〇教授に師事しました」と主張したり，「私は先月〇〇台売り上げました」と自分の業績を，主張するのが基本だ。

　ところが，多くの人は，それ程目立った業績を上げられないのが普通なので，

そういう場合はどうすればよいのだろう。

　例えば,「職場の多くの人が,休暇をとった人手の少ない時に,私は頑張って勤務しました」とか,「私が売り上げた○○台は,たいした数ではないかもしれませんが,私が売った地域は,もともとわが社のシェアが少ない地域なので,シェアの少ない地域に,私が切り込んだことになります」とか,何とか工夫して,たまたま運がよかったからそうなった,というのではなく自分の努力や能力のせいで,そうなったと主張する必要があるだろう。

　就職時の面接で,あなたは英語ができますか？と質問されて,「はい,私は英語は得意です。日常会話程度はできます」と答えた場合のことを考えてみよう。就職時の面接なので,面接員の手元には成績証明書があって,その人の英語の成績が,それ程良くなかった場合,面接員は「この人は,不誠実な人間だ」と考えるだろう。

　また,「能力の低い人ほど,自己宣伝をする」と世間の多くの人は考えているので,自己宣伝をすればするほど,逆効果になることもある。

　本当に誰が見ても大きな業績を上げた人は,自己宣伝をするよりも謙遜した方が,好感度が上がるという研究結果が報告されている (Sears, 1991)。

　スポーツのヒーローインタビューで,その試合でヒーローになった人はよく次のように述べる。

　「チームメートが支えてくれたから,あのプレーができたのです」とか「皆が自分を支えてくれたおかげでうまくいきました」といった謙遜する言葉が多く見られるのだ。ヒーローインタビューに呼ばれる選手は,誰が見ても大きな業績を上げたわけだから,そこでは自己宣伝をせずに,あえてこのようなコメントをした方が,その選手の好感度は上がるだろう。

3) 示　　範

　示範とは,自己犠牲的な献身的努力によって,その人のもっている,ある理想や価値観を実現しようとするものである。

　敵に追われて逃げる場面で,一人の人が,「ここは俺がくい止めるから,皆は逃げろ」と言って,自己犠牲的な行動をとって味方を逃がす,といったシーン

を映画等で見たことがないだろうか？　これが，示範と言われる行動である。

　1570年（元亀元年）織田信長は，朝倉義景討伐のため越前に攻め入ろうとした。その時，織田信長とは同盟関係にあった近江の浅井長政が信長を裏切った。浅井長政は，古くから付き合いのあった朝倉氏側に寝返ったのだ。このことによって織田信長は窮地に陥ったのだが豊臣秀吉は金ヶ崎城で，しんがりを自分が務めることを織田信長に申し出た。しんがりとは，あとぞなえとも言い，軍隊が撤退する時，最後尾にいて追ってくる敵を防ぐ部隊のことで，全滅する恐れがある最も危険な役目なのだが，秀吉はそれをあえて自分から志願したわけだ。

　職場でも，仕事が忙しく，皆で残業している時に，上司が部下たちに「後は，私がやっておくので君たちは帰っていいよ」と言ったりすることが，これだ。

　理想主義者が，示範をよくおこなうのだが，ここで注意点がある。ここにAさんという理想主義者の政治家と，Bさんという現実主義者の政治家がいるとする。

　Aさんはいつも「人間は正しいことをやらなければならない。政治は理想を掲げ，全力でその実現を目指さなければならない」といった理想主義的なことを普段から言っていたとする。

　一方，Bさんは「人間は，時には現実的な対応をとらなければならない時もある。多少悪いことをしても，状況によっては，やむを得ないこともある」「政治はどろどろしたもので，理想では動かないよ。相手とうまく妥協して現実的な対応を取るべきだ」といったことを普段言っていたとする。

　この2人が汚職で捕まったとする。その時，人々はAさんに対しては，「偽善者」のレッテルを貼り，相当強い非難をするだろう。それに対して，Bさんには，それ程のダメージはないかもしれない。

　つまり，示範をおこなう者は，失敗するとダメージが大きいので注意が必要だ。もともと示範は，自己呈示とは無縁のものなのだが，自己呈示で使われることもあるので，ここで述べた。

4) 威　嚇

　威嚇とは相手に自分に対する恐怖を喚起することによってなされる自己呈示である。

　報酬をコントロールしている側が，報酬をコントロールされている側に対して威嚇することがよく見られる。会社の中で上司が部下に対して，「この命令に従わないと左遷するよ」とか「しっかり働かないとクビにするよ」とか「私に従わないと来年は格下げになるかもしれないよ」といった脅しを使うことはよくある。

　威嚇が効果をもつためには，攻撃が伴っていなければならない。「私に従わないと左遷するよ」という威嚇が効果をもつためには，その人が以前に自分に従わなかった人を，左遷したことがあることが必要だ。そうでなければ，ただの「こけおどし」になってしまう。

　威嚇的な自己呈示が効果的なのは，しばしば本当の攻撃を伴うからだ。ギャングの親分の「俺に従わなければ痛い目にあうぞ」という威嚇が効果的なのは，その親分が，過去に多くの人を「痛い目」にあわせていて，周りの人たちがそのことをよく知っているからなのだ。

　ブラウン（Brown, 1968）の研究では，男性被験者の多くが相手から攻撃を受けた場合に報復行動に出ることが示された。相手から攻撃を受けた場合，何もしないということは，相手の主張を認めることになる。

　そこで相手に対して報復攻撃に出れば，自分はそんなに簡単にあしらえる人間ではない，ということを，相手にも，周りにいる人たちにも示すことができる。

　この傾向は女性よりも男性の方が強い。ブラウンの研究では，相手から攻撃された時に，報復攻撃に出なければ，金銭的報酬がもらえるといった条件を設定しても，その報酬を無駄にしてでも多くの人が報復攻撃に出た。傷ついた社会的アイデンティティの回復の方が，金銭的報酬よりも優先されたのである。

5) 哀　願

　哀願とは，人の同情心に訴えて頼み込むことである。セールスの場面で，相

手に対して「これを売ってこないと，私は上司からこっぴどく叱られるんですよ。どうか，買って下さい」とか「私はセールスの成績が悪いんですよ。これを売ってこないと，今の職を失うかもしれません」とか言って，相手の同情心に訴えて契約をとるといった方法は，よくとられている。

日常生活でよく見られるのは，「今日は，気分が悪いので午後からの会議には出られません」と主張したり「このところ体調が優れないので，残業はできません」と言ったり「私は頭が悪いので，こんな難しい宿題はできません」と主張したりする。

わざと失敗するというのも「哀願」の一種だ。ある落語家が師匠の内弟子になり，師匠の家に住み込むことになった。落語家の内弟子は師匠の家の食事の準備等の，家事を頼まれることがある。その落語家は，家事をするのが嫌だったので，師匠のおかみさんから，料理の準備を頼まれた時には，必ず皿やどんぶりといった食器を割った。すると，その落語家はもう家事を頼まれなくなったという。「私はドジだから，そんな難しいことはできません」ということを，行動で示したわけだ。

自分に自信のない人は，他人から高い評価を受けると，それが重荷になる場合がある。その高い評価に対して，今後，こたえていけるかどうかに自信がもてないのだ。こうした人たちは哀願という，自分を低く見せる自己呈示をすることによって，他者の期待という重荷をおろそうとする。

哀願的な自己呈示を多く使っていると，「自分は弱い人間なのだ」「自分はダメな人間なのだ」と，自分自身が思い込んでしまうことにつながるおそれがある。また，哀願的な自己呈示をすることによって，他人は助けてくれるかもしれないが，それを続けていると，他人はその人を弱い人間・ダメな人間であると見なすようになっていくだろう。

■ 我々はなぜ，印象操作や自己呈示をおこなうのであろうか？

M. R. リアリィとR. M. コワルスキー（Leary & Kowalski, 1990）は自己呈示の動機（功利的動機，自尊心維持動機，自己確立動機）について以下のように説明している。

1) 功利的動機

　部下が上司に取り入る，上司が部下を威嚇するといった行為について見てきたが，これらは，相手を自分の思っている方向に動かしたいという，ある目的をもっており，我々が印象操作や自己呈示をおこなう動機は，こうした功利的なものによる，と考えることができる。

2) 自尊心維持動機

　S. ソロモンらは「自分がどの程度自分たちの文化的規範を満たしているのかといった知覚が自尊心である」と主張した（Solomon et al., 1991）。

　我々の文化では，スポーツや勉学に優れていることに価値が置かれている。彼らの主張によると，自分がそのような価値と合致していると認識した時，そこから自尊心が生まれるのだ。だから，そこから逸脱する危険性がある時，上記で述べたようなセルフ・ハンディキャッピングのような行動を，我々はとってしまうのだ。

　読者の方々は印象操作や自己呈示は，他者を欺く不誠実なものであると思われたかもしれないが，自尊心維持動機から来るものは，そうでもないと思われるかもしれない。

3) 自己確立動機

　人はデートの時は，自分をよく見せたいので「望ましいアイデンティティ・イメージ」を作り上げ，それをもとに印象操作がなされる。

　入社の際の面接試験の場合は，面接者（会社側）がどういった人材を望んでいるか，を事前に調べそれに添った形で「望ましいアイデンティティ・イメージ」が作られる。こうした望ましいアイデンティティ・イメージを呈示することによって，実は人はアイデンティティ形成をおこなっているのだ（Schlenker, 1985, 1989）。

　人は他者から何か攻撃を受けたり，侮辱されたりすることがある。相手から攻撃を受けたり，侮辱されたりしているのに何もしないということは，周りから見ると「弱虫である」とか「何をやっても攻撃してこないやつだ」と思われ

る。これは，その人にとってはアイデンティティの危機状態だ。そこで，これを解決するために反撃に出ることがある。自分の名誉を守るため，相手に対して攻撃が加えられるのだ。これを何度かやっておくと，周りの人はその人に攻撃を加えることは，後でそのことのつけを払わされることになることを知り，もう攻撃してこなくなるだろう。このように，始めは自己確立動機による行動だったものが，功利的な面でも有利に働くことがある。

　暴力団の人は，いかにもその世界の人であるといった服装をしたり，言動をとったりする。これは，そうすることで相手をおびえさせると，お金を取り立てやすくなったりするといった功利的な動機もあるだろう。しかし，自分はその世界の文化的規範を満たしているという自尊心維持動機や，その世界の中での「望ましいアイデンティティ」を作り上げようとする自己確立動機でも説明できることになる。

■ D. キプニスの実験（Kipnis, 1972, 1976）

　キプニスは，会社の中では，組織の中の人々は同僚や部下や上司といった周りの人たちに対して多種多様な方法で自らの影響力を及ぼそうと試みていることを明らかにした。

　なぜ人々は自分の影響力を行使しようと望むのだろうか？

　おそらく人々は情報を得たい，利益を得たい，業績を得たい，他人を押しのけてでも成り上がりたい，協力を求めたい等，いろいろな理由で影響力行使の試みをおこなっているのだろう。キプニスは8因子を抽出した。

1） 職場でおこなわれている影響力行使の方法
①明言：はっきりと相手に対して要求を伝えること。「これをやって下さい」
　とはっきりと言葉に出して伝える。
②おもねり：ご機嫌とり（相手に対してご機嫌をとる行動）。
③合理性：理由や根拠をきちんと説明すること。
④制裁：「これやらないと昇進にひびくよ」「ちゃんと仕事しないと出世しないよ」といった脅しをかける。

⑤利益の交換：交換を提案する。同僚との間に交換をすることを申し出る。「明日どうしても休まないといけないんだけど，休みを交換してくれる？」
⑥上司との通意性：上司の援助を公式・非公式に依頼すること。何かあったら上司にもっていく。
⑦遮断：さぼること。仕事のペースをおとしたり，「仕事をやらないぞ」と脅したりすること。
⑧結託：同僚や部下の支援をとりつけて相手に圧力をかけること。

2) 影響力行使の方法の使い分け

何をどういう影響力で行使しようと思ったのかによって影響力行使の方法が違ってくる。

どういう影響力を行使するかは，
① 援助を求めたい，助けてもらいたい，と思った場合：おもねり，ご機嫌とりが一番多い。部下であろうと上司であろうと同僚であろうとおもねる。ご機嫌をとりに来る人は援助を求めているのだ。
② 仕事の指示を出す等の影響力を行使したいと思った場合：明言。
③ 行使する内容がプライベートな便宜を得たい場合：相手が上司や同僚の場合は交換。相手が部下の場合は明言。
④ 仕事上の変更（仕事をチェンジしてもらいたい場合）：上司・同僚に対しては合理性。理由をはっきり説明する。「こういう理由があるから変えてもらいたい」と理由を強調する。相手が部下の場合は明言。
⑤ 仕事の業績を上げる：明言。

ここでは組織内の人々を，同僚，部下，上司と分けたが，人々は様々な方法で影響力の行使をおこなっていることが分かった。

4. 集団の凝集性と生産性

■ 凝集性士気説 Cohesiveness-Morale Formulation

　凝集性が高い集団は集団としてまとまりがあり，成員たちはお互いに好意をもっている。集団としてまとまっていて団結力があるわけだから，寄せ集めの集団よりは，当然，生産性は高いはずだ，と予測する人がいるだろう。確かに寄せ集めの集団よりは凝集性の高い集団の方が，まとまりが強いわけだから生産性は高いだろうと考えられる。

■ S. シャクターらの研究（Schachter, 1951）

1) 凝集性魅力説

　凝集性の高い集団は，個々の成員に対して強い影響力をもっているから，もし集団が一人ひとりの成員に対して，生産性を上げるような影響を及ぼす場合は，凝集性の低い集団よりも生産性は上がるだろう。しかし，もし生産性を下げるような影響を及ぼすならば，凝集性の高い集団は，低い集団よりも生産性が低くなるだろう。

　それまでは凝集性士気説，つまり凝集性が高い集団のほうが，生産性は上がるだろう，と考えるのが一般的であったが，シャクターらは異議を唱えてこのような仮説をたてた。

　「凝集性が高い集団では，成員たちはその集団が好きなわけだからその集団にいたいと思う。その中で指導者が，生産性を高めるような方向で影響を及ぼしたならば，低い集団よりは生産性は上がるだろう。指導者が生産性を低めるような方向で影響を及ぼす場合は，生産性は下がるだろう」。

2) 実験内容

　凝集性の高い集団と低い集団を作り上げて，作業をさせる。画用紙を切って，のりで貼るような作業をさせた。生産性が測りやすいように，単純作業をさせたのだ。それに対して，生産性を促進させるようなメッセージと生産性を

抑制させるようなメッセージをそれぞれの集団に与えた。

3）実験結果
- 生産性促進の場合は，凝集性が高い集団と低い集団の間に有意差がなかった。有意差がなかったのは，この作業が単純作業だったためではないだろうか，と考えられる。
- 抑制誘導をした場合，大きな有意差をもって凝集性の高い集団の生産性が抑制された。皆がその抑制誘導にのって生産性が低くなったわけだ。

■ 凝集性士気説の前提条件

凝集性の高い集団の方が低い集団よりも生産性が高いだろう，と考えるのが一般の人のもつ考え方であろう（凝集性士気説）。中学や高校のクラブ活動でも団結力が強ければ強いほどよい，と考え団結力を上げようとするだろう。職場でも職場内の団結を高めれば生産性が上がる，と考えた上司が仕事を終えた後，部下を集めて飲みに行くような行動等がよく見られる。この上司の考えの根底には凝集性士気説があるからだ。

しかし，凝集性士気説には前提条件があって，すべての場合に有効であるとは言えない。

前提条件
- その集団が取り組んでいること，仕事の内容がある程度複雑な作業であること。

だから，単純労働をしている労働者に対して生産性を上げようと思って飲みに連れ出してもそれほど効果はない。
- 常に生産性を促進させるようなメッセージが集団から発信し続けられていること。

生産性を上げるようなプレッシャーがその集団に対して常にかけ続けられていることは重要である。集団に目標やノルマがかかっていないと，凝集性が高ければ高いほど逆に作用し，生産性が低くなってしまう。

5. ブレインストーミングの技法
　—独創的なアイデアを出すにはどうすればよいか—

　例えば，映画やゲームの制作等，新しい今までになかったようなものを，世の中に出していこうとすると，独創的なアイデアが必要だ。

　先進国の社会では，こうした，今まで世の中になかったものを新たに生み出す能力（クリエイティブな能力）が，必要とされている。日本は，かつては第二次産業中心の工業国であったため，学校の機能は工場労働者をつくるという位置づけであった。必要な資質は独創性ではなく，時間を厳守することや，決められたことがしっかりできることであった。そのため試験は減点法であり，遅刻はとがめられた。

　しかし，日本は情報革命が言われ出した頃から，知的財産に対して高い価値を置くようになってきた（ハードよりもソフトの方が，付加価値が高い）。そのため，創造力と言われる力，つまりクリエイティブな力が必要となってきた。

　それでは，人の創造力はどうすれば伸ばせるのだろうか。

■ A. F. オズボーンの研究（Osborn, 1953）

　広告会社の社長であったオズボーンは，どうすれば社員の創造力が発揮できるのかを考えた。オズボーンは，新しいアイデアについて検討する会議をする時に，あるルールを決めた。これがブレインストーミングの技法と言われているものである。

オズボーンのルール
　①発言者が出したアイデアについて，良いとか悪いとかの批判をしてはならない。
　②自由奔放な意見を歓迎する。
　③アイデアは，なるべくたくさん出せ。
　④改善策を求める。まとめあげることを求める。

---

　①多くの人は「何かアイデアを出すと人に批判されるのではないか」と考え，

「人前で恥をかきたくない」と考える。オズボーンは、参加者に自分の思っていることを何でも自由に発言させるため、発言者の発言に対して周りの人が良い悪いの評価をしないように徹底させた。特に、誰かが発言したアイデアについて決して反対をしてはならない、と決めた。

② とても実現しそうにない意見やとんでもない意見を歓迎する。アイデアを考え出すことは、たとえそれが突拍子もないものだとしても大変なことである。それに比べて批判をすることは楽なことだ。

③ アイデアに量を求める。良いアイデアがたくさん出れば出るほど実現の可能性が高まる。

④ 皆が自由奔放にアイデアを出し、それに対して決してけちはつけないが、出されたアイデアに対して、「もっと良くするためにはどうすればよいか」ということを皆で考える。「何かと何かを統合すると、何か使えるようなものにならないか」ということを皆で考え具体的なものにしていくのだ。

水道の蛇口から熱いお湯と冷たい水を同時に出すと、生ぬるい水しか出てこない。つまり、独創と批判を同時にすると素晴らしいアイデアが消えてしまう。したがってどんなアイデアでも批判せずに、とりあえず出してもらう。そしてブレインストーミングの技法では、アイデアの量を求める。いろいろなアイデアをまずたくさん出そうではないか、と考える。

ブレインストーミングは、多くの会社で使われ、アイデアを出していくには優れた方法である、と言われている。

■ D. M. テイラーの研究（Taylor, 1958）

テイラーは独創的な思考や創造的な思考は、個人でおこなった方が集団でおこなうよりも優れているという結論を出した。

今まで独創的なアイデアは集団よりも個人で考えたものの方が多いし、こちらの方が優れていることを、実験で証明した。3人寄れば文殊の知恵なのか、1人で出す独創的なアイデアの方が優れているのか、が検討されたのだ。

■ ダネットの研究（Dunnette, 1963）

ダネットは大手の電気会社の社員を対象に実験した。

小指の外側にもう1本親指が生えてきたとする。「指が6本となった時に人間にとって便利なのか不便なのか」の意見をたくさん出してくれ，という問題を出した。

教育問題：教師が不足しているのをどうしたらよいか。

旅行問題：ヨーロッパ人の旅行者をアメリカに呼ぶためには，どのような策を講じればよいものか。

こうした問題について，1人で考えて紙に書いて提出したものと，集団で考えたものとを比較した。またこれだけではなく，大手電気会社の中で職種ごとに分けてそれぞれ実験をした。研究職の人，広告の職種の人，生産現場の人，事務職の人等に分けて実験したのだ。

アイデアの量を比較すると，職種にかかわらず，質・量ともに個人で考えた方が集団で考えるよりも優れているという，テイラーの理論を裏づける結果が出た。

ところが，追加実験をすると以下のような分析結果が出た。集団活動（集団で考える）でおこなった後に個人活動（1人で考える）をさせると，質・量ともに高いアイデアが生まれてくるということが分かった。

1人で考えているとその人の頭の中にあるものしか出てこない。しかし，集団で考えると他人のアイデアも知ることができる。その後，1人で考え直すと初めから個人だけで考えるよりも，質・量ともに良いアイデアが出てくるのだ。

6. メンタリングとコーチング —人を育てるコミュニケーション—

メンターとは，職業人生上の師といえるような人物で，ある人に目をかけて相談にのったり，仕事を教えその人の能力を伸ばし，キャリアの発展を支援する人のことである。

メンターから援助を受ける人のことをプロテジェと言う。メンターからの援助や指導のことをメンタリングと言う。

■ メンタリングの機能と効果（Kram, 1985）

1）キャリア的機能

　キャリア的機能とは，プロテジェの成長を促す仕事の機会を提供することや，リスクの大きい状況から保護することである。

　キャリア的な機能とは次の5つの側面があるのではないかと考えられる。

①スポンサーシップ

　プロテジェにとって望ましい配置・異動・昇進を支援する。

　例：人によって仕事に，向き不向きがあるので，その人に合った職場に配置したり異動させたりする。また，新人を指導する立場に昇進させる等をすることがスポンサーシップである。

②推薦とアピール

　プロテジェの将来のチャンスを増やすために，その組織の上の人間や，組織外の人々に対して推薦とアピールをおこなう。

③訓練

　プロテジェのキャリア目標を達成するための戦略や手法を教える。

④保護

　プロテジェの評判を脅かすような不必要なリスクを削減する。また，リスクからプロテジェを守る。

　例：レストランでウェイトレスが皿をひっくり返してしまって，客の服が汚れたという状況の場合，通常は，そのウェイトレスをその場から退散させて，店長が出てきて客に対して謝る。これには，プロテジェの保護という意味もある。

⑤挑戦性の向上

　やりがいのある仕事を割り当てるように支援する。

2）社会心理的機能

①役割モデル

　プロテジェが必要とする，それにふさわしい態度や価値観をメンターが身をもって示すこと。A社ならA社にふさわしい態度を身につけさせるために，

メンターがお手本を示すこと。
②受容
　プロテジェを個人として尊重する。
③カウンセリング
　プロテジェが仕事上生じる悩みごとについて支援する。
④友好関係
　プロテジェとの間に信頼や尊敬に基づく相互関係を築く。

■ OJT：職場での公式なメンタリング

　職場での公式なメンタリングのことをOJTという。OJTとは，on the job trainingの略で，日本語に訳すと，実務訓練，となる。

　職場の教育には，以下の3種類の教育がある。
　① OJT（実務訓練）
　② off JT（off the job trainig　研修訓練）
　③自己啓発
　その中でもOJTが最も重要であり，多くの職場で幅広く用いられている。OJTは，上司や先輩が部下や後輩に対して日常の仕事の場を通して仕事の知識や技能，態度を実践的に指導，育成すること，である。
　OJTに参加している人たち（教える側・教わる側）は，どちらも仕事と訓練との区別がない。それが特徴である。
　OJTはベテラン社員が新入社員を仕事の中で訓練していく，というもので，off JTは，研修訓練なので，新入社員を集めて誰かが講義する，というものである。off JTは，仕事の場を離れて，別の研修室で教育するというものなので，外から見て「この人たちは研修しているんだな」と一目で分かる。しかし，OJTは，見る人が見れば分かるが，一見すると2人とも仕事をしているように見える。
　通常，1人の新人に対し，1人の指導員がついて，1対1でおこなわれるのが一般的なOJTである。

OJTのメリットの1つに，今まで人に教えたことのない人が人を教える立場になることによって，指導員としてのリーダーシップ能力が開発されることが挙げられる。さらに現場や実務に必要な知識だけを無駄なく習得させることができるので，短い時間で教えることができるというメリットもある。

　デメリットとしては，指導員の側に負担がかかりすぎることが挙げられる。もう1つは，会社の業務に限定されているため，視野が狭くなるという面もある。実務に即した使える知識のみを教えると，やや視野が狭くなることがあるのだ。

■ コーチング

　本人が自ら考え，学び行動することによって，その人は本来もっている自分の力や可能性を発揮できるようになる。これをサポートするためのコミュニケーションスキルをコーチングと言う。

　コーチングでは，コーチから答えを与えられるのではなく，本人が自ら答えにたどり着かなければ，技術は身につかないと考える。

　メンタリングの場合は一方的に教えるが，コーチングは一方的に教えるのではなく，本人に意見を言わせて，自分で考えるように仕向ける。人から答えを与えられるのではなく自分の力によって答えにたどり着かなければ，技術や知識はその人の身にはつかない，という考えがコーチングにはある。本人が自ら考え，学び，行動することによって，本来その人がもっている力や可能性が発揮できる。これをサポートするためのコミュニケーションがコーチングだ。

1) シンボライゼーション

> 　彼は聡明な高校生だった。彼の父は彼の高校の校長で，とても威厳に満ちた人であった。
> 　その学校の職員だったある女性が，彼に，この学校では女性職員が賃金等，待遇面で差別を受けていると訴えた。彼女は彼に，そのことを父である校長に進言してくれと頼んだのだ。
> 　彼は，少し考えた後，自分は高校生であり，学校の経営に意見する立場には

> ないと，彼女の頼みを断った。
>   その時，彼女はニコッと笑って，「あなたは必ずやってくれるわ。なぜなら両手をポケットに入れて上目づかいに人を見ている時は，今まであなたが物事をやると決心した時にとるポーズだもの」と言った。
>   果たして，彼は，「同じ仕事をしているなら待遇も同じにするべきで，男女で差別すべきではない」との意見を学校新聞に書いた。さらに，直接，父にも自分の意見を表明した。しかし，父には強く拒否されてしまう。
>   その後，彼はアメリカ合衆国大統領となる。ジョサイア・バートレッド大統領である。彼は社会の中で弱者と言われる人たちのために様々な政策を実現していく。
>   ある時，彼は自分と自分の家族にとっては辛い決断を迫られることになる。彼は思い悩むのだが，その時突然，高校時代のこの出来事を思い出す。彼は，重大な決意をもって政策決定の会見に臨むのだが，彼はその時，例のポーズをとっている。

これはアメリカのテレビドラマ「ザ・ウエスト・ウイング」のひとこまである。

ここにはいくつかの心理学的な問題が含まれているが，ここでは，シンボライゼーションの問題を取り上げて論じてみよう。

我々の感情と身体とは密接に関係し合っている。サッカーでゴールを決めた選手がガッツポーズをとっているのをよく見かける。喜びの感情が思わず身体の動きとなった例だ。

我々は，悲しいと泣く。しかし，泣くから悲しいという側面もある。この感情と身体の問題は我々が意識をすることによって生活の中で利用することができる。バートレッド大統領は勇気を奮い立たせるために，これを利用した。だが，このメカニズムを知り生活の中に取り入れているのは，バートレッド大統領だけではない。

野球のあるスーパースターは，バッターボックスで独特の仕草をする。これはもともとは，おそらく観客に対するアピールではなく，自分を鼓舞する闘志のシンボライゼーションだったのだろう。大相撲の力士の中にもこれを利用している人がいる。人は身体の動きによって自らを鼓舞することができるのだ。

自分の感情を身体の動きにシンボライズするのは簡単だ。ある感情が生まれ

た時，常に身体の動きを伴わせるのである。そうすると，その身体の動き（動作）をすることによって，その感情を呼び起こすことができるようになる。

　プロ野球選手や力士のように頻繁に闘志を呼び起こさなければならない仕事をしている人たちにとって感情をその都度呼び起こすことは，しだいに難しくなっていくだろうことは想像できる。あんなに頻繁に試合をおこなっていれば，その都度ハイテンションな気持ちを呼び起こすのは大変なことだろう。そこで，身体の動きを意図的に挟んでみるのだ。身体の動き自体は感情を呼び起こすことよりはたやすい。身体の動きと感情がリンクできていれば，身体の動きによって感情を呼び起こすことができるようになる。

　感情をシンボライズできるのは，身体の動きだけではない。物がある感情をシンボライズすることがある。例えば，国旗などの旗，写真，服（軍服や警官や駅員の制服等），表彰状，感謝状といったものが典型的なものであるが，その人だけにしか分からないものでもかまわない。そういった物を見ると自分を誇らしく思って勇気がわいてくる，といった物が何かないだろうか？

　我々はいつも健康で元気いっぱいであるとは限らない。人生の中で落ち込む時もあるだろう。そうした時，自分が最も輝いていた時の感情をシンボライズされた物や仕草をもっていると，バートレッド大統領の時のように窮地を乗り越える手助けをしてくれるに違いない。

　コーチングとは，一方的に相手に対して命令することではない。相手の中から，やる気と能力を引き出す方法だ。実際にはこうした方法も用いられる。

2）約　　束

　「約束」もコーチングでは，よく用いられる手法だ。人は約束したことは守ろうとするものだ。ただ，人は自分自身とした約束は守れないことが多いようだ。「来週の火曜日までに，これは終わらせよう」と自分自身と約束してもなかなか守れない。しかし，他人と約束すると，これが達成される可能性が飛躍的に増加する。

　家庭の中で，子供が親に何か約束する。職場の中で上司と部下が何か約束する。こうした約束は，かなり守られることが多い。最近，職場の中ではこれが

マニュアルになっている場合が多い。今月の目標は〇〇だ，と書かされたりすることがこれだ。

1997年，ジェームズ・キャメロン監督による映画「タイタニック」では，船が沈没し，主人公ジャックは死んでしまうのだが，ジャックは息を引き取る間際に，ローズと約束する。「ローズ，僕のために生きてくれ。自分のやりたいことを全部やってくれ。結婚して子供を作って……」。この約束は果たされる。映画の中では，タイタニック沈没後のローズの人生は，数多くの写真（乗馬している写真や結婚式の写真等）で示されるのみである。しかし，ローズは101歳になっても子供や孫たちに囲まれ，まだ生き生きと生きている姿が描かれる。人は，このように約束が守られるのを見ると感動して，約束は守られるべきだと確信するのだ。

7. キャリアプランニング

■ キャリア発達モデル ─D. E. スーパーの研究（Super, 1957）─

1）探索＆試行期

探索および，試行（トライアル）期が人のキャリアの第1段階である。

①探索と試行

人は中学生，高校生，または大学生の時に，キャリアに関する試行期に入る。学生時代のこの時期は，自分がどういう仕事に向いているのか，が自分自身ではよく分からない。そのため，探索と試行を繰り返す。学生たちは，いろいろな職種のアルバイトをしてみたりする。そのことによって，たとえ自分がどの仕事に向いているのかが分からなかったとしても，自分はこの仕事には向いていないだろうな，ということが分かるかもしれない。

人は，このような探索と試行の時期をクリアする必要がある。この段階がうまくクリアされないとキャリアの構築をすることが難しくなる。自分の適性や能力に合った仕事を探すということがうまくできないと，その後のキャリアの構築ができなくなるのだ。

ここでいう試行というのは、誰かに指示されておこなうものではない。人間、特に子供はもともと他者からの影響を受けやすい。そのため、他者からの影響によって自分のキャリアを決めている人が多い。その場合は、その人の人生の中では、探索＆試行の時期を過ごしていないことになる。

②他人の評価
　成功体験や失敗体験がキャリアに影響を及ぼすことがある。成功したものについては、自分がそのことに向いていると思いやすい。例えば、野球やサッカーで褒められたことがあると、「自分は、このことに向いている」と子供たちは思う。野球選手になりたい、サッカー選手になりたいと言っている子供がよくいるだろう。成功体験や失敗体験が、直接この段階では影響を及ぼしてくる。
　例えば、学校の美術の時間に絵を描いた時に、誰かに「へたくそだ」と言われたりすると、「自分は絵を描くことに向いていないのだ」と単純に思ってしまう。成功にしろ失敗にしろ、他人の評価がその人のキャリアに影響を及ぼしてしまうのだ。D. E. スーパーは、「この時期が重要な時期だ」と言う。
　落語の五代目三遊亭圓楽が修行時代、自分の芸に悩んでいた時期があったそうだ。そんな円楽が落語の稽古をしていると、それを聞いていた円楽の母親が「おまえは名人だね」といつも言っていたそうだ。
　円楽は、自分では自分の芸が名人には程遠いものであることを自覚していたのだが、この母親の言葉がその時の円楽をどれほど勇気づけただろう。後に、円楽は「この時のことを思い出すと、涙が出る」「母親にはとても感謝している」と述べている。

2) 確立期・発展期

　キャリアに進歩が見られる時期が来る。確立期・発展期と呼ばれるこの時期には活動水準・能力水準が伸びる。スポーツの場合、はじめたばかりの2, 3年は技術水準が伸びる。これと同じように、仕事の場合でも、はじめの2, 3年はある程度伸びる。この時期に入ると本人にも仕事に手ごたえが感じられる。

3）維 持 期

　確立期・発展期の後にプラトー現象といって，活動水準・能力水準がもうそれ以上伸びない時期がおとずれる。これは，何にでも誰にでも起こる。プラトー現象が出はじめた時から，維持期となる。維持期では，人は保守的になったり，リスクをとりたくないという気持ちになったりする。

4）衰 退 期

　スーパーの研究では，人は1つの仕事をずっと続けると，つまり，1つのキャリアをずっとやっていくと，人によって，速い遅いはあるけれど，上達していくことが分かった。縦軸に能力，横軸に時間をとると，能力の高い人は縦軸が高くなり，低い人は縦軸が低くなるが，おおむね同じような学習曲線を描く。しかし，誰にでも衰退期がおとずれる。サッカー選手は野球選手より引退の時期が早いとか，キャリアの内容によって衰退期が早く来るものと，遅く来るものがある。肉体労働系の仕事は頭脳労働系の仕事より衰退期が早くくる。

■ ピーターの法則（Peter Principle）（Peter & Hull, 1969）

　階層組織の構成員はやがて有効に仕事ができる最高の地位まで昇進し，その後さらに昇進すると，やがて無能になる。こうなると，もはやその地位はその人材にとっては，不適当な地位である。もちろん，さらなる昇進は望めない。このようにして，ある人材は組織の中で限界まで昇進し，やがて無能になる。

　組織の中での高い地位は，必ずしも難しい仕事であるというわけではない。下位の仕事と上位の仕事は仕事内容が異なるだけである。下位から上位に昇進した人材が無能になるのは，その人材が上位の仕事に要求されている技術・能力をもっていないだけのことである。

　例えば優秀なプロスポーツ選手が引退してコーチや監督といった指導者になった時，時々無能になる人がいるが，これは選手に要求される技術・能力とコーチ・監督に要求される技術・能力が異なるためである。このようなことは一般の会社においても起こる。それまで身につけた技術や能力が，新しい仕事に役に立たずに無能になるのである。

この問題を解決するために組織が取り得る手段は，どのようなものが考えられるだろうか？　1つの方法として，昇進したと仮定した時に要求される技術や仕事のやり方を，その人が身につけたことを示さなければ昇進させない，といった方法が考えられる。つまり，新たな地位に必要とされる技術や能力を昇進させる前に十分訓練させるのである。

　こうすることによって，昇進前に管理能力のない者を発見して，昇進させないようにすることができる。その代わり，その人は昇進の対象者になるほど現在の仕事については有能なわけだから，昇進の代わりに昇給をさせるべきだ。ピーターの法則では，人は過去のどこかの地位においては必ず有能であったとされている。しかし，過去においてまったく有能でなかった人が，管理職に抜擢されて能力を発揮するという可能性はある。

■ P. A. アドラーと P. アドラーの研究（Adler & Adler, 1989）

　「大学のバスケットボールチームに所属し活躍している選手は，どのような自我を形成していくか」。

　アメリカでは，プロバスケットボールの人気が高い。大学のバスケットボールチームに所属していた選手の中にはプロの世界に入る人も多くいる。アドラーらは有名大学バスケットボールチームの選手の自我形成について研究した。

　有名大学チームの選手は，大学の中でも，大学の外でも常に注目されている。また，マスコミも彼らに注目していて，彼らのプレーや成績のみならず，彼らの言動についても報道する。彼らはいわば大学ではスターである。こうした中にいると人は「自分はスターである」と思い込むし，思い込まされてしまう。脚光を浴びた自我（gloried self）が，その人の自我の，ほとんどを占めるようになる。そのことによって，バスケットボールなしの自分は考えられなくなってしまうのだ。

　しかし現実をよく見てみると，たとえ有名大学のバスケットボールチームに所属していたとしても，プロの世界で生きていくことのできる人は限られている。このことを考えると，大学でのスター選手がバスケットボール以外で身を立てることができなくなってしまうことに，アドラーらは警鐘を鳴らしてい

る。日本では高校野球が国民的な人気を博しているが，高校生が周りからスター扱いされると，その人の自我形成にそのことがかなりの影響を及ぼすことをこの研究は示唆している。

8. 失　　業

　リストラとはリストラクチュアリング（restructuring）つまり再構築という意味である。ところが，日本では，首切り・解雇を表す言葉として使われるようになった。「中村さんは，会社をリストラされたんだって」と言うと，中村さんは会社をクビになったという意味である。

　失業するということは，本人にとっては大変なことだ。本人だけでなく家族や配偶者にとっても大変な事態だ。失業によって引き起こされると思われる影響を以下にまとめてみた。

　心理的な影響としては，ストレス反応，不安反応，抑鬱状態，孤独感，怒りの感情等が引き起こされ，暴力行為，アルコールの過剰摂取，過度に落ち込んでしまって元気がなくなる等の行動が見られるようになる。身体的にも，その影響は表れる。胃痛，頭痛，睡眠障害，心疾患，高血圧，不定愁訴（病理的な根拠はないが身体に痛みが生じる），その他，集中力の欠如，自尊心の喪失，肯定的感情が失われ何かいつもピリピリして神経質になる，といった状態になることもある。また，失業により家族の雰囲気の悪化がもたらされ，離婚，別居，家庭内暴力，子供の虐待等に発展していくことがある。

　失業によって，労働者が離婚，家庭崩壊，経済的破綻，自殺といったことにならないために，本人にはストレス低減を目的におこなわれる対処行動（コーピング）が求められる。

　①感情の苦痛の低減のための対処行動
　・自分の周りに愚痴を聞いてくれる人がいれば，愚痴を聞いてもらう。
　・自分の周りに再就職まで金銭的に援助してくれる人がいれば，援助してもらう。

②ストレッサーそのものを制御するための対処行動
・新しい職場を見つけるのに有利なように，技能・技術を身につけるために，職業訓練学校等に通ったりする。
・自分の住んでいる地域の景気が悪いのであれば，思い切って景気のよい地域に引越しをして，そこで職を見つける。

失業によって強烈なダメージを受け，怒りの感情を強くもっている人は，感情の苦痛の低減のための対処行動が多く見られ，失業によってもそれほど心にダメージを受けなかった人は，ストレッサーそのものを制御するための対処行動を，より多くとることが報告されている（Bennett et al., 1995；Leana et al., 1998）。

■ リストラサバイバー・レイオフサバイバー

リストラ（解雇）やレイオフ（強制的な一時休業）を免れて会社に残った人もいる。彼らはリストラサバイバー，レイオフサバイバーと言われている。

彼らは，会社にとって必要な人材であると会社が認めた，いわば選ばれた人たちである。いわゆる勝ち組だ。したがって，彼らは仕事に対するモチベーションが上がり，所属する組織に対する忠誠心がいっそう高まるのではないかと考えられる。

一方，彼らの周りの人たちは，解雇されたりレイオフされたりしているわけだから，彼らには「今度は自分の番だ」という不安な気持ちがあるだろうし，自分の同僚の解雇やレイオフで，会社に対して怒りの感情をもっている人もいるかもしれない。また，彼らは上司に対する不信感をもつかもしれないし，同僚が解雇されて自分だけが生き残ったことに対して罪悪感をもつかもしれない。

果たして，リストラサバイバーやレイオフサバイバーは，肯定的反応を示すのだろうか？ それとも否定的反応を示すのだろうか？ 多くの心理学者がこのことについて研究しているが，肯定的反応を示すという報告（Bies et al., 1988）もあるが多くの研究では，否定的反応を示すとされている（Brockner et al., 1988）。

リストラやレイオフのような従業員に，多大な負担を強いることを会社がやる場合は，そのプロセスをはっきり示して公正な手続きでおこなうべきだ。会社は再就職の斡旋，生活費の保証等を明確に示すべきだ。さもないとその後，組織に残った人々（サバイバー）の組織に対する帰属意識が急激に低下する。特に，それまで組織に対してコミットメントが高かった社員に対して，会社がそのような対応をすると従業員全体の士気が失われる（Brockner, 1992）。組織に対するコミットメントの代表的な指標は，勤続年数である。勤続年数の短い労働者より勤続年数が長い労働者がリストラやレイオフにあうと，組織に残った労働者に与える負の影響が大きい。「組織に長い間，尽くしてきた労働者をそんなに簡単にリストラやレイオフにしてしまうのか？」ということでリストラやレイオフされなかった労働者も動揺するのだ。

> **ヤマアラシのジレンマ**
>
> 　屋台の焼き鳥屋で，1人の客が寂しく酒を飲んでいた。そこに1人の若者が通りかかった。
> 「あら，野口先輩じゃないですか。久しぶりですね」
> 「おう，山本君か」
> 「今日は，先輩なんか暗いっすね。元気出して下さいよ。漫画でも読みませんか。ちょうど，ここにスヌーピーとチャーリーブラウンの漫画があるので差し上げますよ」
> 「それ，面白いのかね」
>
> 　スヌーピーはリビングのソファーの真ん中に座ってテレビを見ている。そこにチャーリーブラウンがやってきた。
> 「そこは俺の席だ。向こうへ行け」と言って彼は，スヌーピーを追い払う。しばらくしてまたチャーリーブラウンがその部屋に来てみると，スヌーピーがまたソファーの真ん中に座っている。
> 　チャーリーブラウンは，「もう頭にきた。向こうに行け」とまたスヌーピーを追い払った。
> 　チャーリーブラウンは，「犬が座るとにおいがソファーに移っちまうんだ」と文句を言う。
> 　その翌日，チャーリーブラウンが目覚めてリビングに来てみると，やはりスヌーピーが，ソファーの真ん中に座ってテレビを見ている。チャーリーブラウンは怒ってスヌーピーを追いかけ回す。

その漫画はこのような内容であった。

「これは，面白いのかね」野口は言った。
「まあそれなりにね。暇つぶしにはなりますよ。おやじ，レバー2本ね」
野口は，いきなり立ち上がった。
「俺は，チャーリーブラウンには，なれないな」とぽつりと言って，彼はその場を立ち去った。

実は，この物語の野口と言う人物は，山本には言わなかったが，妻と離婚したばかりだったのだ。
我々は一人ひとりそれぞれにプライベートゾーンと言われる，目には見えない縄張りのような領域をもっている。夫婦間や親友間といった親密な人間同士には，お互いに近づきたい気持ちとあまり自分の領域に近づいてもらいたくないという気持ちが存在する。これら二つの気持ちはお互いに相反している。
このことを，ヤマアラシのジレンマ（Bellak, 1970）と心理学では呼んでいる。寒い時，サルの群れを見ていると，お互いに体を寄せ合って寒さをしのいでいる。ヤマアラシも寒いのでお互いに近づきたいのだが，針があるので，ある一定の距離以上近づくと針が刺さって痛いのだ。
ここで問題を複雑にするのは，その針の長さが人によって違うということなのである。
スヌーピーとチャーリーブラウンの話ではスヌーピーがチャーリーブラウンの領域に近づき過ぎたのだ。そのため，チャーリーブラウンは不快を感じ，スヌーピーを追い払ったのである。ところがスヌーピーは不快を感じていないので，おそらくチャーリーブラウンがなぜ怒っているのかが理解できないのだろう。
野口の離婚の原因は分からないが，彼の最後の言葉から判断すると，何か結婚生活の中で，許容できないことがあったのだと推測される。彼にしてみれば，チャーリーブラウンがスヌーピーと，それでも一緒にいるということが，羨ましくもあり，気の毒だという気持ちもあるのだろう。家族，親友といった自分の近くにいる人たちとの人間関係が良好であるか否かは，その人の人生の幸福度に大きく影響を及ぼす。

4 社会的影響力

集団の基本的機能は，集団維持機能（group maintenance function）と目的遂行機能（performance function）が挙げられる。

集団維持機能……集団が集団として存続していくこと
目的遂行機能……集団が集団にとっての目標を達成していくこと

この2つの機能を達成するためには，集団内の特定の成員が，他の成員の行動を方向づけたり，規制したりすることが必要である。また，集団自体がその集団に所属する個々の成員の行動を拘束する。ここでは，このような集団内で発生する影響過程（influence processes）について述べる。

1. 勢力関係

我々は，社会の中で他者と相互作用をおこなう際に，お互いに相手に対して影響を及ぼし合っている。どちらか一方が影響の与え手であり，他方が受け手であるという場合は少ないのだが，ここでは，勢力とは，一方から他方への潜在的規程因である，と見るので，あえて影響を与える側と与えられる側に二分して考えることにする。

「AがBに対して影響を与えた」ということは，どういう時に言えるのであろうか。B君がまったく自分の自由意思によって行動をしている場合「B君は，何からも誰からも影響を受けていない」と言えるのであろうか？

例えば，今まで携帯電話を持っていなかったB君が，携帯電話を買おうと自分の自由意思によって決めたとする。この場合，本当にB君は，何からも影響を受けなかったと言えるのであろうか。B君は自分の自由意思によって携帯電話を買いに行ったわけだから，一見すると，自分の行動を自分で決めたと言えるかもしれない。しかし，テレビのコマーシャルを通して，毎日のように携帯電話のCMが放送されているという現実があり，またB君は，友人が携帯電話を使っている様子を見ていたに違いない。

このように考えると，B君が携帯電話を買ったという行為は，B君の自由意思で決めたように見えるのであるが，よく調べてみると，様々な要因がB君の行動に影響を与えていたということが分かる。このような状況なので，何が原因でB君が携帯電話を買ったのかを解明することは難しいのだが，「AがBに対して影響を与えた」とAとBのやりとりだけに限定してしまうと，分かりやすくなる。つまり，AがBに対して働きかけをおこなわなければ，Bはその行動を起こさなかっただろう。しかし，AがBに対して働きかけをしたために，Bはその行動をとった。このようなことが言える場合，我々は，AはBに影響を与えたと言ってよいのではないだろうか。AがBにおこなった働きかけのことを「社会的影響行動」と呼んでいる。

テニス部の練習が終わった後，上級生が一年生たちに対して「ボールを片づけておいてくれ」と指示するような働きかけは，社会的影響行動である。AはBに対して影響を与える能力をもっているという状態を「社会的勢力（social power）」または影響力をもっている状態と呼ぶ。

H. A. シモン（Simon, 1953），J. G. マーチ（March, 1955）はともに，勢力と影響は，同義であると考えている。R. A. ダール（Dahl, 1957）は，勢力量・影響力量の定式化を試みた。ダールは，「AがBにもたらす勢力量は，Aの干渉がなくてもBがある反応Xを示す確率に比べて，Aの干渉によってBがXを現わす確率が示す正味の増加量である」と言った。前述の携帯電話の話をこれに当てはめると，A君がB君にもたらした勢力（影響力）の量は，A君がB君に携帯電話を買うことを勧めなくても，B君が携帯電話を買う確率をA君がB君に携帯電話を買うことを勧めたからB君が携帯電話を買う確率から引いた

量である，ということになる．ダールは，これを次の式で表現した．

$$M\left(\frac{A}{B}w, x\right) = P\left(\frac{B, x}{A, w}\right) - P\left(\frac{B, x}{A, \overline{w}}\right)$$

A, w は，A が w という働きかけをおこなったという意味（A が携帯電話を買った方がよいという働きかけをおこなった）．

B, x は，B が x という反応を起こしたという意味（B が携帯電話を買ったという意味）．

$P\left(\dfrac{B, x}{A, w}\right)$ は，A が w という行為をおこなった時，B が x という反応を示す確率．

A が携帯電話を買った方がよいですよという働きかけをおこなった時に，実際に B が携帯電話を買う確率．

$P\left(\dfrac{B, x}{A, \overline{w}}\right)$ は，A が w という行為をおこなわないにもかかわらず，B が x という反応を示す確率．

A が携帯電話を買った方がよいと言わなかったにもかかわらず，B が携帯電話を買う確率．

$M\left(\dfrac{A}{B}w, x\right)$ は，A が w という干渉をすることによって，B に x という反応を引き起こした時，A が B に対してもつ勢力の量のこと．

A が B に対して w という働きかけによって x という反応を得る勢力量 M，つまり A の B に対する影響力の大きさのこと．

勢力量 $M\left(\dfrac{A}{B}w, x\right)$ が，負になることが時々ある．

影響力が負になることをダールは負勢力（negative power）と呼んだ．具体的な負勢力の例を挙げよう．

家に帰ったら宿題をやろうと思っていた小学生がいたとする．その子には嫌いな先生がいた．帰り際，その先生から「おまえ，今日帰ったらちゃんと宿題

しろよ」と言われた時に，この子が宿題をしなかった場合，この先生の勢力量は負の勢力量となる。

学校の先生を例に負勢力について説明すると次のようになる。

100人の生徒に宿題を出す。そしてそのうちの何人が宿題をやったのかを測定する（統制群）。これで，何の影響力も加わらなかった場合の，生徒たちが宿題をする確率を測定する。

その上でA先生が，「しっかり宿題をやってこいよ」と100人全員に声をかける。その場合の生徒たちが宿題をやってきた割合を測定する。

この実験をA先生，B先生，C先生とおこなうと統制群の割合よりも高い割合が測定される先生（A先生），統制群よりも低い割合が測定される先生（B先生），統制群とほぼ同じ割合が測定される先生（C先生）とに分かれる。

A先生の勢力量は，ダールの式では，正の数，B先生は負の数，C先生はゼロに近い数字が測定される。

A先生はパワーをもっており，B先生はネガティブパワーをもっており，C先生は何のパワーももっていないということになる。

「なぜ我々はリーダーに従うのだろうか？」「従う理由は5つある」とJ. R. P. フレンチ, Jr.とB. H. レイブン（French & Raven, 1959）は言う。5つの理由は次のものである。

①報酬パワー（reward power）
　リーダーは自分に報酬をもたらすから。
②強制パワー（coercive power）
　リーダーが強制するから。
　強制：リーダーに従わないと罰（左遷等）がもたらされるから。
③正当パワー（legitimate power）
　リーダーは部下に対して命令を与える正当な権利をもっているという認識があるから。
　その1つが社会的な規範だ。

「今日はもうそろそろ帰ろうかな」と思った時に，上司から「残業しろ」と言われた。断ってもよいのだが，多くの人はこの残業の申し出に応じる。「自分よりも地位の高い人，目上の人からの命令には応じなければならない」という社会的な規範があるからだ。

④準拠パワー（referent power）
　部下がリーダーを尊敬している場合，自分の尊敬する人から言われたことに従う。

⑤専門パワー（expert power）
　リーダーがある種の専門的な知識や技能をもっている，と部下が思った場合。専門パワーをそのリーダーはもっていることになる。

　例えば，アルコール依存症のお父さんがいたとする。「あなた，もう酒を止めなさいよ」と奥さんが言った場合と，医者が同じことを言った場合，このお父さんは，どちらの言うことを聞くだろうか。多くの人は奥さんの意見よりも医者の意見を聞くものである。それは，病気に関して専門的な知識を，奥さんより医者の方がもっている，とそのお父さんは思っているからだ。

　これと同じように，組織のリーダーが，何か専門的な知識をもっている場合，人々はそれに従う。

2. 勢力とリーダーシップ

■ 子供の勢力

　子供にとっての勢力とは何なのだろうか？　大人にとっての勢力と子供にとっての勢力には違いがあるのだろうか？　大人の場合，勢力は社会的地位とか経済力とか専門的技能等によって決まる。これ以外に容姿や，肉体的な力も勢力と考えられる。勢力は人への影響力の源泉となる。

　子供に限定すると，どのような子供が「勢力がある」と言えるのだろうか？子供集団の中でリーダーになる子，一目置かれている子，好かれている子，誰もが友達になりたいと思っている子等が，子供集団の中で勢力をもっている子だと考えられる。

勢力の源泉を考えると，勉強ができる，運動ができる，喧嘩が強い，手先が器用，心が優しい，意地悪をしない，頼んだことはちゃんとやってくれる，容姿がかっこいいあるいは可愛い，物をくれる等が考えられる。

子供の勢力には特性があり，大きく分けると4つに分けられる。
1) 専門性の資源
　勉強ができること，運動能力が高いこと。
2) 強制性資源（特に男の子）
　喧嘩が強い。
3) 情緒性資源（特に女の子）
　優しい，誰とでも仲良くなれる。
4) 外見的なもの
　美人は，美人に憧れている人と友達になりやすい。

リーダーシップには自然に生まれるリーダーシップと，任命されて与えられるリーダシップがあるが子供の場合は，前者の方について論じる。

■ 子供の勢力についての M. ゴールドの研究（Gold, 1958）

ミシガン大学附属小学校の5歳～12歳までの152名の子供を被験者としておこなった研究。

ゴールドの研究によると，中流家庭の場合は，喧嘩が強いこと（強制性資源）はそれ程の勢力にならず，情緒性の特性に対して高い価値を置いている子が多いことが分かった。しかし，下層階級になると勢力の源泉が変わってくる。喧嘩が強い子供が，大きな勢力をもっている。

ゴールドの研究で分かったことは，中流家庭において勢力をもっている子供は，情緒が安定していて友好的，そして，外向的な子が多いということであった。

■ マキャベリアニズム（Machiavellianism）とリーダーシップ

M. マキャベリーが書いた『君主論』が1532年に出版された。「マキャベリア

ン」という言葉はここから来ている。

マキャベリアンというのは，「人を自分の目的のための道具として考える人」のことである。こういう人は自分の目的のために人を利用する。マキャベリアンは，「人は利用して操るものである」と考えている。

1) マキャベリースケール

R. クリスティーとF. L. ガイスはマキャベリースケールが高い人と低い人を研究対象とし，それぞれの行動特性を調べた。

まず，学生に対してマキャベリースケールを測った。

「人は，自分の目的のために利用すればよいものである」「自分は人をうまく利用してのし上がっていけばよい」という考え方を，人がどの程度もっているかが調べられた。

以下の質問に当てはまる人は○をつけて下さい，とアンケートによって調べた（○をつけた時の点数配分）。

1　自分がそれをする本当の理由を，他人に対して別に明らかにする必要はない。（＋1）
2　人を操る一番よい方法は，相手が聞きたがっていることを言うことである。（＋1）
3　道徳的に正しいと思うことを行動するべきである。（－1）
4　多くの人は善良で親切である。（－1）
5　人は誰でも悪いところがあって，時々それが姿を現わすことがある。（＋1）
6　人間は正直に生きるべきである。正直にやっていればよいことが起こる。（－1）
7　嘘は絶対に言ってはいけない。（－1）
8　人は強制されなければ働かない。（＋1）
9　貧しくても誠実な生き方の方が偉い。（－1）
10　人に何かをしてもらいたいと思った場合は，もっともらしい理由を言うよりも，本当の理由を言うべきである。（－1）

合計点を計算して点数が高ければ高いほどマキャベリアンである。これは人のパーソナリティの一種だ。マキャベリアンはリーダーになる素質がある（正直者で善良な人はリーダーになれない？）。マキャベリースケールが高い人が低い人を従える。

　マキャベリースケールは，敵愾心（てきがいしん）の強さと正の相関関係があると言われている。マキャベリースケールが高い人は，人に対して敵愾心をもっているのだ。

　マキャベリースケールが高いということは，社会的望ましさと負の相関関係がある。つまり，マキャベリアンは，社会的に望ましくないということになる。

　マキャベリースケールが高い人は自分の感情に左右されない，クールな人が多い。

　マキャベリースケールが高い人が，低い人を操ることが実際の社会の中では多い。自分の目的のために人を騙したり，人を操ったりすることができる人は社会の中で勝利や成功をおさめることが多い。マキャベリースケールが高い人は，他人を説得するが他人から説得されることはほとんどない。なおかつ，自分の感情を高ぶらせることはなく，社会的な圧力にも屈しにくい。

　高マキャベリースケールの者と低マキャベリースケールの者，この2つの性格特性に分けて考えてみよう。

①高マキャベリースケールの人
・自分の感情には左右されない。
・自分の目標の達成を望む。
・理屈で物事を考える。
・その場に相応しい行動をとろうとする。
・どういうことをすればどういう結果になるかを常に考えて行動している。
②低マキャベリースケールの人
・行動がその場の自分の感情に左右される。
・他人との付き合いを好む。
・相手に乗せられやすい，騙されやすい。
・その場その場で，場当たり的な行動をとる。

ここでは，①構造化されていない状況と②構造化されている状況，に分けて考えた。

① 構造化されていない状況（自分がどうすればよいかが，割と曖昧な状況となっている。役割が明確になっていない，自分に自由裁量の余地があるような状況）

② 構造化されている状況（明確に自分のするべきことが分かっている。自由裁量の余地がない状況）

高マキャベリースケールの人が①構造化されていない状況に置かれた場合，どういう行動をとるだろうか？

この場合は，水を得た魚のような状態になる。高マキャベリーの人は構造化されていない状況，どうやってよいのか分からない状況の方を好む。やるべきことが決められていない状況で，彼らはあれこれ策を弄する。そして，そうすることを彼らは好む。

では，高マキャベリースケールの人は，自由裁量の余地がない状況下では，どういう行動をとるだろうか？　おそらく機械的に物事を処理し，あまり真剣にはやらないだろう。

低マキャベリースケールの人が①構造化されていない状況に置かれた場合，彼らは何をどうしてよいのかが，分からなくなる。彼らにとってはこの状況は居心地が悪い，と感じる。他人の指示を待つ，誰か何か言ってくれないか，と周りをうかがうような行動をとるようになる。

低マキャベリーの人が②構造化されている状況に置かれると，嬉しくなり，一生懸命作業する。彼らは何かを指示されていた方が，居心地がよいと感じるのだ。

2）クリスティーとガイスの研究の考察

社会の中には高マキャベリースケールの人と，低マキャベリースケールの人がいる。しかし，どの集団でも，たいてい低マキャベリースケールの人の方が人数が多い。これら2種類の人が一緒にいると，高マキャベリースケールの人がリーダーとなる。そうなった方がどちらも居心地がよいと感じるだろう。

3. 集団の形成と集団間の葛藤

　M. シェリフら（Sherif, 1961）は，集団の形成と集団間の葛藤について研究した。

■ シェリフらの研究

　集団の形成に関して次のような実験がおこなわれた。

　サマーキャンプに参加した少年たちを2つの集団に分けて，それぞれの集団で，共同作業をおこなう。この段階では，自分たち以外にもう1つ別の集団がいることは，どちらのグループの少年たちにも，知らされていない。しばらくすると彼らは，グループ内の人たちとお互いに親しくなり，自分たちの集団に名前をつけたり，旗を作ったりした。そうするうちに，どちらの集団でも，その中でリーダーが出現し，集団内の成員の役割も決まり，集団のルールも形成されていった。

1) 集団間の葛藤

　2つのグループそれぞれに集団が形成された後，それらの集団に別の集団が存在することが知らされる。そこでスポーツやゲームの対抗戦がおこなわれた。そうすると，そのスポーツやゲームの対抗戦をおこなうたびに，相手集団に対する感情や態度が否定的に変化した。

　言葉を換えて言うと，相手を敵と見なし始めたのである。このシェリフらの実験では，実験者がスポーツを使って，相手を悪い奴だとプロパガンダしたわけではないのに，どちらの少年たちも，勝手に相手を敵と考え，敵を憎むようになり，相手を攻撃する行動が見られ，乱闘や襲撃事件等も頻繁に発生した。このように集団間の緊張が高まると，それまでのリーダーが失脚して，別の人物がリーダーとなった。

　集団が形成されていく時に現われたリーダーは，社交的で相手の話をよく聞き，面倒見がよい人物（場を仕切る調整役ができる人）が選ばれていた（民主

的リーダー)。しかし，相手を敵であると認識し，乱闘事件が起こった後は，その人はもはや，その集団のリーダーではいられなくなった。その人に代わって専制的リーダー（独裁者）がその集団のリーダーとなったのだ。少年たちの中から独裁的な権力を振るう者が出現したのだ。

　イギリスの首相が第2次世界大戦前にチェンバレンからチャーチルに変わった時がこれに似ている。チェンバレンは，できれば戦争を避けたい，とナチスドイツとの宥和政策をとった。ところが，チェンバレン外交は行き詰まり，これに代わってチャーチルがイギリスを率いることになった。チャーチルは武闘派であり最初からドイツと戦争をするために政権についた専制的リーダーである。こうなるともう，チェンバレンは国民からはリーダーと認められなくなった。イギリスでは，その後チャーチルを先頭指導者として，戦争のための準備が進められた。

　このシェリフの実験の時にも，それまでの民主的リーダーが，もはやリーダーとして認められなくなった。どちらかというと思い切った決断ができる人，みんなの意見を聞くのではなく，自分で策を考え，すぐに実行に移せる人がリーダーとなった。どちらの集団もこのようなタイプの人がリーダーに選任され，リーダーが交代した。

　集団の成員（メンバー）たちも自ら進んで専制的リーダーシップに耐えようとするようになった。専制的リーダーの下では，忍耐が必要だ。集団のメンバーの自由はなくなり，そのリーダーの言われたとおりに動くしかなくなった。民主的リーダーシップだった時には，リーダーはメンバーの意見を聞いてくれたが，もはやそのようなことは，専制的リーダーシップの中ではない。それでも集団のメンバーたちは，その状態に耐え我慢しようとした。こういう状態を集団間の葛藤と言う。

2) 集団間の葛藤に見られる一般的傾向
①集団の成員には集団に対して強い忠誠心が現われる。
　　要するに集団の凝集性が高まるということである。
②課題達成や目標達成への関心が高まる。

シェリフの実験では,「次のスポーツの試合では勝つぞ！」という目的が掲げられ, 特訓がおこなわれた。それにメンバーたちは耐えて, ともかく課題達成（次の試合に勝つという目標）への関心が強まった。
③相手集団とのコミュニケーションが減少する。

試合中は相手チームと話をしなくなった。相手は敵だから, 相手と話したりすると「まじめにやっているのか！」という自分が所属する集団からの圧力が加わる。だから, 相手とのコミュニケーションが減ったのである。
④自分の集団のよいところだけを見て, 相手集団には偏見をもつようになった。
自分たちは, よいのだ, 強いんだ, というような肯定的なことばかりが, その集団内で話題にのぼるようになった。一方相手に対してはさげすんだり, 見くだすような表現が目立つようになった。

3）集団間の葛藤の解消

シェリフたちは, この集団間の葛藤による敵対関係を, なんとか終わらせたかった。そのために, 2つの集団が一緒の食事会を催したり, 試合ではなく楽しいレクリエーションの時間をつくったりした。しかし, こうした結果, かえって敵対した態度が強まることとなった。隔離していた時よりも, 喧嘩の頻度が多くなったのである。そこでシェリフたちは, この2つの集団が協力しなければ達成できない状況をつくり出した。

そのキャンプ地には, 毎日食料を運ばなければならなかった。食料の運搬にはトラックが使われていた。そのトラックが来なければ, 2つの集団に食料が届かない, という状況にあった。

実験者は, そのキャンプ地に行くトラックを, わざと故障させた。両方の集団にとってこのトラックは生命線だ。実験者は2つの集団が協力しないと, トラックを修理できない, という状況をつくってこの2つのグループに協力させた。

この実験の結果, 両集団はお互いに協力してトラブルを克服していった。その後, この2つの集団が協力しなけば解決できないようなこうしたトラブルを何回か, 実験者側が意図的につくった。そうすると, そのたびにお互いに両集

団は協力した。その状況が続くと相手に対しての敵対感情がしだいに低下して、相手集団に対する評価が好ましいものに変化していった。

■ E. H. シェインの研究（Schein, 1965）
①両集団に共通の敵をつくること
②集団間に相互作用が生まれる工夫をすること
③対立する集団にとって協力しなければならないような課題を設定すること
シェインは、集団葛藤を解消する方法としてこの3つを挙げた。

1つは、両集団に共通の敵をつくること。つまり、両集団にとって共通の敵が存在すると、お互いが対立している場合ではないことを知って、協力し合う。そのことによって集団葛藤は緩和される。AとBがお互いに協力しないと共通の敵Cには勝てないよ、という状態にある場合、AとBはお互いに敵対している場合ではない、と思うようになるのだ。

1980年9月に始まり1988年8月に終結したイラン・イラク戦争や、1937年北京郊外での盧溝橋事件をきっかけに始まった日中戦争での第2次国共合作を見ると、このことがよく理解できる。

4. リーダーシップ　その1　―特性論，二次元論―

リーダーシップとは何だろう。1977年以降のサッカー日本代表の監督を見てみよう。

岡田武史　　1997年10月-1998年6月
フィリップ・トルシエ　　1998年6月-2002年6月
ジーコ　　2002年10月-2006年6月
イビチャ・オシム　　2006年8月-2007年10月
岡田武史　　2008年1月-2010年6月
アルベルト・ザッケローニ　　2010年10月-2014年6月
ハビエル・アギーレ　　2014年9月-2015年2月

サッカーの日本代表チームは、トルシエジャパン、ジーコジャパン、オシム

ジャパン，岡田ジャパン，ザックジャパン，アギーレジャパンと監督が変わるたびに監督の名前を冠にした呼び方がされてきた。冷静になって考えてみると，トルシエもジーコもオシムも岡田もザッケローニもアギーレも，本人がフィールドの中で日本代表としてプレーするわけではない。

サッカーだけでなく野球の場合も長嶋ジャパン，王ジャパン，星野ジャパン，原ジャパンといった具合に監督の名前でそのチームのことが呼ばれている。

このことは，リーダーがチームに与える影響が大きい，ということを表わしている。サッカーでも野球でも監督が変わると，それまで弱小だったチームが，まるで別のチームのようになり優勝したりすることがある。つまり，リーダーの影響力は大きいのだ。リーダーとは，スポーツチームの監督以外に，会社の社長や部長や課長，学校の中では校長や学長がその集団のリーダーである。

これから述べるリーダーシップ論は，このようなリーダーが発揮するリーダーシップについて考察することである。

リーダーシップの定義は，「集団がその目標を達成しようとする際，ある個人が他の集団メンバーに影響を与えるプロセスのこと」である。

リーダーの定義は，「集団の中で，他の成員に比べて相対的に影響力が強く，集団の中心的な働きをしている個人」である。

リーダーの影響を受ける人のことをフォロワーと言う。

定義からすると，場合によっては学問的なリーダーと名目的なリーダーが違う人物であることが考えられるし，現実にもそういうことがある。

例えば，ある会社の中で課長がいて，その課の中では彼はリーダーであり，その課長の下，十数名の社員が1つのオフィスの中で働いていたとする。

その状況で，ビルの中で火事が発生したとする。煙が接近している，どこに逃げたらよいかが分からないという状況の下で，リーダーシップをとる人間がその課長であるとは限らない。平社員のA君かもしれない。平社員のA君がその場を仕切った場合は，その状況の中では，課長ではなく平社員のA君がその集団のリーダーである。

例えば，平社員のA君が左に逃げよう，と言って，課長が右に逃げよう，と言ったとする。その際，他のメンバーが，A君に従うことも考えられる。この

場合もやはりA君がその集団のリーダーである。名目的には課長がその集団のリーダーではあるが，仮に皆が課長に従わなかった場合，彼は学問的にはリーダーではない。

リーダーシップ理論には特性論，二次元論，状況理論という3つの代表的な理論がある。

■ 特性論

優れたリーダーが一般の人間とは違った優れた個人の特性をもち，しかもその特性は，生得的である，と見なす考え方があり，これを特性論と言う。

つまり，特性論とは，リーダーにはリーダーとしての資質が生まれながらそなわっている，と考える考え方のことである。

R. ストックディルは，リーダーの特性は，以下の6つの特性であると考えた。

①知能が高い。
②学業成績が良い。
③年齢が年上。
④身長，体重が大きい。
⑤社会的知能（学業成績やIQテストでは分からない能力，社会のことをよく見てきている人間が高い）が高い。
⑥社交性が高い。

しかし，リーダーの特性は，普遍的にどのような集団にも当てはまるわけではなく，集団の状況や集団のメンバーの特徴といった他の要因との関係によって異なることが分かった。

「その集団にどんなメンバーがいるのか」とか「その集団がどんな状況に置かれているのか」によって，そこで求められるリーダー像が違ってくる。

1）ストックディルの研究（Stogdill, 1948, 1974）

上述のように，ストックディルは，リーダーは一般人とは異なった生得的な特性をもっていると考えたが，一貫的な特性を見いだすことはできなかった（1948年のストックディルの研究では，リーダーに一貫的な特性を見いだせな

かった)。

1974年の研究でも，集団の中で最も知能の高いものがリーダーになりやすいというわけではなく，リーダーは，集団の平均よりもわずかに優れた知能をもっている者が多い，ことが分かっただけであった。

リーダーシップの特性研究の方法は，1つは，ナポレオンや織田信長といった歴史上の人物で，誰が見ても優れたリーダーである，という人の事例を分析して，そこからリーダーとして資質を抽出するといった方法である。

もう1つは，次のような方法だ。リーダーのいない集団をつくって，その集団に集団討議や共同作業をやらせると，はじめはリーダーのいなかった集団に自然にリーダーが生まれてくる。そこで誕生したリーダーの特性を調べるのだ。

多くの研究者がこうした研究を積み重ねた結果，リーダーに普遍的な特性は見つからなかったのである。

多くの社会心理学の教科書でも，リーダーに普遍的な特性はないと書かれている。この結果は我々の常識とは違っている。近年，リーダー特性を見直し再研究しようという動きもある。

2) R. ホワイトとR. リピットの研究（White & Lippit, 1960）

ホワイトとリピットは，①専制型，②民主型，③放任型のリーダーシップの下で，集団のメンバーがどのような反応を示すか，を研究した。

ここで，リーダーシップの3つの型についてそれぞれ説明する。

(1) 活動方針の決定について
①専制型

専制型では，集団の方針の決定は，指導者がすべてのことを決定する。
②民主型

民主型ではメンバーに議論させる。このチームはどういう方針でやっていったらよいのか，をメンバーの間で議論させるのだ。議論の中のイニシアチブはリーダーがとる。

③放任型

　集団の方針について，放任型のリーダーは，メンバーの自由に任せる。リーダーはタッチしない。

(2) 誰がどの仕事をやるか，といった仕事の分担はどう決めるか
①専制型リーダーは，仕事の分担はリーダーが決めて，メンバーに指示する。
②民主型リーダーは，メンバー間の合議によって決める。
　あまりにも不適切な仕事の分担があったら，リーダーは何か指導的なことを言うかもしれないが，基本的にはメンバーがやりたいことをやればよいのではないか，といったスタンスをとる。
③放任型リーダーは，仕事の分担に関して一切関与しない。メンバーが勝手にやって，勝手に決めてくれという感じ。

(3) スポーツの監督・コーチの場合
①専制型のリーダーはトレーニングのスケジュールをリーダーがすべて決める。
　メンバーは何も考えずにそのトレーニングを言われたとおりにこなす。
②民主型のリーダーは，トレーニングの方法を皆で話し合って決める。
③放任型は，メンバーのやりたいようにトレーニングする。

(4) メンバーに対するリーダーのコメント（スポーツチームの場合）
①専制型リーダーのコメントの特徴は，非常に個人的な色彩が強い。
　リーダーは，その選手の技術のことよりも，「あいつは気が強いよ」「根性がない奴だ」といった個人的主観の入ったコメントを多くする。
②民主型リーダーのコメントの特徴は，客観的な事実に即した批評がなされる。「フォームを修正した方がよい」とか細かい技術的な話をする。リーダーの好き嫌いが入っていない客観的なコメントが出てくる。
③放任型リーダーのコメントの特徴は，メンバーからコメントを求められない限り，コメントはしない。メンバーがリーダーに聞きに行くと教えてくれるのだが，聞きに行かない限り教えてくれない。

3) ホワイトとリピットの観察の結果

①専制型リーダーの下では，作業成績がよい。しかし，メンバーはリーダーや他のメンバーに対して攻撃的になる。また，専制的リーダー下のメンバーから，リーダーに対する潜在的な不平不満も示された。作業成績はよいのだが，メンバー間の仲が悪いし，リーダーに対しても友好的でないメンバーが多かった。

　2，3年で人事異動となる会社等は，作業成績を専制型リーダーの下で上げることができるかもしれない。現実の社会を見ると，専制的リーダーの下では，リーダーに対する不平，不満を言葉に出せないのでそれらは潜在化する。メンバーにとっては，辞めるか我慢するかのどちらかの選択肢しかないのだ。専制的リーダーの下では意見を言うとか反抗するという選択肢がとれないのだ。

②民主型リーダーの下では，メンバーの雰囲気が良好になり作業の質・量とも優れていた。専制型リーダーの下だと従業員の仕事に対する態度は「言われたとおり，作ればいいんだろう」となるので，量はたくさん作るのだけれど質が悪くなる傾向があった。それに対して，民主型リーダーの下では，量も質もよくなった。

③放任型リーダーの下では，メンバーの間で無責任な言動が増加して作業成績も劣っていた。放任型リーダーは一番よくないリーダーだと彼らの研究では言われているが，その集団のメンバーの能力等によっては違った結果が出てくる。それは5節の状況理論で後に説明する。

■ 二次元論

　二次元論とは，リーダーシップをリーダーの特性や状況との関連ではなく，機能面から捉えたものである。

機能面からの考察（生産性 or 関係性の重視）

①ミシガン研究

　リーダーシップスタイルを2つに分けた。1つは従業員思考，つまり働く人

に対する配慮に対して優先的に関心を向けるタイプ，従業員第一主義リーダーシップである。

もう1つは，生産性思考，これは，集団がどれだけ生産的であったかということに関心を向けるタイプのリーダーシップである。「今日はどれだけ売れた？」とか「前年に比べて今年の今の状態はどうだ？」といった事に関心を示す。従業員個人にではなく，チームの生産性に関して関心を示すタイプのリーダーシップである（益田，2001）。

どちらの方が，作業成績があがったか，を比べた。アメリカ人を対象としたミシガン大学の研究では，前者の方が生産性が上がった。日本人を対象として実験してみると逆になるかも知れない。

これは，リーダーがどういう人かという特性論ではなく，リーダーがどういうリーダーシップをとるかという機能面から見ている。

②オハイオ研究—マネジリアルグリッド理論（managerial grid）—

R. R. ブレイクとJ. S. ムートン（Blake & Mouton, 1964）は，マネジリアルグリッド理論を提唱した（図4-1）。

横軸が生産への関心，縦軸が人間への関心を示す。

1−1型：生産にも人間にも無関心。

9−9型：生産と人間両方に最大の関心をもっている。

ブレイクとムートンは，「9−9型のリーダーのもとで作られる集団が理想的な集団である」と考えた。

では，極端になった場合はどうなるのだろうか？

1−9型：生産は犠牲にされていて人間に対して最大の関心を寄せている状態。

これを，カントリークラブマネージ

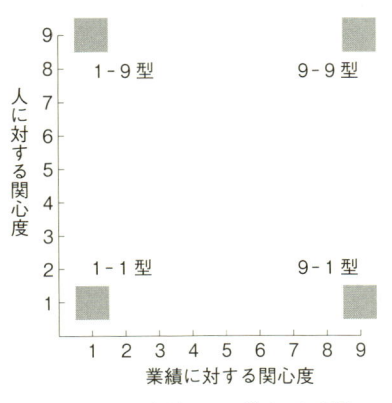

図4-1　マネジリアルグリッド理論
（Blake & Mouton, 1964）

メントと言う。これは町のテニススクール，ゴルフスクール，スイミングスクール等のコーチがとるマネージメントだ。練習生の技術を上げることを第一に考えているのではなく，その集団から離脱者を出さないように，フレンドリーな態度でマネージメントをする。厳しいことは決して言わない。あまりきつく指導して，それで練習生がやめてしまっては意味がない。そこではそんなにきつい指導をメンバーたちは求めていないし，和気藹々でやりたいのだ。

　このようなグループでおこなわれているマネージメントのことをカントリークラブマネージメントという。ここではメンバーの技術の向上は主たる関心事ではない。集団によっては，1－9型でもOKであろう。

　9－1型：スパルタ系，ついてこられない人は辞めていってもらって結構というタイプのマネージメント。生産へ最大の関心をもち人間関係は犠牲にする。超厳しい進学塾，オリンピック強化選手の指導等がこの例にあたる。

　1人の人が2つの側面をもつのは，難しい。誰しも集団のリーダーになれば業績も上げたいし人間関係もよくしたいと思う。しかし，1人の人がこの2つの役割を果たそうとすると，集団のメンバーが違和感をもつだろう。そのため，2人の人物に役割を分担させることがある。厳しく言う部長と優しく接する課長とか，優しい主将と厳しい副主将等，生産性（タスク）の方を重んじるリーダーと人間性を重んじるリーダーとを役割分担させるのである。普通，職場ではよくこれがおこなわれている。

　家庭の場合でもこれが見られることがある。厳しい父に対して優しい母がなだめ役になる。これとは反対に，いつも厳しい母に対してなだめ役の父というように，家庭の中では怒り役となだめ役を，父と母で分担している家庭をよく見かける。両方なだめ役になると過保護の子供となって，ろくな子供にならない。両方怒り役になると過干渉の状態になる。いつも怒られている子供はそのうち家に寄りつかなくなるかもしれない。または，自分の部屋に閉じこもってしまって両親とはコミュニケーションをもたなくなるかもしれない。どちらにしても両方が怒り役，両方がなだめ役になってしまうと，子供の自立を遅らせることとなってしまい，子供に対してよいことはない。

5. リーダーシップ　その2 —状況理論—

　ここでは，ある集団で素晴らしいリーダーだった者が，他の集団に移った時にも引き続き素晴らしいリーダーとなれるのかどうか，を問題としている。プロスポーツの世界，プロサッカーやプロバスケットボールやプロ野球の世界でも素晴らしい監督がいる。この素晴らしい監督が別のチームに移ることがしばしばある。この時，時々うまくいかないことがある。前のチームでは優勝したのだけれど，移った別のチームではひどい成績になってしまった，ということもよくある。

■ 条件適合理論—F. F. フィードラーのコンティンジェンシー・モデル（contingency model）（Fiedler, 1967）—

　フィードラーは，集団が置かれている状況によって，望ましいリーダーシップのスタイルは異なるのではないか，と考えた。完全無欠のリーダーがいるのではなく，このチームにはこの監督，また別のこうしたチームにはこうしたタイプの監督が最適，といった具合に，集団の状況によってリーダーのスタイルが異なるのではないか，と考えたのだ。これをコンティンジェンシー・モデルとしてモデル化した（条件適合理論とも呼ばれる）。

　「条件適合理論」では次のような結論となる。

　リーダーにとって状況が統制しやすいか，または，非常に困難な状況の場合は，課題志向型リーダーが高い業績を上げることができる。これに対して，リーダーが状況を統制する際に統制しやすさが中程度である場合は人間関係志向型リーダーが高い業績を上げることができる。

　監督となった時に，そのチームのメンバーの士気も高く能力も高い状況にあった場合は，課題志向型で，技術のことばかりを言って，がんがん練習すればよい，ということになる。どうしようもない弱小チームの場合もこの課題指向型がよい。

　ところが，そのチーム状況が中程度となると，関係志向型となって監督がメ

ンバーのプライベートな部分に入り込んでいかなければ業績を上げることはできないということだ。

　トップクラスの予備校の場合，予備校の講師の仕事は教科の内容をしっかり教えていればよく，他は何もやらなくてもよい。生徒の名前や顔を知らなくてもOKで，逆に知っていると生徒からするとうざく感じ，業績が落ちる。

　中程度の学力をもった生徒が多くいる塾の場合は，生徒との人間関係を気にして，講師が生徒の顔と名前を覚え，生徒のプライベートな部分にも少し入り込んでいかないと，生徒から「よい先生」とは思われず業績が伸びない。

■ SL（Situational leadership）理論

　P. ハーシーとK. H. ブランチャード（Hersy & Blanchard, 1972）は，効果的なリーダーシップの類型は，集団成員の成熟度によって異なると考え，SL理論を提唱した。

　集団の成熟度を大きく4つに分ける。

　成熟度Ⅰ：熱心な初心者。

　成熟度Ⅱ：ある程度の能力はもっているが意欲が低下している状態。迷える中級者。

　成熟度Ⅲ：能力は高いが意欲がある時や，ない時もあるといった意欲が不安定でムラがある状態。職務能力は高い。波のある上級者。

　成熟度Ⅳ：能力も意欲も高い状態。安定したベテラン。

　成熟度Ⅰに対するリーダーシップ：指示型…何をするかを具体的に教える行動を多くとるべきである。メンバーをやる気にさせ意欲を高める行動（支援的行動）は少なくてよい。

　成熟度Ⅱに対するリーダーシップ：コーチ型…指示的行動と支援的行動の両方とも必要だ。

　成熟度Ⅲに対するリーダーシップ：支援型…指示的行動が少なくてもよい。支援的行動を多くとるべきだ。

　成熟度Ⅳに対するリーダーシップ：委任型…指示的行動も支援的行動も少な

くてもよい。

　SL理論は，マネジリアルグリッド理論（p.141）によく似ている。マネジリアルグリッド理論では，9－9型が理想であると言っていたが，SL理論では，集団の特性によってリーダーの行動が変わってくるため理想的なものは考えていない。

■ リーダーシップの国による違い

　国によってもリーダーシップの形は違う。

　筆者が映画等によって描かれたリーダーたちを観察すると，アメリカ・ヨーロッパのリーダーは，率先垂範型，権威者タイプが多いと感じる。リーダーの行動自体がリーダーである証なのだ。この人だったらついて行っても間違いはないと国民が判断すればついて行く。

　日本の場合，観戦者型である。リーダーが部下の後ろにいて，頑張れという。日本の場合は，人望がリーダーにとって必要な条件となっていることが影響していると考えられる（田中，1981）。

■ スポーツ応用心理学からのアプローチ

　働く人の多くが結果を出すことを求められている。例えば，売り上げ目標，前年比120％，とか具体的に数字で表されることが多いだろう。国全体の経済が停滞している場合は，結果を出すことはかなり難しい。去年もきっと頑張っていたはずだから，その2割増しの結果を求められても，頭を抱え込んでしまう。結果というのはそもそも，物事が終わった後に現われるものだ。ところが，「結果を出せ」という場合の，結果という言葉は，将来の成果を約束させられているもののことを言う。人が「～やります」と約束させられると，当然そのことによってプレッシャーがかかり，ストレスが生じる。そして，そのストレスは確実に人のパフォーマンスを低下させる。そうなると，そのことが，かえって結果の達成を危うくする。つまりここに負のスパイラルができあがってしまう。

　「私は，何か目標が与えられた時の方がやる気がでる」という人もいるとは思

うのだが，ストレスを与えられるとパフォーマンスが落ちるというのは，多くの人に見られる傾向だ。

　多くの会社の社員は，そのような状況に置かれているため，この状況を回避することが必要だ。その1つの代表的な方法は，自分の守備範囲を限定して，それ以外のことにはコミットしない方法だ。ある人が，よいアイデアが浮かんでそれを発表したとする。そして，もしそれが採用されたとすると，結果が出なかった場合，その責任は，そのアイデアを考えた人に来る。だから，なるべく，結果にコミットしないように自分の守備範囲のことだけをきちんとやるほうがよい。実際，結果に対するコミットメントをそらして，自分に責任が来ないようにして，ストレスを回避している人がいる。こういう人たちが増えていくと，会社全体のパフォーマンスは低下していくだろう。しかし，このような方法であっても，自らのストレスマネージメントができている人はまだよいのかもしれない。悲惨なのは，ストレスをまともにかぶってしまっている人たちなのだ。こうした人たちは病気になってしまうだろう。今，仕事のストレスが原因で心や体の病気になっている人はとても多いのだ。

　では，先ほど述べた負のスパイラルに陥らないようにするにはどうすればよいのだろう。

　一日のはじめに，つまり，仕事をはじめる前に，「今日も，よい心の状態でいよう」と念じてから仕事に入ることだ。実際には，こんな人は，ほとんどいないのだが……。

　ある有名なプロゴルファーが，最終ホールで，トップ争いをしていた。もう自分はプレーが終了している。相手は，3メートルのバーディーショットを残している。スコアは1点差で自分が勝っている。この状況では，相手がこのパットをはずせば自分の勝ち，入れればプレーオフということになる。このような時，多くの人は「はずせ，はずせ」と祈るような気持ちになるだろう。

　サッカーの試合で，自分たちのチームが1対0で勝っていて，試合終了間じかに，相手チームにペナルティーキックのチャンスがきたようなものだ。味方のチームのサポーターは，「はずせ，はずせ」と念じるだろう。競技場にいる選

手たちでも，ゴールキーパー以外の人は「はずせ，はずせ」と念じるかもしれない。

しかし，このプロゴルファーは，こんな時，心の底から，相手に対して「頑張れ」「入れろ」と念じるそうだ。なぜ，彼はそのようにするのだろう。

自分が「はずせ」と念じれば，相手がはずすというわけではないし，「入れろ」と念じたからといって，入るわけでもない。相手が入れるか，はずすかは，自分ではどうすることもできないことだ。

もし，相手が入れた場合，自分がはずせと念じていると，がっかりするだろう。この段階では，スコアはまったく同じになったのだが，精神的には相手に負けてしまっている状態になる。相手が，はずした場合は「頑張れ，入れ」と念じていても，「はずせ」と念じていても，どちらもたいした違いはない。自分が勝つだけだ。

つまり，このプロゴルファーがやっている方法をとると，たとえプレーオフになっても，心が冷静な状態でプレイできることになるのだ。ここまで考えて，つまり戦略的に考えて，自分の心が本当に相手を応援するように習慣づけているのだ。このプロゴルファーのような人を見て，彼はどんな時でも，相手をたたえて人格的に立派な人だ，と考えないほうがいいかもしれない。

先生や上司から，あれこれ指示されると，「そんなことは分かっているよ，うぜえよ」と思ったことがないだろうか？　サッカーやバスケットボールといったチームスポーツの場合，同じようなことが起こる。つまり，優秀な選手の何人かが「こんなへたくそな連中とはやってられないな」と思うことがあるのだ。こういう考えがチーム内に起こると，チームワークは崩れ，さらにその人のパフォーマンスも低下する。

アメリカのある有名なプロバスケットボールのスーパースターだった人は，引退する時「私はチームのすべての選手をリスペクトしていた」と言った。おそらく，選手時代には，彼はチームメートにそんなことは言っていないと思われるので，それを聞いたチームメートは，ちょっとびっくりしたかもしれない。チームメートのパフォーマンスは，自分ではコントロールできないわけだ

から，「このへたくそ」と思っても「結構いいプレーするじゃないか」と思っても，それが，チームメートのパフォーマンスには何の影響もない。ところが，チームメートを「へたくそ」と思うのと「いいプレーヤーだな」と思うのでは自分のパフォーマンスに影響が出るのだ。彼は戦略的にそのようなメンタルトレーニングをしたのだろう。

次は，女子マラソンのある金メダリストの話をしよう。

マラソン競技では，30km過ぎが勝負の時になる。30kmを過ぎたあたりで，ライバル選手と競り合っていたとする。多くの選手はそんな時，「負けてたまるか」とか「この人たちには負けられないぞ」と思うだろう。しかし，この選手は，そんな時「ここまで競り合ってくれてありがとう」と思うそうだ。それも心の底から……。

もうお分かりだろう。これも，戦略的には理にかなった方法なのだ。自分がどう思っても，それが相手に影響を及ぼすことはない。ところが，自分がどう思うかは，自分のメンタルに大きな影響を及ぼす。このマラソン選手のような気持ちになったほうが，自分の心が快適な状態でいられるわけだ。つまり，彼女がそのように思うのは決して相手を勝たそうとしているわけではなく，自分の心が最もよい状態でパフォーマンスをしたい，からなのだ。

スポーツだけではなくビジネスの場面においても，楽しみながら仕事ができるというのが実現できれば理想的だ。楽しんで物事に当たると，時間の経過も忘れるくらい，夢中になって取り組めるし，イマジネーションも高まり，質のよい仕事ができる。そうなると，きっと結果もついてくるのではないだろうか。

昆虫学者のファーブルは，昆虫が好きで1日中，観察していても飽きなかったそうである。発明家のエジソンもそんな人だったみたいだ。

子供が夢中になって勉強している姿を見ると，きっと成果が上がるだろうと親は思うだろう。ところが，職場の場合はそうでもないようだ。部下が楽しそうに仕事をしているのを見て，機嫌が悪くなる上司が時々いるのだ。そんな上司は「遊びで仕事をやっているんじゃない」「仕事と遊びは違うんだ」とよく言う。彼（彼女）らは，仕事には必ず苦痛が伴うものであるという確信をもっ

ている。こういう上司は部下が苦しんでいるのを見るのが好きだ。また，毎日残業で疲れている部下を見るのが好きだ。こういう人は，仕事というのは苦しいもので，苦しいからこそ，給料をもらう値打ちがあるのだ，と考えている。こういう上司がいる職場は，不幸だ。こういう人は著しく他人の感情を阻害する。

　ここで，楽しいということと一生懸命という言葉がキーワードになるので，次にこのことについて述べよう。

　「職場の中であなたが楽しいと思うことをできるだけたくさん書いて下さい」。こうしたアンケートをしてみると，多くの会社で，「企画が通った時」「目標が達成できた時」といった答えが返ってくる。これらは，すべて結果とリンクしている。つまり，会社に勤める多くの人たちは，毎日の苦しい仕事の到達点が結果であり，これが果実であると思っている。しかしこれは間違っている。

　そこで，結果とリンクしている回答をすべて除外してみると，「上司から褒められた時」とか「お客さんから褒められた時」といったものが残る。そこでさらに，人がいないと成り立たないものも排除してみる。

　なぜ，人がいなければ生じない楽しみを排除するのか。それは，人のことを自分がコントロールできないからだ。上司がいつも自分のことを褒めるとは限らないし，お客さんがいつも「ありがとう」と言うとは限らない。したがって，こういったものに依存する楽しみは，負のスパイラルに陥る可能性があるのだ。

　そこで，結果にもリンクしていないし，他人がいなくても成り立つ，楽しみを改めて考えて書いてもらうと，「何かアイディアを考えている時間が楽しい」とか「職場に一番に来るのが楽しい」といったものになる。

　このように快感情を自分で作り出す練習をすることがポイントだ。お客さんからありがとうと言われるのがうれしい人は，お客さんからありがとうと言われないと，落ち込むだろう。そして，お客さんは，必ずありがとうと言うとは限らない。もし，自分は絶対に，お客さんに感謝されていると思っていても，お客さんがありがとうと言わなかったら，その人は落ち込み，不快感情がその人の心を支配するだろう。周りに影響されない，自分だけで作れる楽しさの源泉をたくさんもてるようにすることが重要だ。ストレス過多社会を生き抜くた

めには，自分の心をコントロールする方法をいくつももっている必要がある。

　楽しいということには，様々なバリエーションがある。ここで，スポーツ応用心理学でよく問題にされるのが，一生懸命の楽しさだ。何かのことに夢中になって時間の経過も忘れて，そのことに没頭した経験はないだろうか？　プラモデルのマニアの人は，確かに完成した時もうれしいけれども，作っているプロセスが楽しいと言う。こういった経験がない人は「何か楽しいことが起こらないかな」と楽しいことを待つ人間になってしまう。通常，ただ待っているだけでは楽しいことは，なかなか起こらないので，こういう人はずっと楽しい状態にはならないだろう。

　今の時代は，スポーツの指導者でも，結果を出すことのできる指導者がよい指導者であるとされている。しかし，結果でしか楽しさを導くことができない人は，必ずしもよい指導者とは言えないだろう。本来スポーツの指導者は，子供たちにそのスポーツを一生懸命やることがいかに楽しいかを教えるべきなのだ。一生懸命やることは楽しい，と子供のころに教えられると，そのことはその人の人生に大きな影響を及ぼすだろう。しかし，今日，日本のスポーツの世界は，勝つことに価値を置き過ぎているように思われる。そのため，勝つための方法論が熱心に教えられている。アメリカの指導法では思いっきりプレーすることを教えているから，野球だと，ピッチャーは暴投が多いし，配球などのことは，考えていない。

　このことは，ビジネスにも応用ができる。部下に対して結果を，うるさく言ってもパフォーマンスは上がらないことが多い。一生懸命やる楽しさを指導できる上司が優れた上司なのではないだろうか。

　自分の感情を自分でコントロールする，つまり，自分の機嫌を自分でとるには，そのためのツールが必要である。

　表情・態度・言葉・思考がそのツールとなる。多くの人は，周りの環境や他人の影響等から，自分の感情をこの4つのもので表わしているに過ぎない。これらの4つのツールを自分の心を快適な状態にするために使うことが，今，求められている。多くの人は周りの環境や，他人からの影響によって心が動かされ，それらによって支配されている。それをやめて自分の感情をこれらのツー

ルを使ってコントロールすることが必要なのだ。

　プロゴルファーの中に，ボギーの時でもバーディーの時でも，いつもニコニコした表情をしている人がいる。普通の人だとボギーだと暗い表情になり，バーディーだと明るい表情になる。これが自然な人間の感情表現だ。表情は心に影響を与える。この選手のように常に笑顔でいると，状況に左右されないパフォーマンスを生み出しやすい。

　ポーカーフェイスという言葉がある。ポーカーのようなギャンブルでは無表情がよいとされている。相手に自分の手を読まれ難いという意味であるが，このことは多くの人が，自分の感情が表情となって表われやすい，ということでもある。チアリーダーが状況に関係なく笑顔である理由がお分かりだろうか？

　団体競技の場合，チアリーダーと同じように常に笑顔で元気よく，大きな声でやった方が，よいパフォーマンスができるということが知られている。もちろん，いろいろな人がいるのでそのとおりにならないことも多いのだが，これがまあ基本だ。

　スポーツのスーパースターの中には，マスコミに対していつも穏やかな態度で接する人が多い。いやなことがないから穏やかな態度がとれる，と考えてはいけない。そんな人は，怪我をした時でも，「あせっても怪我が治るわけじゃありませんから」といった受け答えをするだろう。怪我をした時，あせった態度をとったり，成績が悪い時にがっかりした態度をとったりしても，そのことによって事態が改善することはないことを彼らは知っているので，自分の心にとって最もよい方法である，穏やかな心でいつもいることを心がけているのではないだろうか。

6. コミュニケーションスキル

■ コントラスト

　スーツ一着とセーター一着を買おうと思っている客が，店に来たとする。もし，あなたが店員であればどちらを先に勧めるだろうか？　ベテラン店員は高い方から選ばせるだろう。スーツを先に選ばせ，セーターをその後に選ばせた

場合,通常スーツの方が高額商品なので,高いセーターが売れる可能性が高まるのだ。

5000円のセーターを勧められても,その前に6,7万円のスーツを買っていた場合は,5000円のセーターはコントラストの原理で安く感じられるのだ。

1) 家電量販店の場合

パソコンとプリンターを買いに来た人がいれば,例外なくパソコンから購入するように仕向ける。

2) 不動産屋の場合

本当に売りたい物は一番最初に客に見せない,というのがプロのやり方だそうだ。価格がどう見ても割高だろうという物件を先に2,3件見せる。そして本命の売りたい物件を見せる。客は今まで見たものと比較するため,安くて良い物件なのではないかと感じるのだ。そこで客が購買行動に出る確率が高くなるのだ。

3) 自動車セールスの場合

まず,本体の車だけで話をまとめる。その後,付帯設備の話をする。

100万円,200万円といった高額商品である車を買った後だと,エアコンや音響製品といった付帯設備については,若干普通より高くても安く感じてしまう。

つまり,最初に高額商品の契約をしていると(最初に200万円の車を買うと決めた人にとってみると),その後の,カーエアコンが8万であったとしても6万であったとしても,たいしてその差が分からなくなってしまうのだ(値段の感覚が麻痺してしまう)。だから,たとえ隣の店では6万円でこの店では8万円だと知っていたとしても,この店で200万円の車を買うと決めた人は,8万円のカーエアコンでもその店で買うだろう。

しかし,カーエアコンだけを購入しようと思っている人にとってみると,この2万円の差は気になる。「隣の店では,6万円なのになぜここでは8万円なんだ。隣の店に行こうか」となるかもしれない。

4）海外での衝動買い

海外に行くのにかなり高額な代金を払い込んでいる人の場合，それとのコントラストが出てしまう。海外旅行に来てけちけちしても仕方ない，となって海外旅行での購買行動は衝動買いが起きやすい。

■ 返報性（reciprocity）

電話帳を見て全然知らない人に，年賀状を100枚出し，何枚返ってきたかを調べた（武田・藤田，2000）。全然知らない人にもかかわらず，返す人がいるのだ。

人から年賀状をもらっているのに返さないと失礼だと思うのだろう。特にいつも年賀状をたくさんもらっている人は，返すのではないだろうか。

どうも，恩を受けたらそれを返さないといけない，と思う心が人にはあるようだ。実は「恩を受けたら返す」というのは，人類であれば世界的に共通の感覚であると言われている。

パキスタンやインドでは，結婚式に出席してくれた人に対してお菓子を配る習慣がある。そのお菓子を配る時に，主催者側は，「このお菓子の3つは，もともとはあなたのものです」と言う。「これは以前にあなたが私にしてくれたことへのお返しです」と言ってさらに3つ渡す。残りの3つは，「私からあなたへの贈り物です」と言う。この習慣の中には，「いつかこのお返しをしてくれよ」という意味が込められているそうだ。これは受けた恩は返すということが制度になっている例である。

1985年，餓死者が出ているエチオピアが，災害が起こったメキシコへ救援物資を送ったり資金援助をしたりした。当時のエチオピアは貧困に苦しんでいて餓死者も出ていた。にもかかわらず他国に援助したのはなぜだろう。

1935年にイタリアからエチオピアが軍事的な侵略を受けた時，エチオピアに対してメキシコが援助した。エチオピアはその時のお返しだ，と言ったのである。「受けた恩は返す」という考えは人類に共通のもので，受けた恩を何も返さない人は非難される。

この「返報性」は，ビジネスや様々な場面で応用できるので，これを利用す

る人が出てくる。

1) 返報性の実験―D. リーガンの研究（Regan, 1971）―

セミナーの名目で被験者（実験に参加してくれる人）を集めた。集まった被験者を5, 6名ずつ実験群と統制群に分ける。そこに1人のサクラ（この実験の場合は1人の若い男性）を紛れ込ませる。

実験群では，サクラの男性が休憩時間にジュースやお茶をたくさん買って，みんなの所に持ってくる。そこにいた6人くらいの人（被験者）に，今買ってきたジュースやお茶等をタダであげて，お金はとらない。

その男性は統制群にも参加するが，統制群ではその行動をしない。

セミナーが終わった時に，サクラの男の子が皆の前に出て，映画のチケットを売る。「ノルマがあって売らないと怒られるので困っている」「1000円のチケットだけれど700円でいいので誰か買ってくれないか？」と聞くと，統制群の人は買ってくれないが，ジュースやお茶等をおごった実験群では，ほぼ全員が買ってくれた。

さらに，後でアンケートをとって，サクラ（この男性）の好感度を調べた。

実験群と統制群を比べれば，実験群の方が，若干好感度が高くなっている。実験群では好感度が低い人たちでもチケットは買っていた。好感度と購買意欲にはもともと相関関係があるから好感度が高いと買うだろう。しかし，この実験では好感度が低くても買ってしまうというところがポイントで，返報性が影響を及ぼしているのではないか，と考えられるのである。

さらに，返報性はいろいろなところで利用されている。

2) 返報性を利用したビジネス

①富山の置き薬

「使ったら使った分だけ払って下さい」と言っていろいろな薬が入った薬箱を置いていく。1, 2ヶ月たったら使った分だけ集金して，なくなった薬は補充する，といった商売のやり方。

②修理ビジネス

何かを修理するというビジネスでは、本当は簡単な故障で2, 3分もあれば修理できるものであっても、ある程度修理に時間をかけないといけない。相手（客）は専門家ではないので故障のことは分からないわけで、それで修理を頼んでいるわけだから、時間をかけて、今、大変な作業をしているんですよ、ということをアピールすることにより修理代金がそれほど高くないと思わせることができる。

旅行添乗員、屋根の修理屋、植木屋、弁護士等、顧客と直接接する仕事の人は「私はあなたのために、すごく頑張ってます」ということをアピールすることは大事なことなのかもしれない。そのようなパフォーマンスは返報性を喚起し、そのビジネスにとってプラスになるだろう。実際の現場で、そういった行動を無意識に取っている人は多いのかもしれない。

「プレゼントをもらう」「食事をおごってもらう」こうした際に、相手にお返しをしないと不快な義務感や、何か負債を負ったような感覚をもつ人がいる。この不快な義務感は返報性から来ているのだろう。

人間は「恩を受けたら返さないといけない」と考えるからである。この場合は返報性が不快感の源となっている。

③化粧品メーカーの試供品、デパ地下の試食販売等

化粧品メーカーの試供品の配布やデパ地下での試食は、ボランティアでやっているわけではない。人助けのためにやっているわけでもない。

デパ地下の試食販売でいえば、試食させた人の半数くらいはその商品を買う。試食させてもらう、ということは「人に恩を受けること」を意味する。

人に恩を受けたのに何も返さない、そのまま、その場を立ち去る、というのは、人の心に大きなプレッシャーがかかるのだ。「恩知らず」ということになるからだ。

かつてテレビ番組で芸能人が田舎に泊まる番組があったが、そこでは一宿一飯の恩であっても、それに恩義を感じて、家事仕事で何か働くなり、お返しとして何かのプレゼントを贈るなりしないと、視聴者が納得しないようであっ

た。泊まらせてもらった人は「何か私にできることは，ないですか？」と言っていつも何かしたりプレゼントをしたりする。恩を受けたら必ず何かを返している。

「人間は受けた恩を返さないとね」人はそれを見ると嬉しいのだ。

「やっぱり人間ってそうだよね，持ちつ持たれつだもんね」と自分の考えていることを確認したいのだ。

3) コントラストと返報性の併用

このコントラストと返報性は重なってダブルで使われることもある。

例：容疑者を取り調べる時の恐い刑事と優しい刑事。

実際にも，警察の取り調べの時には，テレビに出てくるのと同じような恐い刑事と優しい刑事がセットで出てくるようだ。

これは，返報性とコントラストの両方を利用している。

はじめの刑事が，恐いことを言う。怒鳴ったり，「白状しなかったらお前は，懲役だよ」「俺は絶対にお前が犯人だ，と思っているぞ！」とか言う。テレビでは，椅子を蹴飛ばしたり，「絶対に社会に出してやらないぞ！」と言ったりする。

そこに，まぁまぁとなだめる優しい刑事が出てくる。

最初に恐い刑事が登場して，怒っておくと，容疑者にとっては追いつめられた状態になる。そこに優しい刑事が出てくると，そのコントラストでその人を自分の味方でよい人だと思う。錯覚が容疑者に起こるのだ。人は，最初の恐い刑事がいないと，その刑事のことを別に優しくは感じないのだ。

優しい刑事は容疑者をかばう。返報性はかばってくれた，ということに対する恩義を感じることからもたらされる。

また，テレビではカツ丼をおごってくれる刑事というのが出てくるが（実際にはおこなわれてはいないようだが），こういったことは容疑者から見ると「恩義を受けた」ということになる。

これもコントラストと返報性がセットになっている。

犯人が自分の罪を白状するというのは，犯人にとっては言いにくいわけだから，それを言い出させるための一種のコミュニケーションスキルである。

■ 譲　歩

　東京ではどこの店に行っても定価販売であることが多いが，関西地区だと値引きしてくれたりすることがある。そういう時に商品を買う場合，そこで繰り広げられる取引の（交渉の）典型的なケースについて見てみよう。

定価10万円の商品の場合

　まずはじめに，客の方が「これ少し負けてくれないかね」と言う。
　「9万円くらいでどうでしょう」，と店員は答えるかもしれない。
　それを聞いた客が「私は8万円だったら買いますけど，9万円はまだ高いよ」と言う。
　店員は「頑張って8万5千円ですね」と言う。
　「8万4千円なら買うけど」と，客が言って，結局この値段で折り合う。
　このようにお互いが譲歩し合っていく。
　これはよく使われる「譲歩」というコミュニケーションスキルだ。
　店側もはじめから8万5千円くらいで折り合うだろうと内心思っているが，客はどうせ値切ってくるだろうからと思って定価を高く設定しているのだ。
　一方，客側としても「たぶん8万円では売ってくれないだろうなぁ」とは思っている。
　このようにして交渉がおこなわれる。
　これはお互いに譲歩のコミュニケーションスキルを有しているから，こういった交渉が成り立つのだ。
　日常的にこういった交渉をおこなっている人は，こうした能力が開発される。特に関西の人はこのようなコミュニケーションスキルがあるようだ。

■ コミットメント

　馬券を買う人は，買う前よりも買った後の方が，自分の買った馬が勝つことを強く信じている。馬券を買う前は，そのことにコミットメントしていない。「この馬くるんじゃないの？」「強いんじゃない？」と言っているだけ，思っているだけだ。いったんその馬券を買ったとすると，つまりコミットメントがあ

ると，買う前よりも強く自分の買った馬が勝つと思うのだ。「絶対この馬が来る！」という確信に変わるのだ。

1) ビーチ（海岸）での実験 (Kiesler, 1971)

　ある人が夏に海水浴場で日光浴している。その人はラジオや浮き輪等の荷物を持っている。やがてその人は荷物を置いてその場を立ち去る。そこに泥棒がやってきてラジオを持って行く（盗んで行く）。もちろん，この泥棒はサクラなのだが……。

　この泥棒の実験を20回やった。

　コミットメントがない時（はじめの人が周りの人に何も言わずにその場を立ち去った場合）には，泥棒がラジオを持って行った時に，「それを持って行っては駄目だろう」と言ってくれた人は20回中4人だった。

　ところが，席を中座する時に，周りにいる人に，「ちょっと荷物をお願いしますね」と言って立ち去った場合は，泥棒に「持って行っちゃ駄目だよ！」と言ってくれたのは，20回中19人に達した。

　こうした場合，周りの人に「ちょっとお願いしますね」と言われると，どこの誰か知らないけど，一応頼まれたので責任を感じてしまうのだ。

　上記の実験では，コミットメントにそれほど労力が費やされていないのだが，人がコミットメントに労力を費やせば費やすほど，コミットメントによる影響力は増加する。何かの商品の広告，英会話学校や塾の広告，コンサートの広告等で，時々価格が表示されていないものを見かけることがある。価格は最も重要な情報の1つだから，これはうっかりしていて抜けてしまったというわけではないだろう。わざと価格を書いていないのだ。この広告に興味をもった人は，その会社に価格を問い合わせるだろう。ここで，コミットメントが起こるのだ。この段階では客はまだその商品を買うことを決定しているわけではない。会社側は初めからこのこと（コミットメントが生じること）をねらっているのだ。このようにして，問い合わせをした人が，その商品を買う可能性はグンと高まるのだ。

2）見え見えの懸賞

○カリスエットの○にポを入れればよいだけで，答えが見え見えで難しくない懸賞が新聞等によく出ることがある。あれはなぜやるのだろうか？

広告を出すのにもお金がかかるし，賞品も出しているわけだし，これをやるにはお金がかかる。それなのに，企業が見え見えの懸賞をやる意味は何だろう。なぜあれが商品の売れ行きに効果があるのだろうか？

コミットメントと一貫性

たとえ「ポ」であったとしても，書いただけで，ポカリスエットとの間にコミットメントができる。

懸賞に応募する時は，ポカリスエットを買ったことがなくても，いつかその人はポカリスエットを買うだろう。類似の商品を買う際に，無意識に影響を受け，他の商品ではなくポカリスエットを買うのだ。

懸賞に応募した人は，景品をもらいたいと思って書いているのだが，いったんそれを書いて出すと，その人は条件が同じなら他の商品を買うことに違和感を感じるだろう。ポカリスエットの懸賞に応募したという自分の行動と，その後の人生とが一貫していないと（懸賞には応募したがポカリスエットは買わない）無意識に嫌な感じがするのだ。

■ 社会的証拠（模倣）

1）テレビの録音笑い

テレビのお笑い番組では，あらかじめ録音された笑い声を入れることがある。こうすると客は安心して笑えるのだ。皆が笑っていないのに自分だけが笑うとバツが悪い。「自分の笑いのセンスが間違ってるのか？」とか「場の雰囲気を見るのを間違えたのかな？」と思うだろう。皆が笑っているところで自分も笑うと，安心できるのだ。そこで演者が笑ってもらいたいところに，初めから録音笑いを入れているのである。

ある有名なセールスコンサルタントは，次のように言う。

「自分で何を買うのかを決められる人は，全体の5％しかいない」。

「残りの95％は他人のやり方をまねしている人たちである」。

「よい製品ですよ」と言うよりも，「皆が買ってますよ」と言う方が売れるのだ。「皆が買ってる」と言われると社会的証拠が提示されたことになるので，客は安心してその商品を買えるのだ。したがって「皆が買っている」というセールストークは大きな効果が得られる。多くの店で店員さんたちが「この商品は今とても売れていますよ」と言っているのはこのためだ。

2）ストリートパフォーマーの見せ金

ストリートパフォーマーの箱には最初からお金が入っている。客は空の箱の中に，はじめてお金を入れるのには抵抗があるのだ。誰も評価していないパフォーマンスにお金を払うのか，ということになるからだ。

ところが，見せ金が入っていると，誰かがそのストリートパフォーマンスに対して価値を認めてお金を入れた，ということになる（社会的証拠）。「皆が認めてるんだったら入れようか」とお金を入れやすくなる。ここにお金を入れるんですよ，というガイドにもなる。

多くの人は，一人も客が入っていないレストランに入るのには抵抗がある。自分がその店に入る前に，すでに何人かの客が入っていると入りやすい。こうした感覚をもったことはないだろうか？

■ ランチョン・テクニック

努力の足りない部下に努力を求める場合等，上司が部下に対して叱らなければならない時がある。こういう場合はアメリカでは，ランチョン・テクニックといって食事中か食事後におこなう。寄付を集める場合も同様である。食事後に集める。

腹減っている時に，こういうことをやられると人間むかつくのだ。

上司の小言がたとえ正当なことを言っていると思ったとしても，腹が減っている時に言われると，「なにも今言わなくてもいいだろう！」とカチンとくる。

叱る時は，食事中か食事後のタイミングなのだ。よく商談で料亭が使われるのもこれと同じ理由だ。腹を満足させないとよいことは決まらないのだ。

政治家たちの話し合いや，会社の接待でよく高級料亭が利用されるのは彼らが経験的にこのことをよく知っているからだ。

G. H. S. ラズランは，食事中に説得的コミュニケーションが提示されると，そうでない時に比べて効果があることを確認し，彼はこのことをランチョン・テクニックと名づけた（Razran, 1938, 1940）。

ランチョン・テクニックについては，次の3通りの説明がなされている。
① 食事による快感が説得的コミュニケーションを連合強化し，説得の効果を高めた（強化論）。
② 食事に招待された人が，食事に招いてくれた人に恩義を感じたため説得の効果が高まった（返報性による説明）。
③ 食事中は食事の快感に注意がいっているので，説得的コミュニケーションの内容を深く吟味しなかったので説得効果が出た（吟味可能性モデル）。

I. L. ジェニスらの実験（Janis et al., 1965）

1965年のジェニスらの実験を見てみよう。

被験者は飲食条件群，非飲食条件群，不快刺激の群に分けられ，それぞれ，ガンの治療法，米軍の規模，月旅行，立体映画についての説得的コミュニケーションの提示を受けた。飲食条件群には，コカ・コーラとピーナッツが提供された。

結果は，飲食条件群は説得方向へ意見を変化させた。不快条件群は非飲食条件群と同程度の意見変容であった（表4-1）。

このジェニスらの実験によると，快適な刺激が説得効果を増す，という強化

表4-1 ジェニスらの実験の結果

トピック	飲食条件群 （N = 64）	非飲食条件群 （N = 63）
ガンの治療法	81.1%	61.9%
米軍の規模	67.2%	42.8%
月への旅行	54.7%	30.2%
立体映画	67.2%	60.4%

説をとると，不快刺激群と非飲食群を比べた場合，非飲食群の方がまだ不快刺激群よりは快適なわけだから，不快刺激群が非飲食条件群と同じ程度の意見変容であることを説明できない。

また，吟味可能性モデルをとると，不快刺激群は，不快刺激に気をとられているはずだから，それほどメッセージの内容について深く吟味することはできないはずなので，非飲食群に比べて説得されそうである。しかし，これも同程度であるということで，妥当性をもたなくなってしまう。

返報性による説明だと，不快刺激群も非飲食群も恩義を感じないはずなので，これらは同程度の意見変容であることが予想される。

実験結果だけを見ると，返報性の説明が妥当のような気もするが，そうすると実験参加者は，コカ・コーラとピーナッツによって恩義を感じたことになる。今後さらに研究されることが必要だろう。

■ 権　威

サルに今までとは違うバナナの食べ方（イノベーション[1]）を教えると，サルの集団に新しいバナナの食べ方が広まっていく。

ところが最初にどのサルに教えるかによって広まり方に違いが起こるのだ。

ボスザルに，その新しいバナナの食べ方を教えボスザルがそれを分かると，あっという間にそれはサルの群れに広がる。サルの集団には序列があり，一番下のサルに教えても，群れ全体には広がらない。サルの世界では権威ある者のやっていることは，無条件に受け入れるのだ。

あるプロスポーツチームには1人のスーパースターがいた。彼があるサプリメント（栄養食品）を食べだすと，それはチーム全体に広まっていった。人間の社会でも同じだ。

---

1) イノベーションとは，個人が今までにない新しいものであると知覚したアイデアや行動や物のことをいう。本文では，サルが「今までとは違うバナナの食べ方だ」と知覚したとすると，それはイノベーションである。社会学，人類学，教育学等多くの学問でイノベーションが普及していくプロセスが研究されている。

権威は知覚のひずみを引き起こす

　身長170cmくらいの人物に背広を着てもらって，被験者の前に立ってもらって話をしてもらう。その人が退場した後，司会者は「今の人は実は，大会社○○の社長の山本さんでした」と言う。

　同じ人物に同じ服装で同じ話を別の被験者の前でやってもらう。

　別の被験者に対しては，「彼はこのビルで清掃の仕事をしてくれている山本さんでした」と司会者は言う。

　両被験者に「今の山本さんの身長は何cmくらいだったと思いますか？」と聞く。

　社長と紹介された被験者の平均：175cm

　清掃員と紹介された被験者の平均：165cm

　権威は知覚を変化させるのだ。たとえ小さい人でも，偉い人は大きく見えるのだ。

■ ブーメラン・テクニック

> 「おまえがギャングの組織に入りたければ，勇気を示せ。男であることを示せ！！」
> 「あそこにいる救急救命士を，このピストルで殺してこい。そうすれば，お前を組織に入れてやる」
> 　ギャングに入りたいと思っていた少年は，ギャングの青年からそう言われてピストルを受け取った。少年はターゲットの救急救命士の後をつけ，彼が1人になるチャンスをうかがった。人気のない場所で少年は，救急救命士の前に飛び出し，ピストルを構えた。
> 　その救急救命士は，その治安の悪い地域で生まれ育って，ギャングのことについてはよく知っていた。救急救命士となった後は，ギャング同士の争いで負傷した多くの人の命を救ってきた。この事件は，彼が命を救ったギャングと対立する組織の恨みをかったことから起きたのだ。
> 　ピストルを突きつけられた救急救命士は，自分の心臓を指差し少年に言った。
> 「ここを狙って撃て！　この距離で撃つと血が飛び散るぞ！　返り血を浴びたら，その血を洗ってから逃げろ！」
> 　こう言われた少年は結局，その救急救命士を撃つことはできなかった。

このようなシーンを映画やテレビで見ることはないだろうか。この救急救命士が使ったコミュニケーションのテクニックを,「ブーメラン・テクニック」という（榊, 1996a, 1996b, 1997）。

AとBという違った立場があって,相手がAの立場にあり自分がBの立場にある場合,通常の説得行為は,Aの立場のネガティブな側面を述べ,自分の主張するBの立場のポジティブな側面を述べることによって,相手をBの方に引き寄せようとする。

ところが,「ブーメラン・テクニック」ではこれとは反対に,相手の立場であるAのプラス面を強く主張することで,相手にAの立場のマイナス面を認識させ,自分の主張するBの立場に相手を引き寄せようとするものである。

いつも遊んでばかりいる子供に勉強をさせることは大変だ。大きな声でがみがみ言ったとしても,それほど効果がない。「そんなに遊びたいのなら,ずっと遊んでいなさい。勉強なんてしなくていいよ」と言うと,急に子供たちは勉強をしだす場合がある。

ブーメラン・テクニックは使うエネルギーの量が少なくて済むという利点がある。親が子供を説得する場合や上司が部下を説得する場合等,相当のエネルギーが必要である。ところが,このテクニックを使うと,少ないエネルギーで目的を達成することができる。

では,このテクニックはどんな場合でも有効なのだろうか？ このテクニックが効果を発揮するには,ある条件が必要であるように思われる。

1つは相手がAという自分の立場の,ポジティブな面とネガティブな面の両方を認識していることである。特にネガティブな面についてもよく認識している必要がある。

上記の少年は,「人殺しは良くないことだ」という認識があったからブーメラン効果が起こったのだろう。もしこれが少年ではなく,冷酷非情の殺し屋だったら,救急救命士が,たとえ何を言ったとしても,ピストルの引き金を躊躇なく引いただろう。

親が子供に勉強をするよう説得する場面でも,ブーメラン・テクニックが効果を発揮するためには,子供に「本当は勉強しないといけないんだ」とか「遊

んでばかりいるといけない」という認識がないと駄目である。

　もう1つは，説得する方と説得される方との人間関係の問題だ。この両者にもともと良好な人間関係が成立している場合，ブーメラン・テクニックはかなり有効だ。上記の少年と救急救命士がもともと親密な関係にあった場合，例えば，その救急救命士は，普段からその貧乏な少年の面倒を見ていた，とか何か援助をしていた，とかの背景があると，少年の行動がよく理解できる。

　親と子供の場合は，もともと親密な関係があるので，ブーメラン・テクニックは有効だ。つまり，こうしたもともと親密な相手から，ブーメラン・テクニックを使われた場合，何かその人から見放された感じがするのである。

　人は親密な相手から見放されたくないと思うので，ブーメラン・テクニックに，はまってしまうのだ。

　学校等で，勉強をせずに騒いでいる生徒たちに対して「ずっと，騒いでいろ！　私は授業をしない」と言って（ブーメラン・テクニックを使って）先生が教室から出て行った場合，その先生に，もともと親近感を感じていた生徒は，勉強をしだしたり，先生を呼び戻したりするかもしれないが，もともとその先生に好意的でない生徒や，無関心な生徒にはこのテクニックはまったく効かないだろう（先生がいなくなってラッキー！）。

　最後にもう1つだけ指摘しておこう。それは，説得される側の性格の問題である。人間には素直な人とあまのじゃくな人がいるが，ブーメラン・テクニックはあまのじゃくな人には，効果的であるように思われる。本当に素直な人は，言われた言葉をそのままとってしまうので，説得しようとする人の言うとおりに行動するかもしれないからだ。

7. 説得的コミュニケーションと態度変容

　コミュニケーションの流れを理解するには，コミュニケーションモデルを使って説明すると分かりやすいので，これを使って説明する。

　①人が何かの考えや感情等を他の人に伝えようとする際，その思考や感情を記号化することになる。これは，その記号化のプロセスを表わしている。

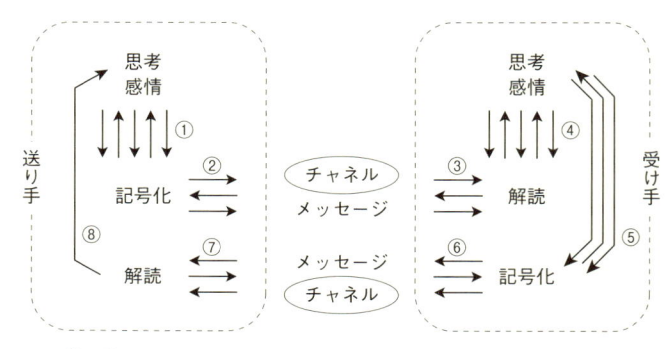

①〜⑧で1つのコミュニケーションの流れと見る。
①〜⑧のすべての過程でノイズやエラーが発生する。
⑤〜⑧がフィードバック
フィードバックのない①〜④で終わるコミュニケーションもある。

図4-2　コミュニケーションモデル

　人はその考えや感情を言葉によって表わすことがある。音楽の場合はそれを楽譜に書き表わすことになる。そうして表現したものが本当に自分の考えや感情を正しく表わしているものであるかが検討される。また，そうして表現したものが逆に自分の考えや感情に影響を及ぼすこともある。

　日記をつける習慣のある人がいるが，日記を書くことは記録を残すこと以上の効用があるのは，このプロセスで自分の考えや感情が整理されていくことから来るものであろう。この記号化のプロセスで，自分の考えや感情を正確に記号化することはおそらくできない。記号化には様々な制約があってそれらに縛られるために，正確には表現できないのだ。音楽をイメージすると分かりやすい。楽譜にかける音しか記号化はできないのである。

　②記号化されたものがメッセージに変換されるプロセスを表わす。

　ここで，自分の考えや感情が外に向かって表出されるということである。この際，自分の中で考えていたものがそのまま正確に表出されるとは限らない。その人のその日の体調や健康状態，その人の性格，相手が誰か，静かなところか騒がしいところか等の外的な条件等，表出される際に影響を及ぼすであろう無数の要因があり，これらによって影響されてしまう。そのため，自分が思っていたようには表現できないことも多い。日常生活の多くのコミュニケーショ

ンは，それ程重要でないことが多いので，このことはそれ程気にはならないが，入学試験や入社試験の面接時には自分が思っていることの半分も表現できていないことに気づいてビックリすることがある。

　③送り手によって表出されたメッセージを受け手が受け取るプロセスである。

　ここでも受け手のその日の体調や健康状態，外的な条件等，無数のエラーを生じさせる要因があり，メッセージが正確に伝わることを妨げている。

　コンサートホールで音楽を聞く際，座る位置によって微妙に聞こえ方が違う。

　④受け手が受け取ったメッセージを理解するプロセスである。

　ここでは，受け手の性格，受け手が送り手のことをどう思っているか，受け手の知的レベル，受け手の価値観等，それまで，受け手が育ってきた中で獲得してきたものすべてがかかわってくるので，送り手の意図していたものとは違って伝わってしまうことは珍しいことではない。同じ授業を聞いても，とても為になったと言う人もいるし退屈だったと言う人もいる。同じ音楽を聞いても，感動する人もいるしつまらないと言う人もいるのだ。

　⑤～⑧　④まででコミュニケーションが終了することも多いが，受け手が自分が理解したことを確認するという行動をとる場合がある，それがこのプロセス（⑤～⑧）である。「自分は○○を，このように理解したのだがそれでよいのですか？」と送り手に対して質問する場合があるのだ。

　これは送り手側が促す場合もある。コンサートや講演会の後でアンケートを求めたり，授業の後で講師が「何か質問はないか？」と尋ねたりすることがそれにあたる。

　コミュニケーションのこのプロセスのことをフィードバックと言うが，これをおこなうことによって間違って伝わっていたことが訂正されるので受け手にとっては正確なメッセージを受け取ることができることになる。また，送り手にとっても自分が予想もしていなかったような理解の仕方を受け手がしていることが分かり，発信方法を改良するきっかけになったりする。

　職場内でコミュニケーションがうまくいかない，例えば，「同僚に○○をやっておいて下さいね」と言ってもそれが正しく伝わらない，ということは，組

織内や職場内では結構多くある。また、自分の意図したことが、間違って伝わってしまう、ということもよくある。自分の意図していることが、どうして間違って伝わってしまったり、うまく伝わらなかったりするのだろうか。職場では、上司が部下を説得しなければならない場面がよくある。ここでは、人を説得するコミュニケーションについて見てみよう。

セールスマンによる営業トークや広告といったものは、自分の意図している方向に、相手の態度を変えようとする。このようなコミュニケーションのことを「説得的コミュニケーション」と言う。これは宣伝・広告だけではなく、日常的な会話の中でもよく使われている。

例えば、日曜日にどこかに旅行に行きたい、という奥さんが、旦那さんに対して「今度の日曜日に、どこかに行きましょうよ」と言う。旦那さんが、その旅行に行きたくない場合は、奥さんによる説得的コミュニケーションが展開されることになるだろう。また、「塾に行きたくない」と言っている子供をなんとか行かせるように、親が説得している場面もよく目にする。

このように、説得的コミュニケーションは、セールスや広告だけではなく、日常的なあらゆる場面で、しばしば見られるコミュニケーションである。

■ 送り手要因
1) 信憑性

1948年1月26日、東京都豊島区長崎の帝国銀行（現在の三井住友銀行）椎名町支店で、12名が殺害されるという毒物殺人事件が起こった。いわゆる帝銀事件である。その時、犯人は東京都防疫班の白腕章を着用し、厚生省技官の名刺を差し出し、銀行員たちを信用させた。1968年12月10日、東京府中で起こった三億円強奪事件の犯人は警官の制服を着て白バイに乗って現われ、現金輸送をしていた警備員たちをだました。

歯磨きや健康食品や化粧品のテレビコマーシャルでは、出演している人たちは、たいてい白衣を着ている。セールスマンは夏の暑い時でも、スーツを着ている人が多い。

これらのことは、人を説得しようとする人には信憑性が必要であることを示

している。
　デパートの化粧品売り場の店員さんは，若く美しい人が販売員として働いている。スポーツ用品の売り場では若い，いかにもスポーツをしそうな若者が接客に当たっていることが多い。こうした職場で，あまり美しくない中年の女性が販売をしていたとすると，おそらく売り上げは落ちるだろう。薬局や和服の売り場では，これとは逆の現象が見られるだろう。
　要するに，説得的コミュニケーションの説得効果に送り手の信憑性が深くかかわっていることがわかる。

① C. I. ホヴランドらの研究（Hovland et al., 1953）
　ホヴランドらは，信憑性は信頼性と専門性という2つの構成因子から成り立っていると主張した。
①信 頼 性
　信頼性は送り手のパーソナリティにかかわるものである。あの人なら嘘は言わないだろうと周りの人々に思われている人が，信頼性が高い人である。
②専 門 性
　その人が，ある特定の分野に関して，特別深い見識をもっていると，周りの人に思われている場合，その人は専門性が高い人であるという。我々の周りにも，パソコンのことだったらあの人に聞けば，たいていのことは解決するだろう，と思われている人がいるだろう。これが「専門性」と言われるものであり，その人のパーソナリティとは関係がない。

② D. K. バーローらの研究（Berlo et al., 1966）
　1966年にバーローらは，信憑性は，安全性，資格性，力動性の3つの因子からなると発表した。ここで主張された安全性と資格性はホヴランドらが主張した信頼性と専門性とほぼ同じものなので，彼らは信憑性の新しい因子として力動性を発見したことになる。
　力動性には，話の速さ，声の高さ，声の大きさ，抑揚，話し手の自信等の要素が含まれる。通常，力動性の高い話し方は説得効果が高い。

ヒットラーは演説の名人だったと言われているが，ある時はゆっくり静かに話し，またある時は早口で大きな声で話す。態度は自信に満ちて堂々としており，話の内容は聞く人をあきさせない。

テレビショッピングやデパート等で実演販売をおこなっている人の力動性も，あまりにもすばらしいので，驚くことがある。声の大きさ，速さ，間の取り方は考え抜かれており，適度なユーモアを交え，顔の表情や視線の動き，どれをとっても，芸術的な見事さを示す人がいる。

2）スリーパー効果（sleeper effect）

確かに信憑性の高い人からの説得は効果がある。しかし，約1ヶ月後，説得の効果を計ってみると，信憑性の高い人から説得された人も，信憑性の低い人から説得された人も，その差がなくなってしまうのである（Hovland & Weiss, 1951）。

図4-3を見ると，高い信憑性をもっている話し手から説得された場合は，説得直後は，高い態度変容が見られる（約22％）。ところが，時間の経過とともにだんだん態度変容の割合は低下し，1ヶ月後には約11％になっている。一方，低い信憑性をもっている話し手から説得された場合は，説得直後には態度変容の割合は，低い（約6％）。

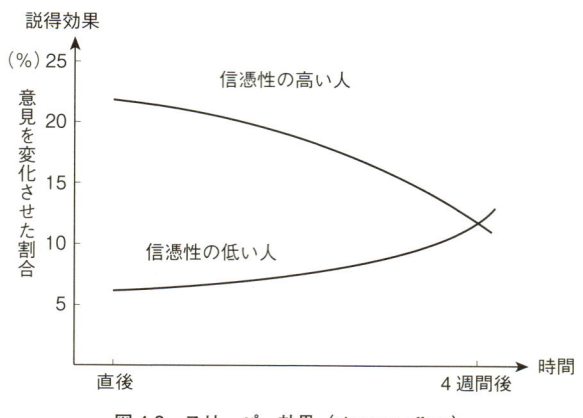

図4-3　スリーパー効果（sleeper effect）

説得の内容はともかく,「この人の言うことは信用できないので聞かないでおこう」ということだろうか。これが,1ヶ月後には,なんと約13%に上昇しているのである。ホヴランドらは,ここで見られた説得効果の上昇のことをスリーパー効果 (sleeper effect) と言った。

スリーパー効果は送り手の信憑性が低い場合で,時間の経過とともに受け手がメッセージの内容と送り手の関連を忘れた場合に起こった。

W. A. ワッツとL. E. ホルトは,これ以外にスリーパー効果が見られる場合について述べた。送り手が説得意図を明確に表明した場合,受け手は,あまりにも明確なその意見表明に対して抵抗を示すことがある。この場合,説得直後に受け手の態度変容を調べると低い値しか出ない。しかし,時間の経過とともに,説得時の状況が忘れ去られ,ここでもスリーパー効果が見られたと言う (Watts & Holt, 1979)。

3) 身体的魅力

映画やテレビドラマの主人公はたいてい美人,美男子が使われている。アニメのヒーローやヒロインも同様だ。しかも,ヒーローやヒロインは,ほとんどが善と結びついている。こうしたテレビや漫画等を子供の時から見ていると,人の心の中に,美と善が知らず知らずのうちに結びついてくるだろう。つまり,「身体的魅力に優れた人は,他の面にも優れているだろう」と認知されるのだ。

簡単に言えば,美人や美男子は外見がよいというだけでなく,頭もよく,性格もよいと見なされがちであるということだ。このことを,「ハロー効果 (Halo effect)」と言う。この逆も言える。外見が悪いと,能力も低く,性格も悪い悪人であると見なされがちである。ある刑務所で囚人の顔を第三者に判定させ,その囚人の刑罰の程度とを照合した研究があった。その研究では,同じ罪を犯しても,身体的魅力に劣る囚人(見るからに悪人顔の囚人)は,身体的魅力に優れた囚人より重い刑に服しているといった結果が出たようだった。

美しい人は,すべてにおいて優れていると見なされる傾向があるので,テレビコマーシャルや広告等では,必ず美しい人が使われるのだ。最近では男の人

でも，就職のために美容整形をする人が増えてきた。これは外見が，人を判断する際にかなりのウエイトを占めている，と実感する人が増えてきたからだろう。

このように，多くの人には，身体的な魅力に優れた人は，有能であり，親切であり信頼が置ける人である，というステレオタイプが存在しているので，説得的コミュニケーション場面でも身体的魅力は大きな効果をもつ。しかし，その人があまりにも美しいことによって，同性の反感を買ってしまうとか，送り手が美しいことによって説得された人は，メッセージの内容をよく把握していないとか，態度変容が長続きしない等のネガティブな面も指摘されている。

4）類似性

人は自分と似ている人が好きであり，そのため，説得場面においても説得的であることが知られている。ただ，類似性の法則が効果を発揮するのは，趣味，学歴，ライフスタイル，思想等，後天的に獲得された特性であり，性格，知能，身長や体重といった先天的な特性ではない。

後天的に獲得された特性が自分に似ている人は，自分自身の存在を認めてくれているのと同じだ。例えば，自分と同じ趣味をもった人は，自分がその趣味をもっていることに対して，暗黙に同意していることと同じであるからだ。ライフスタイルや思想が同じということは自分の生き方が，少なくともその人には支持されている，ということだ。そのため，説得的コミュニケーション場面においても，類似性は説得効果を上げるだろう。ただし，類似性のある部分が，自分の嫌っているものであった場合はどうだろう？　自分が自分の出身校に誇りをもっていた場合は，その学校の先輩の説得には効果が期待できるだろう。しかし，自分が，自分の出身校を嫌っていた場合，その学校の先輩の説得にはそれほど期待できないだろう。

5）好　　意

人は好きな人からの説得には，すぐに説得されてしまう。カリスマ美容師，カリスマ整体師と言われている人がいる。こういう人たちは多くの人たちに好

かれており，彼ら，彼女たちの言うことに多くの人たちは従う。

ブティックに洋服を買いに行き，そこにいた店員さんの接客態度や話し方，服装センス等を気に入った場合，あまりその洋服を必要としていなくても，多くの人がその店員さんが勧めた洋服を買ってしまうのではないだろうか。

■ 呈示方法の要因
1) 一面呈示と両面呈示

相手を説得するのに，一面呈示と両面呈示のどちらがよいのだろうか？

一方的に自分の意見を言っていくのが一面呈示。こういう意見もあるが，私はこれがよいと思う，と対立する意見も言うのが両面呈示だ。

相手の教育水準（受け手の教育水準）が低いと一面呈示の方が説得されやすい。老人や子供に両面呈示すると，彼らには話し手が何を言っているのか理解できず，どっちがよいか分からなくなってしまう。

相手の教育水準が高い場合はいくつかの意見を出して，その中でこれが一番よいと言うのがよい。しかし，その場合でもあまり多くの意見を出してはいけない。3つか4つ出して，その中で「これが一番よい」と言う方がよいようだ。

また，受け手の情報量が少ない場合は一面呈示が有効であり，受け手が情報や知識をたくさんもっている場合は両面呈示の方が有効である。

学校で生徒が授業中にしゃべってうるさい，授業中にしゃべるな（私語をするな！）と言いたい先生がいるとする。生徒にどのように注意するのが有効だろうか。相手の知的水準によって対応を変えてみよう。知的水準が低ければ，「お前ら，授業中にしゃべるんじゃねぇ！」と一喝するのが有効だ。つまり，一面呈示の方が有効。しかし，知的水準が高い学校で教えている場合は，その説得は有効ではない。「君たちがしゃべると他の人が迷惑になるので，しゃべるなら授業が終わってからしゃべろう」というような理屈で納得できるような説得の仕方をしなければならないだろう。

ここでは，一面呈示と両面呈示の研究について見てみよう。

①ホヴランドらの研究（Hovland et al., 1949）

1949年におこなわれたホヴランドらの研究である。

ⅰ）実験内容

約600人の被験者を一面呈示グループ，両面呈示グループ，統制群の3つに分けた。この実験は第2次世界大戦中のアメリカにおいておこなわれたものであるが，実験に入る前に被験者全員に「日本との戦争はどのくらい長く続くか」を尋ねた。これによって，もともと被験者が，このことにどのような意見をもっていたのかが調べられたのだ。

説得的コミュニケーションの内容は，「日本との戦争は長期化するだろう」というものであった。一面呈示グループには一面呈示で，両面呈示グループには両面呈示でおこなわれた。

ⅱ）実験結果

この実験の結果では，「一面呈示の方が説得されやすい」とか「両面呈示の方が説得されやすい」といった一義的関係は認められなかった。しかし，この実験によって，様々な関係が認められた。

①この実験の前から，日本との戦争は長引くと思っていた人は，両面呈示よりも一面呈示の方が有効であった。また，これとは逆に，日本との戦争は早く終わるだろう，と思っていた人は一面呈示よりも両面呈示の方が有効だった。このことから相手の態度を同じ方向に変化させる（より強くそう思わせる）ためには一面呈示が有効で，相手の態度と逆の方向に変化させようとすると，両面呈示の方が有効であることが分かった。

②教育程度の低い人には一面呈示，教育程度が高い人には両面呈示が有効であることが分かった。教育程度の低い人は批判的な思考に慣れていないことや，両面呈示ではどうしても議論が複雑になってしまい議論が理解できないことがこのことの原因ではないかと思われた。一方，教育程度の高い人は自分の能力に自信があり，様々な要素を考慮して判断したいと思うのではないかと思われた。

1953年におこなわれた，A. A. ラムスデインとジェニスの実験（Lumsdaine

& Janis, 1953）によると両面呈示をされた人たちの方が反駁コミュニケーション（逆説得）に対して抵抗的であった。両面呈示は，良い面も悪い面も同時に呈示するので，その後の逆説得に一種の免疫ができるのではないかと思われた。

②両面呈示をする時の呈示順序

　話し手の立場を支持する議論をした後，それに対する反対意見を言う方法（support-then-refute）や支持的議論と反対意見をミックスする方法（interwoven）の方が，反対意見を先に呈示し，その後に，話し手の立場を支持する議論する方法（refute-then-support）より効果的であることが分かった（Jackson & Allen, 1987）。

　refute-then-support では，はじめに反対意見を示しそれを話し手が論破していくわけだが，聞いている人には話し手が何を言いたいのかが，よく分からないのだろうと思われた。実際のスピーチでは，通常，最後に自分の言いたいことを言うだろうから，support-refute-support の順にするのが，最も効果のある話し方であると言えるだろう。

support-then-refute
interwoven ＞ refute-then-support

図 4-4　効果的な呈示順序

2）フット・イン・ザ・ドア・テクニック

　フット・イン・ザ・ドア・テクニックとは，はじめに小さな要求をして，その次に大きな要求をするというテクニックである。新聞勧誘に来た人が，「1ヶ月だけでもとってくれませんか？」という要請をしたり，健康食品を「はじめの1ヶ月は 500 円でいいです」と言ったりして，とにかく短い期間であったとしてもお客さんにその商品を買ってもらう。そうすると，次の要請が大きな物であっても，受け入れやすくなるのだ。

P. プリナーらの実験（Pliner et al., 1974）

実験群は，トロントに住む住民であった。実験者は彼らに，ガン撲滅のための募金を募るバッジを付けてもらう要請をおこなった（小さな要請）。その後，ガン協会への募金を要請した（大きな要請）。

統制群は，いきなりガン協会への募金を要請した。この実験の結果は，実験群は統制群の約2倍の人が協会に寄付をおこなった。

この実験では，フット・イン・ザ・ドア・テクニックが効果があることを示すこととなった。

人はなぜ最初に小さな要請に答えてしまうと，その後の大きな要請にも答えてしまうのだろうか？

まず，考えられるのは実験群では，被験者は実験者と2回会っている。統制群では被験者は初対面の相手からいきなり大きな要請を受けることとなっている。そこで，実験者と被験者との親密さが影響しているのではないか，という仮説が出てくる。

もう1つの仮説は，自己知覚理論からのものである。1回目の小さな要請が公共の利益になるものなので，この要請を受けバッジを付けたことによって，被験者たちは，「自分は社会のために貢献する人間だ」と自己認識するようになる。そのため，2回目の大きな要請が来た時にも，自分に対する自己認識がそういうものである以上，これを断ることはできないのだ，と説明する。

3番目の仮説は次のようなものである。人間は常に一貫性を求めるものである。昨日までジャイアンツファンだったのが，今日からはタイガースファンになるといったことは通常できない。人間は一貫性を求めるし，また，求められてもいる。1回目の要請で小さいとはいえ，協力しているわけだから2回目の要請時にそれを断るためには，よほどの理由がない限りできない，と説明する。

3) ドア・イン・ザ・フェイス・テクニック

ドア・イン・ザ・フェイス・テクニックとは，フット・イン・ザ・ドア・テクニックの逆で，はじめに大きな要請をした後，その要請を取り下げ，はじめよりは小さな要請をするテクニックである。

不動産屋に，家賃10万円ぐらいのアパートを探すように頼むと，はじめは家賃15万円のアパートに連れて行かれ，「この物件はいいけど予算的に無理なんですよ」と言うと，次は家賃10万円のアパートに連れて行かれ，結局その物件で契約するという経験をした人がいるのではないだろうか？

また友人にお金を借りたい場合，2000円借りるつもりだが，相手には「1万円貸してくれ」と言って，相手が断ったのを見て，「じゃー，2000円でいいから貸してくれ」と言ったことはないだろうか？　はじめから「2000円貸してくれ」と言うよりも，はじめに「1万円貸してくれ」と言っておいてから「2000円貸してくれ」と言った方が，貸してくれそうな感じがしないだろうか？　人は相手が譲歩すると自分も譲歩するのだ。

なぜドア・イン・ザ・フェイス・テクニックが有効なのだろうか？　これにも様々な仮説がある。

1つの仮説は，人は恩を受けたら返さなければならない，という「返報性」（p.153）という社会規範をもっているため，相手が譲歩してきている以上，自分もそれに対してお返しをしなければならないという心理が働くためなのではないか，というものだ。

もう1つの仮説は「知覚のコントラスト」が働いて，1回目に大きな要請を受けているので，2回目の要請が小さく感じられるのではないか，というものだ。

もう1つの説明は自己呈示動機・印象操作動機からくるものである。人は自分をよく見せたいと思う。そんな人が，ドア・イン・ザ・フェイス・テクニックを使われるとどうなるだろう？　最初の要請は大きなものなので，普通の人はたいてい断る。しかし，2回目の要請で，これも断るとなると，自分は友好的でない人間である，あるいは自分は悪い人間である，と周りの人に思われるのではないか，と恐れるのだ。そのため，つまり人に自分のことを悪く思われたくないため，2回目の要請には答えるのではないか，という説明である。

4）閉店時刻効果（closing-time effect）

バーやダンスホール等で，閉店時刻まで残りわずかとなると，ナンパ目的の

客にとっては，ターゲットにアタックする残り時間が少なくなる。そのような状況に置かれたナンパ客は，ナンパ対象者がより魅力的に見えてくるという。このような心理的な効果のことを，閉店時刻効果と言う。

B. A. グラデューと H. J. デラニー（Gladue & Delaney, 1990）は，学生がよく集まるダンスホール付きのバーで，閉店時刻効果が本当に認められるのかの実験をおこなった。彼らが実験をおこなったバーは，そこで知り合った男女が恋愛関係になっていくことで，地元ではよく知られたバーであった。そのバーの閉店時刻は，午前1時だったので実験は午後9時から12時までおこなわれた。

実験者たちによって，9時，10時30分，12時の3回，このバーに来ていた客に「今，この時点で，バーに来ている異性に対してどのくらい魅力的に感じるか」が面接調査された。

その結果，時刻が遅くなるほど，異性の客が魅力的に感じられることが確認された。つまり，閉店時刻効果が認められたのだ。ただ，時刻が遅くなるとアルコールの量が増えることが考えられるので，客が飲んだアルコールの量が計測された。その結果，時刻によって客の飲んだアルコールの量にはそれほど差がないことが分かった。したがってこの結果は，閉店時刻効果によるものとされた。

閉店時刻効果は，ビジネスの場面でよく使われている。「3時から4時までのタイムサービス」とか「本日から2日間限定のバーゲン」とかがそれである。

客は今すぐにその商品を買わなければ，もう二度と手に入れることができないと思うかもしれない。たとえ，手に入れることができても，その期間を逃すと高い値段になってしまうだろうと思わせる方法だ。

閉店時刻効果を使ったビジネスは，時間を制限することによって，その商品をより魅力的に見せることを狙っている。しかし，時間の制限だけでなく，数量を制限することによっても，同じ効果を得ることができる。

「この商品は，もうメーカーが生産を中止していて，今買わなければ二度と手に入りませんよ」と言われたり，宅地分譲の際，不動産屋さんから「この分譲地の中で，まだ未契約なのは，こことここの2箇所しかありませんよ。早く契約しないと売れてしまうと思いますよ」と言われたりしたら，あせって買って

しまうかもしれない。

　時間を限定したり，数量を限定したりすることによって，商品をより魅力的に見せる方法について説明したが，これは，もっと広く捉えると，「希少性」の問題であるということが分かる。人は，それが手に入りにくくなると，それを手に入れることができるチャンスが，とても貴重なものであると思えてくるのだ。

■ 受け手要因

　コミュニケーションの受け手というのはある特性をもっているので，受け手の興味に合わせて送り手の方が，メッセージの内容や提示の仕方を変えていくことが必要だ。

　受け手の興味のあるものに関しては，受け手は聞く体勢ができているから，学校や職場でも，相手の興味のある話を最初にもってくる方法がとられることがある。学校の教師と生徒であれば，その生徒がバレー部に入っていることが分かっていれば，バレーの話題から入っていく。教師が本当に言いたいことはその後にもってくる。職場の場合は，部下が釣り好きであった場合は「昨日，釣りどうだった？」と釣りの話題から入っていくとコミュニケーションがうまく取りやすい。そして，その次に言いたい内容をもってくるのだ。ここでは説得的コミュニケーションにおける受け手に焦点を当てて考えてみよう。

　説得的コミュニケーションの受け手に関する研究で，人から説得されると，簡単に自分の意見を変えてしまう人たちがいることが分かっている。

　人からの説得に対して簡単に説得されるのか，なかなか説得されないのか，といった被説得性は，一般的被説得性と特殊的被説得性とに分けられる。

　一般的被説得性とは，説得的コミュニケーションの送り手が誰であろうと，どんな呈示方法をされようと，コミュニケーションの内容がどんなものであろうと，そんなことには関係なく，人に説得されてしまう傾向のことを言う。1954年ジェニスによって一般的被説得性の存在が示された（Janis, 1954）。その後の研究においても，どんな内容であろうと，説得する人が誰であろうと，どういう方法で説得されようと，高い被説得性を示す人が認められた（Janis &

Field, 1959)。

　特殊的被説得性とは，ある特定の説得的コミュニケーションには，影響を受けやすいが，その他の説得的コミュニケーションには影響を受けない傾向のことである。

　被説得性と関係があると思われるパーソナリティ特性は，いくつか考えられており多くの研究がなされている。

被説得性にかかわるパーソナリティ特性
①自尊感情

　1954年のジェニスの研究では，自尊感情の「社会的不全性傾向」「攻撃抑止傾向」「抑うつ感情傾向」について調べられた。

　「社会的不全性傾向」とは，顔見知りではない，初めて会う人とうまく会話ができない，あるいは，うまく会話をする自信がない，といった傾向のことである。この傾向のある人は，自分から相手に話しかけることは少ないだろう。

　「攻撃抑止傾向」とは，人に対して反抗したり抵抗したりしない傾向のことである。こういった傾向のある人は人から侮辱されたりしても，怒ったりすることはないだろう。

　「抑うつ感情傾向」とは憂うつな気分になりやすい傾向のことである。こういった人は，ちょっとしたことでも落胆して，ブルーな気分になってしまうだろう。

　ジェニスの研究では，この3つの傾向が高い人は被説得性が高いことが分かった。しかし，W. J. マッグワイア（McGuire, 1967）は，非常に自尊感情が低い人は，高い被説得性を示さないことを示した。

②不安傾向

　不安傾向の強い人は，説得的コミュニケーションに対して防衛的になるので，高い被説得性を示さない。

③権威主義的性格
　権威主義的性格者とは，権威によって影響を受けやすい人たちのことであり，当然，権威をもった者からの説得によって心を動かされる。

④他者志向性
　他者志向性の強い人とは，他人や集団に対する同調傾向が強い人のことであり，被説得性が高い。

⑤自　　信
　対人関係の自信が低い人は，仲間集団からの影響を受けやすい。

■ F. ハイダー（Heider, 1958）のバランス理論
1）態　　度
　一般的に使われている「態度」という言葉と社会心理学で使われている「態度」とは，少し意味が異なる。
　G. W. オルポート（Allport, 1935）によれば，「態度とは，経験を通して体制化された精神的神経的な準備状態であり，個人がかかわりをもつあらゆる対象や状況に対するその個人の反応に影響を及ぼす」ものとされている。
　つまり，一般的に使われている意味との違いは，心理学で言う「態度」というのは，行動ではない，ということだ。
　一般的に使われている「態度」という言葉は，行動のことを言っている。例えば「あの人は態度が悪い」と人が言った場合は，その人の行動のことを問題にしている。しかし，心理学で言う「態度」は，行動を指すわけではなく，心の準備段階を指すので，外見だけでは分からない。

態度の構造
　感情・認知・行動の3つの成分によって態度は構成されている，と言われている（Rosenberg & Hovland, 1960）。
　①感情的成分…対象に対する好き嫌い，賛成・反対といった感情のこと。

②認知的成分…対象についてもっている信念や情報のこと。
③行動的成分…受容，拒否，接近，回避といった対象に対する行動的傾向のこと。

例：「たばこ」について取り上げる。
①私はたばこが嫌いだ（感情的レベル）。
②たばこを吸うと健康に害を及ぼすという信念をもっている（認知的レベル）。
③たばこを吸っている人のそばには近寄らない（行動的レベル）。

2) 態度変容

人間は，一生態度が変わらない，というわけではない。

態度というのは，一次的なものではなく，一度，態度が形成されると持続する傾向があるのだが，それでも変わる場合がある。態度が変わる，ということはどういう時なのかを研究したものを紹介する。

ハイダーのPOX理論 (Heider, 1958)

ⅰ) POX理論の基本仮説

ハイダーは，「認知する人をP」と考えて，「Pと関係のある人をO」，「人以外の対象物，例えば物とかアイディアをX」として，認知のバランス，インバランスを扱った。

そして人や対象を結びつけて，1つの全体として認知させるような関係をポジティブなユニット関係である，と呼んだ。例としては，類似，近接，所有，成員性等の関係である，としている。

これとは反対に人と対象を切り離して認知させるような関係を，ネガティブなユニット関係と呼んでいる。

これ以外に，人と対象，あるいは人と人との間の関係として，センティメント関係（感情関係）を扱っている。人が対象または人に対して，好き嫌い，好意的・敵対的といったような態度や評価をもっている場合に，人と対象または人と人との間にポジティブまたはネガティブなセンティメント関係がある，と

言う。

　ハイダーによると，バランス状態というのは，人（P）の生活空間の中ですべての認知要素が調和的に適合している状態のことである。

　バランス理論においては，基本仮説が立てられている。

　　仮説①：ユニットを形成している対象の，力動的特徴は類似する傾向がある。
　　仮説②：類似した力動的特徴をもった諸対象は，ユニットを形成する傾向がある。

　つまり，バランス状態というのは，対象の力動的特徴とユニット形成とが調和的に共存している状態のことである。

　P－OまたはP－Xのことを二者事態と言って，P－O－Xのことを三者事態と言う。

　二者事態…二者事態においてセンティメント関係が等質であった場合，PとOまたはPとXの間はバランス状態である，とされる。

　これに対して，PがOを是認するとともに嫌っている状態であれば，これらの関係は等質ではなくインバランスな状態である。つまり，同一の対象に対して，ポジティブな関係とネガティブな関係を同時にもつことは，葛藤やストレスを生じさせるのである。

　例えば，Pさんが通っている大学とか，勤めている会社のことをXだと考えた時に，Pさんが会社に対して好意をもちながら勤めている場合は，バランス状態となる。ところが，嫌々ながら勤めている場合，Pさんはその会社が嫌いなのだが，何らかの理由で，自らの所属しているその会社で働かなければならない，という状態の場合だが，これはインバランスな状態である。

　二者事態において，センティメント関係とユニット関係がともにポジティブあるいはともにネガティブである場合は，この事態はバランス状態にある。いずれかがネガティブになってしまうと，インバランス状態となる。

　具体的に言うと，自分はこの犬が好きでこの犬を所有しているという状態，または，自分はこの犬が嫌いで，この犬の所有者は別の人である時，こういう

バランス状態　　　　　　　　　インバランス状態

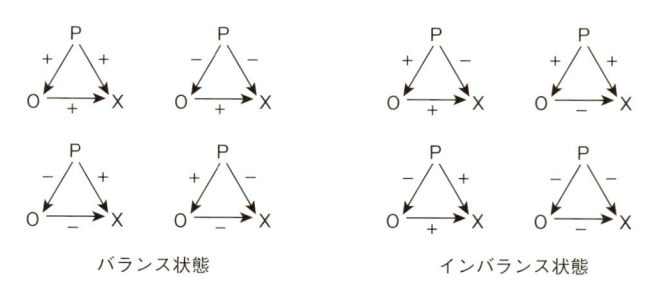

図4-5　バランス理論における三者関係

状態にあれば，バランス状態ということになる。しかし，自分はこの犬が嫌いなのだが所有者は自分という時と，自分はこの犬が好きなのだが，この犬の所有者は別の人である時，インバランス状態となる。

　三者事態…P − O − X
　P − O
　P − X
　O − X

の三者関係がすべてポジティブの場合か，または，これらの内のどれか2つの関係がネガティブで1つがポジティブである場合は，バランス状態である。

　人であるPがOに対してもXに対してもともにポジティブまたはネガティブの関係をもっている場合には，OとXは類似する。したがってOとXの間にポジティブなユニット関係が生ずる傾向が出てくる。

　図4-5の三者の関係をかけ算すると，＋になっている場合はバランス状態，マイナスになっている場合はインバランス状態となる。

　バランス状態で4種類，インバランス状態で4種類，計8種類しかない。

　インバランス状態が生じた場合は，不快感や心理的緊張が生じる。そのため，インバランスを解消するような圧力が働く。インバランス状態を解消する方法としては，いくつかのものが考えられる。

例：Pさんは，友人であるOさんのことが好き。
　　P − O関係は，ポジティブなセンティメント関係だ。
　　Pさんは，洋服Xを嫌っている。P − X関係はネガティブなセンティメント

関係である。

　Oさんは，洋服Xを着ている。O－Xはポジティブなユニット関係だ。

　このような場合，POXの三者事態はインバランスな状態である（図4-5インバランス状態の左上）。

　このインバランス状態を解消させるためには2つの方法がある。
①センティメント関係を変化させる。

　PがOを嫌うようになる。－　－　＋　となるからバランス状態になる。またはPが洋服Xを好きになる。すべて＋となるからバランス状態となる。
②ユニット関係を変化させる。

　PがOにXを着用させないようにする。つまりXとOとのユニット関係を破壊する。－　－　＋となってバランス状態となる。

　POX事態がバランスに向かうように変化すると，緊張の解消が生じる。

　バランス状態においては，POやPXの関係の変化が生じないから，インバランス状態の方が緊張の解消が起こる傾向がある。
　　例：2人の人が何かについて議論をしている場合，バランス状態の場合に比べてインバランス状態の方が時間の経過にともなって，緊張の解消が顕著に見られる。

　犬好きのPさんが，やはり犬好きのOさんと一緒に犬について話をしていた場合，緊張の解消は起こらない。しかし，犬好きのPさんが犬嫌いの△さんと話をすると，両者が歩み寄って，緊張の解消が起こるのだ。

　ある大学1年生が授業を受けるために教室に来てみると，知らない人が隣に座っている。隣に座ったその人と友達になった。もし，その人がとても心理学に興味があった場合，その大学1年生は，その人と友達になる以前は心理学にまったく関心がなくても，心理学に興味がある友達ができた後は，自分も心理学が好きになったり関心をもったりするだろう。その人と友達になると，「自分は心理学にはまったく興味がありません」という態度をとり続けることができなくなるのだ。

自分は心理学が嫌いで，知り合った友達が自分の嫌いな心理学を好きであった場合は，自分が心理学を好きになるか，その友達との関係を切る，または弱くする，という方向に力が働くだろう。

ⅱ）バランス選択

　インバランス事態は，緊張を生ずるので，人はインバランスにならないようにＰ－Ｏ，Ｐ－Ｘ，Ｏ－Ｘ関係を認知する傾向が出てくる。

　　例：何かについて議論している場合，自分が好意をもっているメンバーの発言に対しては，より好意的な評価がなされる。

　つまり，客観的な判断ができなくなってしまうのだ。人は，好きな人の発言に対しては好意的に，嫌いな人の発言に対しては否定的な評価をしてしまう（客観的で公平な判断ができなくなってしまう）。それはなぜかというと，好きな人の発言に対して，否定的な判断をするとＰ－Ｏ－Ｘ（Ｘは発言内容）関係がインバランス状態となってしまうからである。人間はインバランス状態を無意識に避ける。そのため，Ｏさんの発言内容に対して好意的になるのだ。

　一方，自分が嫌いなＯさんの意見に好意的になった場合も，インバランス状態となる。したがって自分が嫌いな人の意見には否定的になる。このようにして，そうしたインバランスな状態を，人間は無意識的に避けるのだ。

ⅲ）バランス・インバランス状態以外の要因（Taylor, 1968）

①Ｐ－ＸとＯ－Ｘとの一致または不一致

　Ｐ－ＸとＯ－Ｘが不一致の場合のＰ－Ｏ－Ｘ事態は，一致の場合に比べて，より不快に感じられる。

　D. M.テイラー（Taylor, 1968）の実験では，2人で1組の議論の場面を設定した。Ｐ－ＸとＯ－Ｘが不一致の場合は，一致の場合と比べて，発言が少なくなることを実験で発見した。ＰさんのＸにもっている意見とＯさんのＸにもっている意見が不一致だと，ＰさんとＯさんはお互いにしゃべらなくなるということだ。

②Ｘの重要度

　Ｘの重要度が大きい場合はインバランスに比べてバランスの状態が好まれる傾向が強く出る。

Xがどうでもよいような場合だと，多少インバランスの状態であったとしても緊張度はそれほど大きくない。

ところが，Xの重要度が大きいと，人はどうしてもバランス状態へともっていきたくなる。Xの重要度が増すとバランス状態へと変化させるような強い心理的な力が働くのだ。

PとOが重要な問題について議論すると，インバランスな状態をバランス状態へと変化させるように，態度が変化する傾向が見られる。ところが，重要でない問題について議論した場合は，この傾向は見られない。

③ポジティビティー

人はネガティブな関係よりもポジティブな関係をより好む。

P－Oがネガティブの関係の時は，ポジティブの関係の時に比べて，P－O－X事態はより不快に感じられる。

■ L. フェスティンガーの認知的不協和理論（Festinger, 1957）

フェスティンガーの認知的不協和理論における認知の要素は，対象，事実，状況，行動，信念，意見，態度である。

2つの認知が互いに関係をもった場合に，認知的協和（cognitive dissonance）または不協和が生じる。フェスティンガーは2つの認知の間に関連がある場合と，関連がない場合とに分けている。2つの認知の間に関連がある場合をさらに2つに分けて，協和的関係がある場合と不協和的関係がある場合の2つに区別している。

① 2つの認知に関連があって協和的関係がある場合

　例：彼は雨の中で傘をささないで立っている，という認知と，彼の服は濡れている，という認知。

② 2つの認知に関連があって不協和的関係をもっている場合

　例：彼は雨の中で傘をささないで立っている，という認知と，彼の服は濡れていない，という認知。

③ 2つの認知の間に関係がない場合

　例：国会でA党が多数を占めている，という認知と，今年は東京で雪が降ら

なかった，という認知。

　不協和の関係にある2つの認知を，ある人が同時にもった場合には，その人の中に認知的不協和が生じる。認知的不協和は，不快感や心理的緊張を発生させる。認知的不協和が生じた場合は，これを解消させるような心理的な圧力が働く。

　また，人は，認知的不協和を生じさせたり，増大させたりするような事態や情報を回避しようとする。

　認知的不協和を解消したり，軽減したりする方法として以下に述べる3つのものが考えられている。

①不協和関係にある2つの認知の中の一方を変化させて，お互いに協和的認知にする。

　例1：彼は雨の中で傘をささないで立っている，という認知と，彼の服は濡れていない，という認知の場合。
　　　濡れていないように見えただけで，よく見たら彼の服は濡れていたんだ，とか，雨が降っているように見えたけど本当は誰かが水をまいていただけで，降っていなかったんだ，と考えることによって心理的緊張が解消される。

　例2：有名タレント○○がチョコレートのコマーシャルをした。Aさんが，そのタレント○○のことが好きで，チョコレートが嫌いだった場合に認知が不協和になる。これを軽減するためには，Aさんがタレント○○を嫌いになるか，チョコレートを好きになるかどちらかが考えられる。

②新たに認知を加えて，協和的認知の数を増やして，不協和の大きさを相対的に軽減する。

　例1：有名タレント○○がチョコレートのコマーシャルをした。Aさんが，タレント○○のことを好きで，チョコレートが嫌いだった場合に認知が不協和になる。タレント○○を嫌いにならなくても，タレント○○

以外の別のタレントも好きだ，という状態にする。タレント△△も好き，タレント□□も好き，という状態にしてしまうことによって，△△と□□が例えばチョコレートが嫌いであったりした場合は，認知的不協和の状態が薄まり，相対的に不協和を軽減することができる。

また，Aさんはチョコレートも嫌いだが，クッキーもケーキも嫌い，という状態にすることでも，タレント〇〇がチョコレートが好きという認知が相対的に薄まり，認知的不協和が軽減する。

例2：自分はタレント〇〇のことが好きである場合

タレント〇〇はチョコレートが好き，自分は嫌い（認知的不協和状態）。タレント〇〇は，煙草を吸っている，私も煙草が好き（協和的状態）。タレント〇〇はサーフィンが好き，私もサーフィンが好き（協和的状態）。

自分が好きでタレント〇〇も好きであるという協和的関係にあるものをあえて探す。そうすると1つだけが認知的不協和となっていても，「人間だからそういうこともあるよね」となる。つまり，たとえ不協和状態であっても不協和状態が薄まる。

この手法は恋人たちの間ではよくやられている。相手の好きなところを頑張って探すのだ。相手に嫌いなところがあるのに恋人同士の状態でいるのは認知的不協和状態となる。できるだけ認知的不協和状態は避けたい。相手の後ろ姿がよい，煙草を吸っているところがよい，とか耳の形がよい，とか相手のあらゆるよいところを探して，協和状態を増やす（顔は悪いけど声が好き，とか走るところが好き等）。このことによって認知の不協和状態を軽減するするのだ。

③協和的関係にある認知のウエイトを増加させ，不協和的にある認知のウエイトを減らす。

例：ある人が恋人の顔に不満をもっている場合

その人は，「人間は，顔よりも声の方が大事なんだ」あるいは，「人間にとっては，顔よりも性格の方が重要なんだ」と協和の部分の方がウエイトが高い，と思うことで不協和状態を解消する（不協和の部分を重視し

ない，協和状態にある方を重要視して考える）。

1）決定場面での認知的不協和理論

認知的不協和理論は，ハイダーのバランス理論に比べると，より多くの事態に適用が可能なので，数多くの研究がなされている。

①決定の場面，②強制的承諾，③誘惑，④他者との意見不一致等で研究がなされている。ここでは①決定場面について具体的に見てみよう。

①いくつかの対象の中から1つを決定した場合

人は，いくつかの対象の中から1つを決定した場合，決定の後で，認知的不協和を経験する。

例：何人かの人の中から1人を選んで結婚した場合。何校かの学校とか何社かの会社の中から1校とか1社を選択した場合。

結婚の相手を決定した場合について，女の人を例にとって考えてみると，自分の周りの男の人は，皆結婚しているとか，はじめから結婚の対象となっていない等で，自分の結婚相手の対象者は1人しかいない場合は，認知的不協和は起こらない。

ところが，AさんとBさんが，自分の結婚相手の候補者としてあがってきて，2人から「結婚してくれ」と言われ，どちらかをその人が選んだ（決定した）場合，認知的不協和が起こる。

なぜ，認知的不協和が起こるのだろうか？　選ばれた対象も選ばれなかった対象も両方ともポジティブな側面と，ネガティブな側面の両方をもっているからだ。例えば，「私は結婚相手としてAさんを選んだ」ということは，Aさんは，私の欲求の充足，あるいは価値の実現をもたらすであろう，と期待したからであろう。ところが，すべての対象がポジティブな側面とネガティブな側面の両方をもっているので，選ばれた対象Aさんのネガティブな側面の認知が，自分はAさんを選んだ，という認知と不協和を起こすのだ。

一方，Bさんに対しては，私はBさんを拒否した，ということは，Bさんは私の欲求の充足や価値の実現を妨げるだろう，と予想したからであろう。

ところが，Bさんもポジティブな側面をもっているので，選ばれなかった対象であるBさんのポジティブな側面の認知が，私がBさんを拒否したということと不協和を起こす。

つまり，対Aさんとの間にも不協和を起こすし，対Bさんとの間にも不協和を起こすのだ。

こうした場合に，認知的不協和を解消したり軽減させるには，どうしたらよいのだろうか。これは大きく分けると2つある。

(1) その決定自体を取り消し，前の状態に戻すこと。

　例：「離婚する」ということで自分の決定自体を取り消すことが考えられる。そうすれば，選択したAさんとの間にあった不協和も，選択しなかったBさんとの間にあった不協和も解消できる。

(2) 対象Aを選んだという認知と，対象Bを拒否したというこの2つの認知と協和的な認知の数やウエイトを増すこと。

　例：Aさんを選んだ，Bさんを拒否したことは，どちらもポジティブな側面とネガティブな側面の両方をもっている。例えば，Aさんは「給料は低いけれども，家事を手伝ってくれる」とか「頭はハゲているけれど子供の世話をしてくれる」とかAさんについては，自分にとってのポジティブなところをできるだけ探して，そしてそのウエイトを高める。人間にとって大事なことは給料ではなく優しさだ，とか，人にとって価値あることは外見ではなく○○だ，と思い込む等。完璧な人はいないから，人のポジティブな側面にウエイトを置いてそれをたくさん探すことでネガティブなところを見ないようにする。自分が拒否したBさんについては，これとは逆にネガティブな側面（情報）だけを探し出しそのウエイトを高める。

多くの人々は，無意識にこうした行動（認知的不協和を解消する方法）をとっている。それを理論的に理解できれば，人生はよく分かる。人間はこういった行動をとるものだ，ということを分かるようになると，生きていくうえで間違いなくプラスになるだろう。

②第三者が決定した場面

　小学校や中学校では，新年度になるとクラス替えがあり，その時に担任の先生が決められる。そうした場面で，これまで述べたことと同様のことが起こり得る。自分のクラス担任になったA先生のポジティブなところを無意識のうちに探しているのだ。その一方，自分の担任にならなかったB先生については，ネガティブなところを探しまくるのだ。

　結婚の場合と比べてクラス替え時の担任の決定の場合は，第1の選択肢，クラスを辞める，という選択肢がほとんどあり得ないため，第2の選択肢しかないから自分の担任になったA先生のポジティブな面を探してA先生でよかったと思い込みたいという気持ちが強まる。「A先生が自分の担任になったことは自分にとってよかったことなのだ」と思うことで，「B先生になればよかった」という不協和や，「何でA先生になってしまったのだ！」という不協和を解消したいのだ。今のクラスでよかったと思える情報を探しまくることで心理的な緊張状態を緩和したい，認知的不協和を解消したいのだ。

2) 決定場面での認知バイアス

　長引く不況で就職戦線は厳しい状況だった。

　それでも，中村君はA社とB社から内定をもらった。彼は，悩んだ末，結局，A社を選んだ。もし彼がB社を選択したとすると，彼の人生はおそらくまったく違ったものになっただろう。

　このように，我々は時々，人生の中でいくつかの選択肢が与えられ，重要な選択を迫られることがある。その際，我々の心の中では，これらの事態にどのように対処しているのだろうか？

　中村君の心の中では「B社を選んだほうがよかったのではなかったか」という後悔の念が発生するだろう。心のバランスが崩れた状態だ。この状態を解消するため，中村君の心の中では，自分の選択したA社のよいところだけを見て悪いところは見ないようになるのだ。反対に彼が選択しなかったB社については，よいところはなるべく見ないようにして悪いところだけを見るようになる。このようにして我々の心はバランスを保とうとするのである。逃がした魚

は大きいのだが、すぐに忘れてしまえというわけだ。

　我々の心は2つの相対立する認知を同時に共存させることができない。例えば、自分が好きなタレントのPさんが選挙で自分の嫌いなQ党から立候補した場合、「自分はPさんが好き」という認知と「自分はQ党は嫌い」という認知が不協和を起こす。この場合、この人はPさんが嫌いになるか、Q党が好きになる方へ心理的な力が働く。上記の中村君の場合は、自分がA社を選んだ、ということとA社の悪い評判は不協和を起こすので、A社のよい評判を探すようになるのだ。B社についても同様に、B社を選ばなかったこととB社のよい評判とは不協和を起こすため、彼はB社の悪い評判ばかりを探すようになる。このようなメカニズムについて、多くの人は意識することはない。我々が無意識におこなっているこのようなことに関して気づくことはあまりないのだ。

　あなたが無意識に選んでいるその商品は、あなたが好きなタレントが、その商品のコマーシャルをしているせいかもしれない。あなたが、数学が嫌いなのは、あなたが数学の先生を嫌っているせいかもしれない。

3）強制的承諾場面での認知的不協和理論

　自分の私的な信念とは反対の主張をすることを強制されて実行した場合（強制的承諾）、または、報酬に惹かれて実行したような場合、認知的不協和が生じる。

フェスティンガーらの実験（Festinger et al., 1959）
ⅰ）実験内容

　私的な信念と反対のことを他人に言った場合、報酬として1ドル与えられる場合と20ドル与えられる場合とを比較して研究した。実験参加者に、実際にはどう見ても面白くない単純な仕事をしてもらって、その後「この仕事は面白かった」と人前で言わせる。その後、その人が本当にその仕事を面白い仕事であると思っているか、が測定された。

ⅱ）実験結果

　この実験によると、1ドル与えられた場合は、態度を変化させたが、20ド

与えられた場合は，態度は変化しなかった。

「私は現政権を支持しています」と，本当は支持していないのに強制的に言わされた場合とか，「このカレーはおいしいです」と，おいしくないカレーを食べさせられて強制的に言わされた場合等，日常生活の中でも自分の信念に反することを言わされることはあり得る。

強制的に言わされた場合，多額のお金をもらうと態度変化をするだろうと考えがちだが，フェスティンガーらの実験によると，少ないお金をもらう方が態度変化が大きかった。

つまり，これを言わされる前は，現政権に批判的だった人，そのカレーはまずいと思っていた人が，少ないお金をもらって強制的に言わされると，その後，その人の現政権に対する評価が高まったり，そのカレーはそれほどまずくはないと思うようになった，ということである。態度変容が起こったのだ。

ところが，多額のお金をもらって自分の意見と違うことを強制的に言わされた場合は，そういった態度変容が起こらなかったのである。

認知的不協和理論で，このフェスティンガーらの実験結果について説明をする。

信念に反する嘘を言うことによっての報酬として，お金をもらった場合，その人はお金という報酬をもらいながら，本当はこの仕事は面白くないのに，皆の前で「この仕事は面白いです」と嘘を言ったことになる。

報酬がもし，すごく多い場合は，少ない場合に比べて報酬をもらったという認知の重要度が大きくなる。そのため，この仕事が面白い，という嘘の発言が正当化されやすくなる。したがって，報酬が多い場合は，認知的不協和が小さくなる。つまり，実際には面白くなかったとしても多額の報酬をもらっているので不快なことはない。よって自分の面白くなかったという認知を変える必要はない。しかし，報酬が少ない場合は，少ししか報酬をもらっていないのに，その単純な仕事をやりしかも面白いと言ってしまった，ということで認知的不協和が大きくなってしまう。不協和が大きいので，これを軽減するために態度が変容しやすくなる。つまり，少ししかお金をもらっていないのに，私はその仕事をやった，ということは，実はその仕事は本当は面白かったからなんだ，

と思い込むことによって，認知的不協和を軽減するのだ。

不協和を解消する方法としては，今まで説明したように2つあった。
①言ったことを取り消すこと
②心の中で思っていることを変化させること

しかし，この状況では，すでに言ったことを取り消すことはできないので，心の中で思っていることを変化させる方法しかない。よって実験参加者は，「この仕事は面白い」と，仕事に対する態度を変化させたのだろう，と予測される。もし，報酬が多いと，仕事が面白いと言ったということが正当化されやすくなって，不協和としては少なくなる。不協和が少なくなるから態度が変化することが期待できないのだ。ところが，報酬が少ないと不協和が大きくなってこれを解消しようという心理的な力が強く働くため，態度変容が起こりやすいのだ。

4）リスク（危険）と認知的不協和理論

我々の周りには，テロ，交通事故，通り魔，といった人為的なリスクや，地震，台風，洪水，雷，といった自然のもたらすリスクがあふれている。ここでは，こうしたリスクを人々がどのように認識しているのかについて，議論する。

①スラムの住民の犯罪リスク認知（Fried & Gleicher, 1961）

スラムは犯罪多発地域で，そこに住む住民にとっては，危険度が他の地域よりも明らかに高い。しかし，これらの調査研究では，スラムの住民は，そうした危険性を否定していることが分かった。自らの生命や財産が危険にさらされているという認知は，自分がその危険な地域に住んでいるという認知と不協和を起こす。そこで，この不協和を低減させるために，住民たちはその地域の危険性を否定するのではないかと考えられた。

②地震のリスク認知

このように考えると，地震が起きて大きな被害が生じた地域よりも，その地震によってまったく被害を受けなかった，少しはなれた地域の方が，「近い将来

再び大きな地震がやってくる」といったうわさが広まりやすいのではないかと考えられる。なぜなら，被害を受けていない住民にとっても，隣町が地震によって大きな被害を受けたことによって，恐怖を感じるだろう。しかし，実際には自分たちは被害を受けていない。つまり，自分たちが何の被害も受けていないという認知と，自分たちが恐怖を感じているという認知が不協和を起こすのだ。この認知的不協和からくる緊張状態を緩和するために，自分たちの感じている恐怖を正当化しようとするだろう。そんな時，たまたま，「近い将来，再び大地震が来る」といううわさがささやかれると，そのうわさは，その地域で広まりやすいだろうと考えられるのである（Prasad, 1950；Sinha, 1952）。

5) 十分すぎる正当化のパラダイム

自分の態度と相容れない行動をとった時に，人はそうした行動に合致するような方向に，態度を変化させるのだが，このことは，認知的不協和理論によって上記のように，説明することができる（不十分な正当化のパラダイム）。

今度は，自分の態度と同じ行動を人がとった時に，報酬が与えられる場合について考えてみよう（十分すぎる正当化のパラダイム）。

このケースは，認知的不協和理論ではうまく説明できない。「十分すぎる正当化状況」は，原因帰属理論によってうまく説明ができるのでここで紹介する。

「不十分な正当化のパラダイム」では，自分の態度と相容れない行動をとらされるのだが，「十分すぎる正当化パラダイム」では，もともとあった自分の態度と合致した行動をとらされる。そして，それに対して報酬が与えられるのである。

この状況では，要請された行動は，自分の態度や意見に沿った行動なので，その人の中で，そうした行動をとろうという内発的動機はもともと高い。しかし，その時に，外から報酬が与えられると，自分のとった行動の原因を外的な報酬に求めるようになる。そのため，もともとこの人にあった態度や意見が弱まってしまうのである。具体的な実験例を見てみよう。

M. R. レッパーらの実験（Lepper et al., 1973）

被験者は，絵を描くことが好きな幼稚園児である。彼らを3つのグループに分けた。

① 絵を描いたら金色のシールとリボンが与えられる（つまり褒美・報酬が与えられる）。また，そのことを，絵を描く前に告げられ，彼らが絵を描いたら約束どおり，褒美を与える（expected award）。

② ①と同じように絵を描いたら金色のシールとリボンという褒美が与えられるが，そのことを事前に知らされていない（unexpected award）。

③ 絵を描いても褒美は与えられないし，そのことを知らされてもいない（no award）。

このようにして実験はおこなわれた。その実験後1～2週間たって，実験に参加した①②③それぞれのグループの幼稚園児の様子が，注意深く観察された。

その結果，賞を期待して絵を描いたグループ①の園児は，賞を期待しなかったグループ②の園児や，賞を与えられなかったグループ③の園児よりも絵を描くことへの興味が失われていることが示されたのだ。

このことを原因帰属理論で説明すると次のようになる。

褒美をもらえることを期待して，絵を描いた園児は，自分たちがおこなった「絵を描く」という行動の原因を，褒美がもらえるという外的な要因に帰属させたと考えることができる。つまり，自分たちが絵を描いたのは，褒美をもらうためであったという認知が生じてしまった。そのため，褒美が与えられないような状況では，絵を描くことに興味を失い，絵を描くことが少なくなったのだ，と説明できるのだ。

表 4-2　絵を描くことへの興味の変化

実験条件	人数	絵を描いた時間の割合 (%)（平均値）
expected award	18	8.59
no award	15	16.73
unexpected award	18	18.09

親が中学生の子供に対して，「今度の期末試験で80点以上とったら○○を買ってあげよう」「次の数学のテストで70点以上とったら3000円あげよう」と約束をすることがあるかもしれない。レッパーたちの実験結果を考えると，こうしたことが続くとやがてその子供は勉強そのものに対する興味を失っていくだろうと予想できる。

5　動機づけ

■ 仕事に対するモチベーション

> 　ある男が道を歩いていると，レンガを積んでいる人がいた。彼はその人に声をかけた。
> 「あなたは，何をしているのですか？」すると，その人は答えた。
> 「私はレンガを積んでいるんだよ」
> 　男はそこから少し離れたところで，やはりレンガを積んでいる人を見つけ，その人にも声をかけた。
> 「あなたは，何をしているのですか？」
> 　二番目の人は「私は，ここに壁を作っているんだよ」と答えた。
> 　男はさらに，そばにいたレンガを積んでいるもう一人の人に同じ質問をした。
> 「あなたは，何をしているのですか？」
> 　三番目の人は答えた。「私は，教会を作っているんだよ」
> 　男は，少し離れた場所で，同じ作業をしている人を，もう一人発見し，彼の所に行き，また同じ質問をした。
> 「あなたは，何をしているのですか？」
> 　四番目の人は答えた。「私は，世の中の人が平和に穏やかな暮らしができるように，ここに人々の心の安らぎの場を作っているんです」

　これは，自分の仕事をその人がどう捉えるかが，人のモチベーションに影響を及ぼすことを伝えるための寓話である。

　一番目の人は自分の仕事を，まさに今やっているその作業そのものであると，捉えていた。
　二番目の人は自分の今やっている作業が，壁を作るという目的のためにおこなわれていることを認識している。

三番目の人は，二番目の人よりもう少し先を見ている．この建物が完成された時の姿が見えているのだろう．

四番目の人は，自分のおこなっている作業をもはや，建物を建てることであるとは認識していない．もっとずっと先を見ている．

一番目の人の仕事は，その作業を命令している人が，「作業終わり」と言えば終了だ．二番目の人の仕事は，壁が完成すると終了する．

三番目の人の仕事は，教会が完成した段階で終わる．ところが，四番目の人の仕事は，教会が完成しても終わらない．むしろそこから始まるのだろう．この人は牧師さんか神父さんかもしれない．

一番目から四番目と進むに従って，仕事に対する抽象度が上がっていく．

仕事に対するやる気の問題に関して言えば，人は自分の仕事を，より抽象的に捉えた方がモチベーションは高まる．一番目の人から四番目の人にいくに従って，労働者のやる気は高まり，生き生きと働いているだろう．

では，この4人の仕事を客観的に評価してみよう．つまり，仕事の出来栄えとしては，どの人の仕事が一番よいだろうか？　これは，一概に判断できない．一番目の人が一番熱心にやっていて，仕上がりも丁寧で，仕事の出来栄えとしては4人の中で一番よいかもしれないのだ．

通常はやる気のある労働者の仕事の出来はよく，やる気のない労働者の仕事は，出来がよくない．しかし，仕事の第三者による客観的な評価は，レンガ積みのような仕事（単純労働）では，労働者の自分の仕事に対する誇りやモチベーションとは，あまり関係ないこともある．

モチベーションという観点から見ると，この話の場合，やはり一番目～四番目と高まっていき，メンタルな面での充実度，つまり，「仕事した感」（充実感や達成感）もこの順で高まっていくだろう．

さて，あなたは職場でどんな仕事をしていますか？

この寓話に出てくる4人の誰に一番近いですか？

自分の仕事の抽象度を上げ，それでもリアリティを保つことができれば，仕事のモチベーションは上がるだろう．抽象度の高い何かを，心に秘めて仕事に当たっている人は，自分の仕事がどんな仕事であれ，自分の仕事に対して誇り

がもてるので，仕事に対するやる気がそう簡単にはなくならない。

しかし，自分の仕事を単なる作業と捉えている人は，やる気がなくなりやすい。

自分の仕事に対する誇りについてだが，これはあくまでも個人的なものだ。レンガ積み作業の話で分かるように，彼らは4人ともまったく同じ仕事をしているのだ。しかし，自分の仕事に対する誇りは，おそらく，まったく違うだろう。少なくとも，四番目の人はレンガ積みという今やっている仕事に誇りをもっているだろう。ところが，一番目の人はそれほどこの仕事に誇りをもっているわけではないだろう。

1. 動機づけとは何か

我々は，なぜ行動するのか，を解明するのが「動機づけ」の分野の研究である。我々は，行動する時には，自分自身の内部に生理的・心理的不均衡が生じている。生理的・心理的不均衡は，要求とか欲求という緊張状態を作り出す。

我々は，「恒常性維持機構（ホメオスタシス）」を働かせ，緊張状態を解消させようとする。緊張解消のため，我々は，行動を引き起こす。

その行動の結果が成功すれば，欲求は低減する。不成功であると，欲求不満（フラストレーション）状態となり，いろいろな防衛機制や不適応行動が生じる。

こうした体系のことを「動機づけ」と呼んでいる。

動機とは，「行動を引き起こす原因となっているもの」のことである。例えば「かっとなること（怒り）」が「動機」だ。それがもととなって，人によっては「殴りかかる」という「行動」を引き起こす。

2. 動機の分類

■ 一次的動機（生得的な動機）
1）生理的動機
　空腹（不足状態）とか，渇き（不足状態）とか疲労（過剰状態）といった生理的な過不足状態が我々の身体の内部に生じると，我々は，生理的なバランス状態を取り戻そうとして，恒常性維持機構を働かせる。
　これが働くと，我々は，緊張を解消させる方向に行動を起こす。
　つまり，空腹の場合は物を食べる，とか，喉が渇いている場合は水分を補給する，とか，疲労している場合は休息をとる，という行動を起こす。
　人工的に特定の栄養素だけを取り去った食物を動物に与え続けると，特殊飢餓状態を作り出すことができる。特殊飢餓状態になった動物は，その後，その栄養素を無意識に選択的に多く摂取することが知られている。

2）性動機
　生殖行動・育児行動は，性ホルモンによって支配されていて，下等動物ほど性ホルモンの影響力が強く，高等動物になればなるほど，性動機が弱い（下等動物は，一次的動機のみで生きている）。

3）内発的動機
　行動すること自体が，緊張を解消するような動機のことである。内発的動機も一次的な動機である，と考えられている。

①感性動機
　我々は，環境から常に適度な刺激を求めている。過度な刺激は心身を痛める。それを解消させようとする行動が起こる。
　つまり，心身が痛むと，情動が発生し，その情動が行動を引き起こす。これも，情動が行動を生んでいるという意味で動機づけである。

街のチンピラが，肩に触れられた時に，かっとして，いきなり相手を殴るというのは，テリトリーを侵害された動物が，怒るのとよく似ている。これは，怒りが，殴るという行動を生んでいる（我が家の猫はテリトリーを侵害されると，とても怒る）。

　例：例えば，他人から行動的な侵害や言語的な侵害（馬鹿にされた，侮辱された）を受けた時，怒りの情動が起こり，その後，攻撃行動が起こる場合がある。怒りは，攻撃行動を生じさせる。

②好奇動機・活動動機

　目新しい物を見たい，触りたい，という動物がもつ一次的な動機。

　パズルをサルに与えると，餌を与える（報酬を与える）わけでもないのに，パズルに取り組んだりする。

③柔らかい物への接触動機

　小さい子供がいつもぬいぐるみやタオルを持っている，という接触動機のことである。

＊H. F. ハーロウの実験（Harlow, 1958）

　親から離した子ザルにミルクを与える。一方には，金属の先からからミルクを与え（針金の母），もう一方には，柔らかいタオルからミルクを与える（タオルの母）。

　前者の母から育てられたサルを，どっちに行ってもよい，という状況に置くと，後者の柔らかい方（タオルの母）に愛着を示し，こちらからミルクを飲む。長年，針金の母からミルクをもらっているのだから，こちらに行ってもよいと思われるが，動物には，柔らかい物への接触動機があるので後者に愛着を示すのだ，と考えられている。

　この動機によって，小さい子供はぬいぐるみと一緒に寝る，といったような行動をとる。

■ 二次的動機

一次的動機が，生得的なものであるのに対し，二次的動機は後天的に学習された動機のことである。二次的動機は，社会生活の中で，人間関係を通して獲得される社会的動機が中心となる。以下に代表的なものを示す。

獲得動機
① お金（貨幣）に対する動機
お金を手に入れるために人間はいろいろな行動を起こす。お金が行動を起こす動機となっている。
② 支配動機
「人を支配したい」ということからくる行動である（例：鍋奉行）。
③ 拒否動機
「他人を軽蔑したい」という動機。「他人を排除・軽蔑したい」という動機からいじめるという行動をとったりする。

3. A. H. マズローの欲求五段階説

人間の基本的欲求を，マズローは5つのカテゴリーに分類し，その階層性を主張した。一番下が，生理的欲求，二番目が安全と安定の欲求，三番目が所属と愛の欲求，四番目が承認の欲求（人に尊敬されたい，認められたいという欲求），五番目が自己実現の欲求，である。

人間は，低い次元の欲求から顕在化し，それがある程度満たされることにより，次の欲求が顕在化してくる，と論じた（Maslow, 1954）。

人間以外の動物同様，人間にとっても，飲む・食べる・寝るといった生理的欲求が重要で，それらがある程度満たされると，つまり，食うに困らなくなって

図5-1　マズローの欲求五段階説

くると安全な家が欲しいということになる。その安全とか安定が満たされてくると、どこかに所属したい、会社や団体という組織に入りたい、家族をもちたい、という欲求が出てくる。こうした所属とか愛の欲求がある程度満たされると、「他人に自分のことを認めてもらいたい」という承認欲求が出てくる。「人に褒められたい」とか、「偉いと言われたい」というような承認欲求がある程度満たされると、「本当に自分がやりたいことを実現したい」という欲求が生まれてくる。これを自己実現の欲求と言う。

他人に何を言われようが自分はこれをしたいのだ、自分にしかできないことをやりたいのだ（例えば、トーマス・エジソンが白熱電球を完成させた、とかピカソがゲルニカを描いた等）。また、定年退職した人たちが、牧場を経営したり、「自然と触れ合いたい」といって田舎に移住するといった行動も自己実現欲求からの行動と言えるだろう。

マズローの欲求五段階説の頂点に来る自己実現の欲求は、自らの可能性を実現して理想的な自己のあり方を目指そうとするものである。したがって、他の4つの欲求と違ってこれが完全に充足されることはない。

マズローの欲求五段階説は、低次の欲求が満たされないと高次の欲求による行動は生じないと、欲求の階層性を主張する。C. P. アルダーファ（Alderfer, 1972）は、生存、関係、成長の3つの欲求次元を考えた。ここでは、同時に2つ以上の欲求をもちうると仮定した。

4. 認知的理論

1) 外発的動機づけ

ある行動が、報酬や目標など、別の物を得るための手段となっている場合、これを外発的動機づけという。

例：お小遣いをもらうために勉強する。お金を稼ぐために働く。

2) 内発的動機づけ

行動そのものが目的になっている場合には、内発的動機づけだ。

例：勉強の内容が面白いから勉強する。仕事の内容が好きだから働く。
なぜ，内発的動機づけが起こるのか。
→人間は，もともと，環境に対し影響を与えたいと考えていて，その自信が内発的動機づけの原動力になっている，という考え方がある。

① J. B. ロッターの「統制の所在概念」(Rotter, 1966)
　①成功とか失敗といった行動の結果を左右するのは自分自身である，と認知している人　→　内的統制感が強い人
　例：試合でよい結果が出た場合，それは，自分自身が一生懸命練習したからだと考える人。結果を左右するのは自分である，と考える人。
　②結果を左右するのは，自分以外の外的な何者かである，と考えている人
　　→外的統制感の強い人
　例：試合でよい結果が出るのは，相手がたまたま失敗したとか，自分以外の原因，例えば，天候が味方したとか，相手がへまをしたとかが原因だと思う人，つまり，外的な要因が結果を左右するのだと考える人。
　⇒ロッターの「統制の所在概念」では，人には，物事の原因が外にあると考えるタイプと，内にあると考えるタイプがいる，と考える。
　　内的統制感が強い人ほど，動機づけ自体が強くなる。すべての原因は自分自身にある，という考えの人は，やる気を起こしやすい，ということだ。

② R. ド・シャームの「指し手・コマ理論」(de Charms, 1968)
　ド・シャームは，指し手意識とコマ意識という概念を主張した。
　自分の意思で行動を起こしている人が「指し手」，何者かによって動かされている，操り人形のように行動している人が「コマ」であり，人間には，指し手意識が強い人と，コマ意識が強い人がいる，と主張した。
　世の中には，このように二種類の自己認知をする人がいる。
　指し手意識が強いほど，内発的に動機づけられる。

③ E. L. デシの「認知的評価理論」(Deci, 1975)

　デシは，自己決定感と自己有能感という2次元で自己認知を捉えた。自己決定感というのは，「結果は自分が決定しているんだ」という考えである。デシは，自己決定感と自己有能感の両方とも高いと，内発的に動機づけられやすいと言う。自己決定感と自己有能感の両方とも高い場合，たとえ報酬をもらって行動しても，その人は報酬のために行動しているわけではなく，行動すること自体が動機づけとなっているのだ。

　自己有能感も自己決定感も両方とも低い場合は，やる気がない状態となる。スポーツで言うと，試合で控えの選手は，試合の結果に影響力をもたない。したがって自己決定感は低い。はじめから控えにいるわけだから，自己有能感も低い。このように両者が低い場合，デシは，やる気がなくなると言っている。選手はずっと控えにしておくとやる気がなくなってしまうのだ。1回くらいは試合で使うべきである。使わないのにずっと控え選手にしているという状態は，選手を腐らせる。

5. 葛藤と欲求不満

1) 葛　　藤

　我々は，好ましい物に接近するように動機づけられる。少しでも高い給料を払ってくれる会社や，少しでも労働条件がよい会社で働きたいと思うし，少しでもよい暮らしをしたいと思う。しかし，人間の行動は，1つの動機によって支配されているわけではない。

　　例：異性に近づく行動（ナンパ行為）の動機
　　　　→　性的興味。
　　　　→　自己顕示欲を満足させたい。
　　　　→　助けてあげたい。
　　　　→　助けて欲しい。

　　⇒行動には複数の動機があるのだが，そのそれぞれの動機が両立せずに存在する場合，「葛藤（コンフリクト）」の状態にある，と言う。

①接近－接近コンフリクト
　両方に接近したいのだが，一方しか選択できない状態。
　例：例えば，ある子供が，野球もしたいし，テレビゲームもしたい，といった状態にあるとする。しかしこの2つを両立することはできない。しかしこうした場合，その子供はどちらか一方を選択しなければならない。この子にとっては，二者択一で悩んで葛藤している状態である。

②回避－回避コンフリクト
　両方とも回避したいのだが，なかなか決断できない状態。
　例：例えば，お母さんに「手伝いをしなさい」と言われた子供の場合，手伝いするのも嫌だし，手伝わないことによって，お母さんに怒られることも嫌。両方を回避したいのだが，両方回避できないで，困っている状態。

③接近－回避コンフリクト
　1つの目標が正負両方の性質を同時にもっている場合。
　例：タバコは吸いたいが，肺がんになるのも恐い。
　　　あるいは，ケーキを食べたいのだが，それによって太るものも嫌。

④二重接近－回避コンフリクト
　2つ以上の事柄（目標）がもともとあって，それぞれ正負の両方の性質を同時にもっている場合。
　例：例えば，身体はきついけれども給料のよい仕事と，楽なのだが給料が安い仕事がある，その2つのうち，どちらを選ぶのか，と悩んで葛藤が起こるケース。
　どちらをとるかは，その人のパーソナリティや置かれた立場によって異なるだろう。

2）欲求不満

　欲求不満とは，欲求が充足されないことによる，不快な心的状態のことを言う。

①物理的障害

　乗ろうと思っていた電車のドアが突然，自分の目の前で閉まった場合。このような場合，人は，欲求不満による不快感を感じるだろう。

②社会的障害

　「試験に落ちた」とか，順番からいうと次は自分が課長になれると思っていたのに，他人が自分よりも先に課長になった，というような場合が社会的障害による欲求不満。

③個人の能力不足

　陸上競技の選手が，「当然，これくらいの記録が出るだろう」と思って，記録会に臨んだが，悪い成績が出てしまった場合。

④葛　　藤

　葛藤状態が起こった場合も，欲求不満となる。
　「ケーキ食べたいが太るのは嫌だなぁ」と思いながら，「ケーキを食べる」という選択をしても，「食べない」という選択をしても欲求不満は残る。なぜかというと，食べた場合，太るかもしれないという不安が残り「食べなきゃよかった」という後悔が残る。もし，食べないという行動をとったとしても，「たぶん，おいしいケーキだったのだろうなぁ」と食べられなかったことに対する欲求不満が残る。つまり，どちらの行動をとったとしても，葛藤状態の時は，欲求不満が起こる。

⑤フラストレーション耐性

　欲求不満が起こっても，不適応行動を起こすことなく，自分自身の行動をコントロールできる能力のことを，「フラストレーション耐性」という。
　おもちゃが買ってもらえないと泣きわめく子供がいる。これは「フラストレーション耐性」がないからだ。電車のドアが突然自分の前で閉まった人を見かけることはよくあるが，その際「暴れまくる」とか「周りの人にあたる」とか

の行動をとっている人を見かけることはあまりない。「フラストレーション耐性」があるからだ。

6. 防衛機制（defence mechanism）

防衛機制（defence mechanism）とは自分の依拠してきた心理的な体制を守るために働く対応措置としての機能のことを言う。欲求不満や不快な状況に人がおちいった時，そうした不快な状況を見聞きしないようにしたり他の行動によって補償したりする。

以下に述べるのは，人が示す欲求不満を解決するための行動の例である。

1）退却行動

欲求水準を引き下げること。

例：電車ドアが目の前で突然自分の前で閉まった場合，「あぁ，次の電車でもいいや」と思うこと。「少しくらい遅れてもいいや」と欲求水準自体を下げること。

2）迂回行動

目標達成への手段を工夫すること。回り道をするとか，別の手段を工夫して，別の行動をとること。

例：電車のドアが目の前でしまったら，すぐにタクシーに乗るとか，試験の成績が悪かった場合，勉強で道を開くのではなく，勉強以外の別の人生を切り開こうとすること等。

3）代償行動

代わりの目標を探すこと。

例：「外で野球をしたい」と子供が思った時に外を見ると，雨が降っている。その時，仕方ないから「家でできる遊びをしよう」と考えること。野球をするという目標から，家でゲームをするという目標に変える。これ

は，別のものに目標を変えることで欲求不満を解消する行動だ。

4）攻撃行動

実は，本来の行動と現実の行動は違う。本来は，積極的な行動を意味するのだが，現実には，別な方法をとることが多い。

例：試合で負けた場合，本来の攻撃行動とは，相手チームの選手を殴るといった行動をとることで欲求不満を解消すること。しかし，現実には，そんなことはできない。そのため，別の方法をとる。

1つは，「八つ当たり」。

例えば，欲求不満になった人が，家族や自分のペットを殴る，といった，家族やペットに八つ当たりをすることがある。また，試合に負けた選手がロッカーを蹴飛ばすとかの行動をとることもよくある。それによって，少しは心がすっとして，欲求不満が解消される。

もう1つは，「曲がった手段」だ。

これは，試合で負けた選手が，勝った選手にいたずら電話をかけるとか，選手仲間に悪口を言いふらすとか，試験に落ちた人が学校にいたずら電話をするとかのことを言う。これらのように，間接的に曲がった手段によって攻撃行動をとること。

5）退行行動

年齢にふさわしくない，未成熟な短絡的な行動様式をとること。

例：会社で上司に小言を言われた等，不快なことがあった時に，飲み屋で酔っぱらって暴れる，という行動をとること等が退行行動だ。本来だったらその上司を殴りたいが，それができず，お酒で酔っ払って子供のような行動をとってしまう。

攻撃はせずに退く。我慢して，酒に逃げる。これでも欲求不満は解消される。

子供が，自分に妹や弟が生まれた場合，欲求不満になることがある。親の愛情が赤ちゃんの方にいくため，先に生まれた子供は欲求不満にな

りやすい。その際，欲求不満を解消するために，欲求不満になった子供はよく退行行動を取る。幼児語を使ったり，夜尿することで，防衛機制をとるのだ。

6) 固着行動

解決不能な状態・状況におかれると，やみくもに同じ行動を繰り返す。本人は無駄であるとわかっているのだが同じ行動を繰り返すのだ。

例：テレビゲームでロールプレイングゲームをやっていて，解決不能な場面に出くわした時に，その行動では解決できないと，十分本人は分かっていながら，間違った同じ行動を何回も繰り返してしまう。

また，知恵の輪に取り組んでいて，解決できない場合，こうやっても解決できないと本人は分かっているのだが，同じ行動をとり続ける。このことを「固着行動」と言う。固着行動をとることでも，欲求不満が，ある程度，解消される。

7. モチベーションが低下している時代の労働

■ 現状分析

日本では，戦後からごく最近に至るまで（戦後⇒高度経済成長期⇒パソコン・携帯電話の普及期），人々が労働する際の動機づけとして，物欲が機能していた。つまり，多くの日本人にとって，車・家（マンション）・カラーテレビ・パソコン・ゲーム機・携帯電話等を手に入れたい，という物欲が労働の動機づけとなっていた。

そうした時代の職場では，上司が部下に対して，「○○しなさい」と命令するのは当然であり，職場で朝，上司に顔をあわせたら挨拶をするのが当たり前，社会人だったら時間を守って当たり前，給料をもらっているのだから仕事をきちんとするのは当たり前，等の価値観が人々の間に共有されていた。上司は部下に対して，「○○しなさい」と命令すれば，たいていの部下はそうした。

多くの人が，上司の命令どおりに動いた理由は，できれば職場で出世して，

多くの給料をもらって「豊かな生活がしたい」と思ったからである。今でも中国やベトナム等では，頑張って勉強して少しでも上のポジションに行って，物質的に豊かな生活を送りたい，と思っている人が多い。中国やベトナムでは，多くの労働者が，仕事が終わって家に帰った後も，自分のキャリアアップのために勉強していると言われている。つまり，非常に勉強熱心で労働に関して前向きな姿勢をもっている人が多い。かつての日本もおそらくそうであったのだろう。

人々を仕事に向かわせる「動機づけ（モチベーション）」は，人によって違い，国によっても違い，同じ国でも時代によって違う。では，今の日本の労働に関する人々の「メンタリティー」はどのようなものなのだろうか。人々は，金銭的・物質的なものだけによって動機づけられているようには見えない。では，今の日本人は何によって動機づけられているのだろうか。

大学生等若い人たちに話を聞いてみた。そうすると，「自分らしく生きたい」とか「好きな仕事をやって気ままに生きたい」等の回答がかなりあった。こうしたことをするための最低限度の生活を保証するのが仕事である，と思っている人が多いことに気づいた。

こういう人たちに対して，職場の上司が「○○しなさい」と命令したり，「給料をもらっているのだからしっかり働くのは当たり前だ」等の働きかけは，それ程効果が期待できないだろう。まして上司が部下に対して，「ちゃんと仕事をしないと，出世できないぞ」と言うこと等は，効果がないどころか，部下の反発を招くかもしれない。では，このような人々には，どのようなマネージメントが有効なのだろうか。

■ 自分自身や部下のモチベーションを上げる方法 I

今は，人々に仕事を強制するのではなく，「自分からやりたい」「自分から仕事をしたい」と思わせるようなマネージメントが求められている。今日の日本の職場では，マネージメントに携わる人は，働く人々が自ら仕事をしたくなるように仕向けなければならないのだ。では，そうしたマネージメントをするためには，どうすればよいのだろうか。

① 「安定」を求める心
② 「冒険」や「挑戦」を求める心
③ 「愛情」を求める心
④ 「重要さ」を求める心
⑤ 「知識・スキル・技術」を獲得したい心
⑥ 「社会貢献」したい心

　人々は，この6つによって動機づけられている。
　まず，人には「安定を求める心」がある。例えば，働く人に「なぜあなたは働いているのですか？」と投げかけると，多くの人は「それは生活の安定のためである」と答える。このように答える人の仕事に対するモチベーションは，「安定の心」だ。多かれ少なかれ人々は，この安定を求める心をもっている。これが労働の動機づけのもととなる。安定を欠いている人は，安定を求めて行動し，生活を安定させるために働く。つまり，生活の安定は，人が働くモチベーションの1つだ。現状分析で述べた「物欲」は，これに近いと言えるだろう。したがって，「安定を求める心」によって動機づけられている人には，「こういう風に仕事をすると出世できますよ」とか，「こうすれば生活が安定できますよ」，といった上司からの働きかけは有効であると言えるだろう。
　「冒険，挑戦を求める心」が，人が何かを行動する時の動機づけになる。「生きて帰還できないかもしれないけれども，一生に一度くらいは宇宙旅行に行きたい」と言っている人がいる。「失敗をするかもしれないけど責任のある仕事をしたい」とか，「今までにはない新しいプロジェクトをやってみたい」とか，「それまで自分がやったことのない仕事がやりたい」といった心を人間は必ずもっている。人によって，それが強いか弱いかだけの違いだ。これが強い人には，重要なポストにつけて，ある程度，仕事を任せると，張り切ってやるのだ。「安定」を求める人に対して，給料や福利厚生の話をするのは有効だが，「冒険，挑戦」を求めている人に対して，「何年か経ったら安定した生活が得られますよ」とか，「この会社は，福利厚生が充実しているので安心して働けますよ」といった話をしても，あまり効果が得られない。

転勤や配置換えについては，「安定」を求める人には，負担になるが，「冒険，挑戦」を求める人には，それ程苦ではなく，新しい職場で張り切ってやってみよう，という動機づけになり得る。つまり，転勤や配置換えは，そのことによって，輝く人もいれば，がっかりする人もいるのだ。

　人々は，「愛情やつながりを求める心」をもっていて，それが人々の行動のモチベーションになる。人々は「誰かとつながっていたい」とか，「誰かに愛されたい」とか，そういう心を誰しも必ずもっている。これが人間の行動の源になる。

　高校進学で友達と同じ学校に行きたいと思う人がいる。その人は，中学時代の友達といつまでもつながっていたいので，自分の偏差値より下の学校であっても，友達と同じ学校に行けるのであればその学校に行くのだ。つまり，友達といつまでもつながっていたいという心が，その人の行動（高校進学）の動機づけとなっているのだ。また「親に褒められたい」，「親から愛情をもらいたい」という心が，子供が勉強する時の行動の動機づけになっているケースが多い。この「愛情とかつながりを求める心」によって強く動機づけられるタイプの人は，上司から挨拶をされたり，声を掛けてもらうと嬉しく感じる。しかし，これにあまり動機づけを感じない人は，上司から仕事以外の話で声を掛けられるとかえって，うっとうしく感じる。

　世の中には責任の重いポストに就きたいと思っている人と，そうでないと思っている人がいて，責任の重いポストに就きたいと思っている人にそのポストが与えられると，動機づけになる。しかし，そのポストに就きたくないと思っている人にとっては，「余計な仕事が増えてやっかいだ」となってしまって，かえってストレスが増加することになる。

　人に自分の価値を認めてもらいたいという願望が，「重要さ」を求める心の意味で，これに強く動かされる人は，上司から「あなたはこの職場に必要である」「あなたが職場にいることで助かっている」といったようなことを言われると，張り切って仕事をするだろう。しかし，このことは，全員に当てはまるわけではない。ほとんどの人にはこのコミュニケーションは有効だが，あまりにも重要性や責任の重さを強調すると，かえってそのことが負担になってストレ

スが増加する人もいるので注意が必要だ。

　「成長を求める心」も，人々の行動の動機づけとなる。人は，誰しも成長したいものであり，自分が成長できるのであれば頑張ってやろうとする。例えば，学生時代の勉強や部活での練習は，「今より少しでも成長したい」というモチベーションにより支えられているのだろう。人間は成長したいという心をもっているので，それが動機づけとなって，辛い仕事や練習でも頑張れるのだ。成長したい心は，仕事への動機づけにもなるし，人を生き生きと働かせることにも貢献することとなる。「○○さんの技術は前に比べるとずっと上達しましたね」と言われると，これをモチベーションにしている人にとってみると，嬉しいし頑張れるのだ。

　また世の中には「社会貢献の心」が動機づけになる人がいる。社会貢献の心，つまり人々を助けたいという気持ちが動機づけとなって，その人の行動を決めることがある。病気の人を助けたいという気持ちが動機づけとなって，医師や看護師といった医療職に就く人がいる。たとえ見返りがなくても，人に貢献したいという気持ちを強くもっている人には，これが行動の動機づけになる。地震等大きな災害が発生した時，多くの人がボランティアに参加する。目に見えるような見返りはないにもかかわらず，なぜ人々はボランティアに参加するのだろう。ボランティアに参加する人たちにとって，この「社会貢献」したいという心が満足させられることが見返りとなっているのだろう。

　社会で成功した人の多くが，この社会貢献の心を動機づけとした行動，例えば寄付行為等をとることが知られている。

　以上，人間が動機づけられる源になり得るものについて述べてきた。これらのものに人は動機づけられる。しかし，人によってそのバランスやコンビネーションが違うのだ。職場の中で，人々に自発的に張り切って仕事をしてもらおうと思った場合，まず最初に，相手が何に動機づけられているのかを観察することが必要であり，とても重要である。そして，相手に適合した（合わせた）コミュニケーションをすることが必要だ。上司は，日常の会話の中で，部下の言動を注意深く観察し，この部下は，何に動機づけられているのか，について常に心を配る必要がある。そして，○○に動機づけられた人には，○○という

コミュニケーション，また別の○○に動機づけられている人には○○といったコミュニケーションといった具合に，個々の部下に有効なコミュニケーションを考えることが，職場のリーダーには求められているのだ。

■ 感情のコントロールの重要性

あらゆる分野の職場で，この人の下で仕事をやりたいとか，この人と一緒に仕事をやりたいと思わせることのできる上司が必要とされている。現在は感情の時代だと言われている。今，若い人たちは，論理で動いているのではなく，感覚とか感情・感性で動いているのだ。

マネージメントをする人は，感情についてある程度知識をもつ必要がある。また，自らの感情をコントロールする能力をつける必要がある。「自分はハッピーである」と思える能力は論理的なものではない。論理的な思考でハッピーを考えると，経済的に豊かであるとか，社会的に地位が高くて……と考えがちである。しかし，「人がハッピーである」というのは，感情的なものであって，主観的なものである。常に王様がハッピーであるとは限らないし，金持ちがハッピーであるとは限らない。自分はこの職場で生き生きと働けているとか，この職場で仕事していることがすごく幸せであると感じられること，こういうことはあくまでも主観的な話で，その人がそう思うかどうかだけの話である。

また，人間関係がうまくいっているかどうかも，主観的なものである。その人がうまくいっていると思うかどうかの話である。周りから見ると別に人間関係に問題があるように見えないのに，本人だけが人間関係で悩んでいるという人が今の日本ではかなり多い。感覚や感情の世界だから，うまくいっていると思えばよいだけのことである。それができる能力のことを，「感情のコントロール能力」と言う。「自分は人生に成功している」「人間関係もうまくいっている」「仕事も充実していていきいきしている」と自分で本当に思えるようにすることが感情のコントロール能力であり，今日の日本ではこの能力が必要とされている。

多くの人は，今，意味もなく不機嫌な時間が多すぎるのではないだろうか。自分で自分のハッピーさを決められるようになると，ご機嫌な時間が増えてく

るだろう。こうなると人は，逆にストレスを求めるようになるかもしれない。ストレス耐性ができてきた証拠だ。人間はストレスがあることによって成長する。自分の意見と違うことを言ってくれるような人がいればいるほど，自分が成長できるきっかけとなる。ところが感情のコントロールができていないと，誰かが自分に反対意見を述べてきたりすると，とたんに不機嫌になってしまう。

■ 自分自身や部下のモチベーションを上げる方法 II

　人間は人の影響を受けやすい動物であり，特に日本人はその傾向が強い。それならば，モチベーションを上げるために他人の力を利用するという方法が考えられる。昔からよい友達を選びなさい，朱に交われば赤くなる，何年かかってもよいからよい師匠を選べ，といったような言い伝えがある。これはすべて，人は他人に影響をされやすいものである，ということを表わしている。モチベーションを高めるためにこの性質を使えないだろうか。モチベーションが高い職場ではモチベーションが低い人のモチベーションが上がる，逆にモチベーションが低い職場はモチベーションの高い人のモチベーションを下げる。モチベーションが高い，つまり仕事を頑張ってやろうという社員が入社した時に，その会社全体のモチベーションが低いと，そのやる気のある新入社員は3ヶ月もすれば周りと同じようにモチベーションが低い状態になってしまうだろう。

　モチベーションを高めるためにこうした人間の性質（同調行動）を利用することができる。例えば，予備校生の場合，同じ学校を目指している人たちがグループを作る，つまり志が同じである友人を多く作ること，これは自分のモチベーションを周りの人が上げてくれることにつながるだろう。

　自分のモチベーションを高くもっていくためには，周りの環境をある程度自分でコントロールすることも求められる。「仕事で疲れているなぁ」と思った場合は，家族団らんの時間を増やしたり，心許せるような友人たちとの時間を増やすといったことによって，ある程度ストレスマネージメントができる。しかし，だから家族や幼なじみはよいものなのだ，と思ってはいけない。確かに家族や幼なじみは，自分が変化することを望まない（今のままの自分を認めてくれる）ので心を癒してくれる。しかし，そこにずっと居続けるとその人の成

長は望めないだろう。自分が成長したいと思ったら，ある程度のストレスの中に身を置くことが必要である。ストレスが悪と決めつけるのではなく，「ストレスの中に身を置くことは自分が成長していくのに必要なことなのだ」という認識をもつことが大事である。この2つのバランスが重要で，自分自身でコントロールすべきだ。

■ 公平理論（equity theory）

　J. S. アダムス（Adams, 1965）は，職場で支払われる仕事の報酬としてのお金（給与，賞与等）の問題について論じた。仕事に対する対価としてのお金は，たくさんもらえばもらうほど，人の動機づけは高まるのだろうか？　アダムスは従業員に仕事に対してやる気を起こしてもらって，張り切って仕事に取り組んでもらうためには，報酬を，ただたくさん支払えばよいというものではないと言う。そこに，従業員が公平であると感じることが必要であると主張するのだ。

　従業員は，自分のおこなった仕事と自分が受け取った報酬とのバランスを，他者のやった仕事と他者が受け取った報酬とのバランスと比較して，その公平さを判断している。つまり，ここで3つのケースが考えられるわけである。

　1つは自分のやった仕事と報酬の比率が，同じ仕事をやっている他者のやった仕事と報酬の比率に比べて低い，と判断される場合。この場合，その人は，自分の報酬は，同じことをおこなっている他の人に比べて低いと考えている。

　もう1つはこの比率が高いと判断される場合。この場合，その人は自分の報酬は他者に比べて高いと考えている。

aさん過大支払い　　　aさん過小支払い
bさん過小支払い　　　bさん過大支払い　　　公平な状態

$$\frac{Oa}{Ia} > \frac{Ob}{Ib} \qquad \frac{Oa}{Ia} < \frac{Ob}{Ib} \qquad \frac{Oa}{Ia} = \frac{Ob}{Ib}$$

　Oa は a さんのアウトカム，つまり a さんが仕事で受け取った報酬
　Ia は a さんがその仕事に投じたインプット（労力・能力等）
　Ob は b さんのアウトカム，つまり b さんが仕事で受け取った報酬
　Ib は b さんがその仕事に投じたインプット（労力・能力等）

もう1つは，この比率が公平であると考えている場合。

アダムスは，従業員の仕事への動機づけが，最も高まるのは3番目のケース，つまり，自分が貢献した仕事の量や質に対して，支払額が妥当でありバランスが取れている，とその人が判断した時である，と主張するのだ。

過小な報酬支払いであった場合は，人は当然不満だろう。では，過大な報酬支払いの場合はどうだろう？　人によっては，「たくさんもらえてラッキー！」と思う人もいると思われるが，多くの人はこの場合,「こんなにもらっていいのだろうか？」と不安になるようだ。不満の場合も，不安の場合もどちらも心理的緊張状態が引き起こされる。この心理的緊張状態は，不公平が大きければ大きいほど増大するだろう。

フェスティンガーの認知的不協和理論（p.187）によると，人がこのような心理的緊張状態に陥った場合は，これを排除したり軽減したりする，と考えられる。この場合，人がとると予想されるケースは5種類考えられる。

① O_a，I_a，O_b，I_b のどれかを現実的に変更する。
② O_a，I_a，O_b，I_b のどれかを認知的に変更する。
③不公平がおこなわれている状況から離れる。
④不公平がおこなわれている状況から比較相手を遠ざける。
⑤比較する対象となる他者を変更する。

会社等組織で働くということは，その組織に対して貢献することであるが，その代わりに，組織から金銭等の報酬を受け取るということになる。この際の，人が組織に対しておこなう貢献と，組織がその人に支払う報酬とが不公平であると感じられるのはどういう時だろうか？

ここで問題にしている，人が組織に対しておこなう貢献，つまりインプットは，仕事に対してその人がおこなった努力だけではない。その人の，学歴，経験，知識，年功，年齢，技能，男性か女性か，といった要素もインプットになる。これらの要素から，人は自分のやった仕事の報酬に対して期待をもつ。報酬（アウトカム）も単に給料や賞与だけでなく，その仕事そのものから来る報酬もあるし，与えられる地位も報酬と考えられる。

インプットとアウトカムが公平であるかどうかは，周りの状況によって判断

されるのであるが,判断する人はその個人だけではない。親戚や同僚といったその人が所属する準拠集団によっても判断される。アダムスは,ここで人が不公平であると考えた場合は,公平の回復または不公平の軽減に向けて,人は動機づけられるとする。すでに述べたように,不公平とは報酬が少なすぎると思った場合だけでなく,多すぎると思った場合も含まれる。不公平を減少させるためには,自分のインプットやアウトカムを調整するというのが,最も簡単であろう。給料が少なすぎると考えた場合は,それ程一生懸命に働かないようにする(インプットを減少させる)。給料が多すぎると考えた場合は,もっと頑張って働くようにする,といった現実を変えるという方法以外に,心理的にそれらを変えることが指摘されている。給料が少なすぎると思った場合は,自分の仕事に対する誇りを減少させるだろう。多すぎると思った場合はこの逆だ。また,不公平を感じた人は,準拠集団を変えるかもしれない。

1962年にアダムスらがおこなった賃金の不公平と生産性との関係を調べた実験を見てみよう。

この実験では被験者である男子大学生を,9人ずつ4グループに分けた。

　①時間給—実験群
　②時間給—統制群
　③歩合給—実験群
　④歩合給—統制群

彼らの仕事の内容は,面接調査であった。

①と②のグループには時間給3.5ドルが支払われた。

③と④のグループには歩合給30セントが支払われた。

実験群(①と③)には,「君たちは面接の経験がないので,面接調査員としては不適格なのだが,今回は仕方なく採用する」と言って,給料がもらいすぎていると感じさせた。

統制群(②と④)には,「君たちは面接調査員としての資格は十分もっている」と言った。

この実験の結果は,時間給の場合は実験群の方が統制群より平均の生産性が高くなった。つまり,彼らの仕事は面接することなのだが,たくさんの人と面

表 5-1 平均の生産性とケース数

	時間給		歩合給	
	実験群	統制群	実験群	統制群
メディアン[注]以上のケース数	8	4	1	5
メディアン以下のケース数	1	5	8	4
平均の生産性	0.2723	0.2275	0.1493	0.1961

注) メディアン median（中央値）：変数が N 個の値をとる時，それを大きさの順に配列した場合の中央の値。例えば，1 クラス生徒 30 人の身長を大きい順に並べた時，15 番目と 16 番目との平均の身長（広辞苑より）。

接したのだ。歩合給の場合は，実験群の方が統制群より生産性が低くなった。（実験群は，給料をもらいすぎだ，と思っている人たちである）。

　時間給の場合は，不公平を感じたグループの人たち（実験群）は，自分たちは能力がないのに高い報酬をもらっていると感じ，生産性を高めたのだ。
　一方，歩合給の場合，不公平を感じたグループの人たち（実験群）は，自分たちは能力がないのに高い報酬をもらっていると考え，この報酬を少なくするよう，生産性を低めたと考えられる。
　企業は社員に対して仕事の対価として報酬を支払う。企業が支払う報酬は給与や賞与といった金銭だけではない。社内における地位技術等を身につけるための機会，福利厚生等も報酬と言えるだろう。企業の支払う報酬は社員の日々の生活を支えるだけでなく社員の仕事に対するモチベーションや満足感を高める。アダムズの公平理論は，この報酬の分配が不公平だと社員のモチベーションや満足感が低下することを示している。社員は報酬が公平であるかを判断する際に，自分がその仕事のために投入した努力，能力，経験，時間等と自分が受け取った金銭，昇進，名声等の比率を考える。そしてそれを他の社員や他社の社員と比較する。自分が投入したものより受け取ったものが少ないと感じた人は，自分の能力を認めてくれる会社に転職を考えるだろう。会社としてはよい人材を社内にとどまらせるためには公平な報酬管理をすることが求められる。

あとがき

　筆者たちは，大学で教鞭をとっている。大学は中学や高校と違って，学生たちが自主的に講座を選んでいるのだから，学生たちの授業に対するモチベーションは高いはずである。しかし，現実には履修上の問題や，その時間帯に開講されている他の講座との兼ね合いで，本講座を履修せざるを得ない人たちも多い。また，心理学専攻の学生より，心理学専攻でない学生の方がずっと多い。したがって，本講座を受講したすべての学生が，興味をもって受講しているとは限らないので，そうした学生たちにもこの科目に対して，興味をもっていただけるよう，常に授業には工夫をしている。

　世の中をにぎわせているような出来事があれば，学者の立場からその事件がどう見えるのかについて，コメントしたり，授業で使えそうな映画や音楽，小説等があれば，授業の時にそれらを題材に議論をするような方法もよくとっている。

　本書は社会心理学の入門書として書かれた物だが，読者の方々が読んでいて飽きないように工夫したため，社会心理学の体系的な知識というよりも，題名どおりアンソロジー的になった。

　筆者たちは，本書執筆前に，いじめについての講演会を頼まれたり，リーダーシップや士気・モチベーションについてのセミナーを頼まれたりしていたので，そこで話した内容が本書にも影響している。

　末筆ながら，本書の作成に際し，ナカニシヤ出版宍倉由高氏，山本あかね氏に大変お世話になった。この場をお借りし，心からの感謝を申し上げる。また，最後まで読んでいただいた読者の方々にはお礼を申し上げたい。

武田正樹・藤田依久子

文　献

Abramson, L. Y., Metalsky, G. I., & Alloy, L. B. (1989). Hopelessness depression: A theory-based subtype of depression. *Psychological Review*, **96**.
Adams, J. S. (1965). Inequity in social change. In L. Berkowitz (Ed.), *Advances in experimental social psychology*. Vol.2. NY: Academic Press.
Adams, J. S., & Rosenbaum, W. B. (1962). The relationship of worker productivity to cognitive dissonance about wage inequities. *Journal of Applied Psychology*, **46**.
Adler, P., & Adler, P. (1989). The gloried self: The aggrandisement and the construction of self. *Social Psychology Quarterly*, **52**.
Alderfer, C. P. (1972). *Existence, relatedness, and Growth: Human needs in organizational settings*. The Free Press.
Allport, F. H. (1924). *Social psychology*. Houghton Mifflin.
Allport, G. W. (1935). Attitudes. In C. Murchison (Eds.), *Handbook of social psychology*. Clark University Press.
Allport, G. W. (1954). The historical background of modern social psychology. In G. Lindzey (Ed.), *The handbook of social psychology*. Vol.1
Asch, S. E. (1951). Effects of groups pressure upon the modification and distortion of judgments. In H. Guetzkow (Ed.), *Groups, leadership, and men*. Pittsburgh, PA: Carnegie Press.
Asch, S. E. (1966). Opinions and social pressure. In S. Coopersmith (Ed.), *Frontiers of psychological research*. Freeman.
Atkinson, J. W. (1957). Motivational determinants of risk-taking behavior. *Psychological Review*, **64**.
アクセルロッド, R. (1984). 松田裕之 (訳) (1988). つきあい方の科学　ミネルヴァ書房
Axelrod, R. (1997). The dissemination of culture: A model with local convergence and global polarization. *Journal of Conflict Resolution*, **41**.
Bandura, A. (1977). Self-efficacy: Toward a unifying theory of behavioral change. *Psychological Review*, **84**.
バーナード, C. I. (1938). 山本安次郎・田杉　競・飯野春樹 (訳) (1968). (新訳). 経営者の役割　ダイヤモンド社
Barnes, R. D., Ickes, W., & Kidd, R. F. (1979). Effects of the perceived intentionality and stability of another's dependency on helping behavior. *Personality and Social Psychology Bulletin*, **5**.
Baron, R. A. (1983). *Behavior in organizations: Understanding and managing the human side of work*. Boston: Allyn & Bacon.
Baron, R. A. (1989). *Psychology: The essential science*. Boston: Allyn & Bacon.
Baron, R. A., & Byrne, D. (1987). *Social psychology: Understanding human interaction*. 5th ed. Boston, MA: Allyn & Bacon.
Baron, R. A., & Ransberger, V. M. (1978). Ambient temperature and the occurrence of collective violence : The 'long, hot summer' revisited. *Journal of Personality & Social Psychology*, **36**.
Baron, R. M., & Boudreau, L. A. (1987). An ecological perspective on intergrating personality and social psychology. *Journal of Personality and social Psychology*, **53**.
Baron, R. M., & Byrne, D. (1987). *Social psychology: Understanding human interaction*. 5th ed. Allyn and Bacon.
Baron, R. S. (1986). Distraction-conflict theory: Progress and problems. In L. Berkowitz (Ed.), *Advances in experimental social psychology*. Vol.19. Academic Press.
Bellak, L. (1970). *The porcupine dilemma: Reflections on the human condition*. Citadel Press.
ベネディクト, R. (1946). 長谷川松治 (訳) (1967). 菊と刀　社会思想社
Berlo, D. K., Lemert, J., & Meltz, R. (1966). *Dimensions for evaluating the acceptability of message source*. Michigan State University.

文　献

Bies, R. J., Bennett, N., Martin, C. L., & Brockner, J. (1988). Coping with a layoff: A longitudinal study of victims. *Journal of Management*, **21**.
ブレイク, R. R., & ムートン, J. S. (1964). 上野一郎 (訳) (1965). 期待される管理者像　産業能率短大出版
フォン・ベルタランフィ, L. (1967). 長野　敬 (訳) (1971). 人間とロボット　現代世界での心理学　みすず書房
Brockner, J., & Grover, S. L. (1988). Predictors of survivors' job involvement following layoffs: A field study. *Journal of Applied Psychology*, **73**.
Brown, G. W., & Harris, T. (1978). *Social origins of depression.* Tavistock.
Brown, J. D., & Smart, S. A. (1991). The self and social conduct: Linking self-representations to prosocial behavior. *Journal of Personality and Social Psychology*, **60**.
Burger, J. M. (1986). Increasing compliance by improving the deal: The that's-not-all technique. *Journal of Personality and Social Psychology*, **51**.
Byrne, D., & Nelson, D. (1965). Attraction as a linear function of proportion of positive reinforcement. *Journal of Personality and Social Psychology*, **1**.
Byrne, D. (1959). The effect of subliminal food stimulus on verbal responses. *Journal of Applied Psychology*, **43**.
Cannon, W. B. (1927). The James-Lange theory of emotions: A critical examination and alternative theory. *American Journal of Psychology*, **39**.
カートライト, D., & ザンダー, A. (1960). 三隅二不二・佐々木薫 (訳) (1960). グループ・ダイナミクス I・II (第二版)　誠信書房
Christie, R., & Geis, L. (1970). *Studies in Machiavellianism.* Academic Press.
Cialdini, R. B. (1995). Principles and techniques of social influence. In A. Tesser (Ed.), *Advanced social psychology.* McGraw-Hill.
チャルディーニ, R. B. (2001). 対人行動研究会 (訳) (2007). 影響力の武器 (第二版)　誠信書房
Cialdini, R. B., Cacioppo, J. T., Bassett, R. & Miller, J. A. (1978). Low-ball procedure for producing compliance: Commitment then cost. *Journal of Personality and Social Psychology*, **36**.
Cialdini, R. B., Vincent, J. E., Lewis, S. K., Catalan, J., Wheeler, D., & Danby, B. L. (1975). Reciprocal concessions procedure for inducing compliance: The door-in-the-face-technique. *Journal of Personality and Social Psychology*, **31**.
Cohen, R. J. (1994). *Psychology and adjustment.* Allyn and Bacon.
Cohen, S., & Syme, S. L. (Eds.) (1985). *Social support and health.* Orland: Academic Press.
コーヘン, S., & テイラー, L. (1976). 石黒　毅 (訳) (1984). 離脱の試み　法政大学出版局
クーリー, C. H. (1902). 大橋　幸・菊池美代志 (訳) (1970). 社会組織論　青木書店
クーリー, C. H. (1909). 大橋　幸・菊池美代志 (訳) (1970). 現代社会学大系　第4巻　社会組織論　青木書店
Dahl, R. A. (1957). The concept of power. *Behavioral Science*, **2**.
Darley, J. M., & Latané, B. (1968). Bystander intervention in emergencies: Diffusion of responsibility. *Journal of Personality and Social Psychology*, **8**.
Dawes, R. M. (1980). Social dilemmas. *Annual Review of Psychology*, **31**.
ド・シャーム, R. C. (1976). 佐伯　胖 (訳) (1980). やる気を育てる教室　金子書房
de Charms, R. (1968). *Personal causation: The internal effective determination of behavior.* Academic Press.
Deci, E. L. (1972). Intrinsic motivation, extrinsic reinforcement, and inequity. *Journal of Personality and Social Psychology*, **22**.
デシ, E. L. (1975). 安藤延男・石田梅男訳 (1980). 内発的動機づけ　誠信書房
Deci, E. L., & Ryan, R. M. (1985). *Intrinsic motivation and self-determination.* New York: Plenum Press.
Dunnette, M. D. (1963). A note on the criterion. *Journal of Applied Psychology*, 47.
Durkheim, E. (1951). *Suicide: A study in sociology.* Glencoe, Illinois: Free Press.
Dweck, C. S., & Leggett, E. L. (1988). A social-cognitive approach to motivation and personality. *Psychological Review*, **95**.
Ekman, P. (1972). Cross-cultural studies of facial expression. In P. Ekman (Ed.), *Darwin and facial expression: A century of research in review.* Academic Press.
Ekman, P., & Friesen, W. V. (1974). The detecting deception from the body or face. *Journal of Personality and Social Psychology*, **29**.

Festinger, L. (1942). A theoretical interpretation of shifts in level of aspiration. *Psychological Review*, **49**.
Festinger, L. (1954). A theory of social comparison processes. *Human Relations*, 7.
フェスティンガー, L. (1957). 末永俊郎（監訳）(1965). 認知的不協和の理論　誠信書房
Festinger, L. (1971). Cognitive dissonance. Contemporary Psychology. *Readings from Scientific American*. San Francisco, US :Freeman and Company.
Festinger, L., & Carlsmith, J. M. (1959). Cognitive consequences of forced compliance. *Journal of Abnormal and Social Psychology*, **58**.
フィードラー, F. E. (1967). 山田雄一（訳）(1970). 新しい管理者像の研究　産業能率大学出版部
フィードラー, F. E. et al. (1977). 吉田哲子（訳）(1981). リーダー・マッチ理論によるリーダーシップ教科書　プレジデント社
Freedman, J. L., & Fraser, S. C. (1966). Compliance without pressure: The foot-in-the-door-technique. *Journal of Personality and Social Psycholgy*, **4**.
French, J. R. P. Jr., & Raven, B. H. (1959). The bases of social power. In D. Cartwright (Ed.), *Studies in social power*. Institute for Social Research. University of Michigan Press.
Fried, M., & Gleicher, P. (1961). Some sources of residential satisfaction in an urban slum. *Journal of American Institute of Planners*, **27**.
深田博己（編著）(2002). 説得心理学ハンドブック　北大路書房
Gilovich, T., Savitsky, K., & Medvec, V. H. (2003). The illusion of transparency and the alleviation of speech anxiety. *Journal of Experimental Social Psychology*, **39**.
Gladue, B. A., & Delaney, H. J. (1990). Gender differences in perception of attractiveness of men and women in bars. *Personality and Social Psychology Bulletin*, **16**.
Goffman, E. (1959). *The presentation of self in everyday life*. Double Day: Anchor Books
Gold, M. (1958). Power in the Classroom. *Sociometry*, **21**.
Granovetter, M. S. (1974). Granovetter replies to Gans. *American Journal of Sociology*, **80**.
Granovetter, M. S. (1978). Threshold models of collective action. *American Journal of Sociology*, **83**.
Granovetter, M. S., & Soong, M. (1983). Threshold models of diffusion and collective behavior. *Journal of Mathematical Sociology*, **9**.
Hall, D. T., & Nougaim, K. E. (1968). An examination of Maslow's need hierarchy in an organizational Setting. *Organizational Behavior and Human Performance*. Vol. 3.
Hardin, G. (1968). The tragedy of the commons. *Science*, **162**.
Harlow, H. F. (1958). The nature of love. *American psychologist*, **13**.
Heider, F. (1958). *The psychology of interpersonal relations*. New York:Wiley.
ハーシー, P., & ブランチャード, K. (1972). 山元成二・水野　基・成田攻（訳）(1978). 行動科学の展開　生産者出版
Herzberg, F. (1959). *The motivation to work*. John Wiley & Sons.
ハーズバーグ, F. (1966). 北野利信（訳）(1968). 仕事と人間性　東洋経済新報社
ホフマン, E. (1988). 上田吉一（訳）(1995) 真実の人間―アブラハム・マスローの生涯　誠信書房
Hovland, C. I., Janis, I L., & Kelley, H. H. (1953). *Communication and persuasion: Psychological studies of opinion change*. New Haven, CT: Yale University Press.
Hovland, C. I. W., Lumsdaine, A. A., & Sheffield, F. D. (1949). *Experiments of mass communication*. Princeton University Press.
Hovland, C. I., & Weiss, W. (1951). The influence of source credibility on communication effectiveness. *Public Opinion Quarterly*, **15**.
Hull, C. L. (1952). *A behavior system*. Yale University Press.
池上知子・遠藤由美（1998）. グラフィック社会心理学　サイエンス社
今井芳昭（2006）. 依頼説得の心理学　サイエンス社
Ingham, A. G., Levinger, G., Graves, J., & Peckham, V. (1974). The Ringelmann effect: Studies of group size and group performance. *Journal of Experimental Social Psychology*, **10**.
Jackson, J., & Williams, K. (1985). Social loafing on difficult tasks: Working collectively can improve performance. *Journal of Personality and Social Psychology*, **49**.
James, W. (1884). What is an emotion? *Mind*, **4**.

Janis, I. L. (1954). Personality correlates of susceptibility to persuasion. *Journal of Personality*, **22**.
Janis, I. L. (1972). *Victims of groupthink: A psychological study of foreign policy dicisions and fiascoes*. Boston: Houghton Miffin.
Janis, I. L. (1982). Counteracting the adverse effects of concurrence-seeking in policy-planning groups: Theory and research perspectives. In H. Brandstatter, J. H. Davis, & Stocker-Kreichgauer, G. (Eds)., *Group Decision Making*. Academic Press.
Janis, I. L. (1982). *Groupthink*. 2nd ed. Houghton Mifflin.
ジェニス, I. L. (1989). 首藤信彦 (訳) (1991). リーダーが決断する時　日本実業出版社
Janis, I. L., & Field, P. B. (1959). Sex differences and personality factors related to persuasibility. In C. I. Hovland, & I. L. Janis (Eds.), *Personality and Persuasibility*. Yale University Press.
Janis, I. L., Kaye, D., & Kirschner, P. (1965). Facilitating effects of "Eating-while-reading" on responsiveness to persuasive communications. *Journal of Personality and Social Psychology*, **1**.
神　信人・山岸俊男　(1997). 社会的ジレンマにおける集団協力ヒューリスティクスの効果　社会心理学研究, **12**.
神　信人・山岸俊男・清成透子　(1996). 双方向依存性と最小条件集団パラダイム　心理学研究, **67** (2).
Jones, E. E. (1979). The rocky road from acts to dispositions. *American Psychologist*, **34**.
Jones, E. E., & Davis, K. E. (1965). From acts to dispositions: The attribution process in person perception. *Advances in experimental social psychology*. Vol.2.
Kanekar, S. (1981). Factors affecting responsibility attributed to a rape victim. *Journal of Social Psychology*, **113**.
Karp, J., Yamagishi, T., & Shinotsuka, H. (1993). Raising the minimum in the minimal group paradigm. *Japanese Experimental Social Psychology*, **32**.
Kiesler, C. A. (1971). *The psychology of commitment: Experiments linking behavior to belief*. NY: Academic Press.
Kipnis, D. (1972). Does power corrupt? *Journal of Personality and Social Psychology*, **24**.
Kipnis, D. (1976). *The powerholders*. University of Chicago Press.
小窪輝吉 (1986). 集団と人間の心理　齋藤　勇 (編)　対人社会心理学重要研究集1　誠信書房
Kram, K. E. (1985). Mentoring alternatives: The role of peer relationships in career development. *The Academy of management Journal*, **28**.
Lamm, H. (1967). Will an observer advise higher risk taking after hearing a discussion of the decision problem? *Journal of Personality and Social Psychology*, **6**.
Lamm, H., & Myers, D. G. (1978). Group-induced polarization of attitudes and behavior. In L. Berkowitz (Ed.), *Advances in experimental social psychology*. Vol.11. NY: Academic Press.
Latané, B. (1981). The psychology of social impact. *American Psychologist*, **36**.
Latané, B., & Darley, J.M. (1968). Group inhibition of bystander intervention in emergencies. *Journal of Personality and Social Psychology*, **10**.
ラタネ, B., & ダーリー, J. M. (1970). 竹村研一・杉崎和子 (訳) (1977). 冷淡な傍観者：思いやりの社会心理学　ブレーン出版
Latané, B., & Nida, S. (1980). Social impact theory and group influence: A social engineering perspective. In P. B. Paulus (Ed.), *Psychology of group influence*. Lawrence Erlbaum.
Latané, B., & Rodin, J. (1969). A lady in distress: Inhibiting effects of friends and strangers on bystander intervention. *Journal of Experimental Social Psychology*, **5**.
Latané, B., Williams, K., & Harkins, S. G. (1979). Many hands make light the work: The causes and consequences of social loafing. *Journal of Personality and Social Psychology*, **37**.
Latané, B., & Wolf, S. (1981). The social impact of majorities and minorities. *Psychological Review*, **88**.
Leana, C. R., Feldman, D. C., & Tan, G. Y. (1998). Predictors of coping behavior after a layoff. *Journal of Organizational Behavior*, 19.
Leary, M. R., & Kowalski, R. M. (1990). Impression management: A literature review and two component model. *Psychological Bulletin*, **107**.
Leary, M. R., Nezlek, J. B., Downs, D. L., Radford-Davenport, J., Martin, J., & McMullen, A. (1994). Self-presentation in everyday interactions. *Journal of Personality and Social Psychology*, **57**.
Lepper, M. R., Green, D., & Nisbett, R. D. (1973). Undermining children's intrinsic interest with extrinsic

reward: A test of the "overjustification" hypothesis. *Journal of Personality and Social Psychology*, **28**.
Lewin, K. (1922). Das Problem der Willensmessung und das Grundgesetz der Assoziation. *Psychologische Forschung*, **1**.
Lewin, K. (1946). Action research and minority problems. *Journal of Social Issues*, **2**.
Lewin, K. (1947). Group decision and social change. In T. M. Newcomb, & E. L. Hartley (Eds.), *Readings in social psychology*. NY: Henry Holt.
レヴィン, K. (1948). 末永俊郎（訳）(1954). 社会的葛藤の解決　創元社
レヴィン, K. (1951). 猪股佐登留（訳）(1956). 社会科学における場の理論　誠信書房
Lewin, K. (1953). Studies in group decision. In D. Cartwright, & A. Zander (Eds.), *Group dynamics: Research and theory*. Evanston, Illinois: Row, Peterson. (三隅二不二（訳編）(1959). グループ・ダイナミックス　誠信書房)
Lumsdaine, A. A., & Janis, I. L. (1953). Resistance to "counter-propaganda" produce by a one-sided versus a two-sided "propaganda" presentation. *Public Opinion Quartery*, **17**.
マキャベリ, N. (1513/1532 刊). 黒田正利（訳）(1959). 君主論　岩波書店
March, J. G. (1955). An introduction to the theory and measurement of influence. *The American Political Science Review*, **49**.
マーチ, J. G., & シモン, H. A. (1958). 土屋守章（訳）(1977). オーガニゼーション　ダイヤモンド社
益田　圭 (2001). 対人関係　田尾雅夫（編）　組織行動の社会心理学—21世紀の社会心理学2—　北大路書房
マスロー, A. H. (1954). 小口忠彦（監訳）(1987). 人間性の心理学　産業能率短期大学出版部
マスロー, A. (1964). 佐藤三郎・佐藤全弘（訳）(1972). 創造的人間—宗教・価値・至高経験　誠信書房
マスロー, A. H. (1968). 上田吉一（訳）(1998). 完全なる人間（第2版）—魂のめざすもの　誠信書房
マスロー, A. (1971). 上田吉一（訳）(1973). 人間性の最高価値　誠信書房
マスロー, A. H. (1998). 金井壽宏（監訳）(2001). 完全なる経営　日本経済新聞社
メイヨー, P. E. (1960). 村本栄一訳（1967）. 新訳・産業文明における人間問題：ホーソン実験とその展開　日本能率協会
McGuire, W. J. (1964). Inducing resistance to persuasion: Some contemporary approaches. In L. Berkowits (Eds.), *Advances in experimental social psychology*. Vol.1. NY: Academic Press.
McGuire, W. J. (1967). Personality and susceptibility to social influence. In F. F. Borgata, W. W. Lambert (Eds.), *Handbook of personality theory and research*. Rand McNaly
McGuire, W. J. (1985). Attitudes and attitude change. In G. Lindzey, & E. Aronson (Eds.), *The handbook of social psychology*. 3rd ed. Vol. 2. *Special fields and applications*. Random House
ミルグラム, S. (1974). 岸田　秀（訳）(1975). 服従の心理　河出書房新社
三隅二不二 (1984). リーダーシップ行動の科学（改訂版）　有斐閣
三隅二不二（監修）(1987). 現代社会心理学　有斐閣
Mitchell, H. E., & Byrne, D. (1973). The defendant's dilemma: Effects of jurors' attitudes and authoritarianism on judicial decisions. *Journal of Personality and Social Psychology*, **25**.
三井宏隆・増田真也・伊藤秀章 (1996). レクチャー「社会心理学」II　認知的不協和理論　垣内出版
Moreno, J. L. (1953). *Who shall survive? A new approach to the problem of human interrelations*. Beacon House.
Moreno, J. L. (Ed.) (1960). *The sociometry reader*. Glencoe, IL: The Free Press.
Morgan, M. (1980). Marital status, health, illness and service use. *Social Science and Medicine*, **14**A.
Moriarty, T. (1975). Crime, commitment, and the responsive bystander. *Journal of Personality and Social Psychology*, **31**.
Moscovici, S., Lage, E., & Naffrechoux, M. (1969). Influence of a consistent minority on the responses of a majority in a color perception task. *Sociometry*, **32**.
Moscovici, S., & Mugny, G. (1983). Minority influence. In P. Paulus (Eds.), *Basic group process*. Springer-Verlag.
Moscovici, S. (1976). *Social influence and social change*. Academic Press.
Myers, H. L. (1976). The group polarization phenomenon. *Psychological Buttetin*, **83**.
Nicholls, J. G. (1984). Achievement motivation: Conceptions of ability, subjective experience, task choice, and performance. *Psychological Review*, **91**.

大橋正夫・永田雅喜（編）(1987). 対人関係の心理学　有斐閣
大石富二雄・大石千歳 (2001). 黒い羊効果と内集団ひいき─理論的検討─　筑波心理学研究, **23**.
大石千歳・吉田富士雄 (2002). 黒い羊効果と内集団ひいき社会的アイデンティティの観点から　心理学研究, **72**.
岡本浩一 (1986). 社会心理学ショート・ショート　新曜社
Osborn, A. F. (1953). *Applied imagination*. NY: Charles Scribner's Sons.
ピーター, L. J., & ハル, R. (1969). 田中融二（訳）(1970). ピーターの法則　ダイヤモンド社
Pliner, P., Hart, H., Kohl, J., & Saari, D. (1974). Compliance without pressure: Some further data on the foot-in-the-door technique. *Journal of Experimental Social Psychology*, **10**.
Prasad, J. A. (1950). Comparative study of rumors and reports in earthquakes. *British Journal of Psychology*, **41**.
Rabbie, J. M., Schot, J. C., & Visser, L. (1989). Social identity theory: A conceptual and empirical critique from the perspectives of a behavioural interaction model. *European Journal of Social Psychology*, **19**.
Razran, G. H. S. (1938). Conditioning away social bias by the luncheon technique. *Psychological Bulletin*, **35**.
Razran, G. H. S. (1940). Conditional response changes in rating and appraising sociopolitical slogans. *Psychological Bulletin*, **37**.
Regan, D. T. (1971). Effects of a favor and liking on compliance. *Journal of Experimental Social Psychology*, **9**.
Rhodewalt, F., & Agustsdottir, S. (1986). Effects of self-presentation on the phenomenal self. *Journal of Personality and Social Psychology*, **50**.
Ringelmann, M. (1913). Recherches sur les moteurs animes: Travail de l'homme. *Annales de l'Institut National Agronomique*, **12**.
レスリスバーガー, F. J. et al. (1958). 磯貝憲一他（共訳）(1965). 生産者集団の行動と心理：モチベーション・生産性・満足度　白桃書房
Rosenberg, M. J., & Hovland, C. I. (1960). Cognitive, affective, and behavioral components of attitudes. In M. J. Rosenberg, C. I. Hovland, W. J. McGuire, R. P. Abelson, & J. W. Brehm (Eds.), *Attitude organization and change*. Yale University Press.
Rotter, J. B. (1966). Generalized expectancies for internal versus external control of reinforcement. *Psychological Monographs*, **80**.
Russell, D., Cutrona, C. E., Rose, J., & Yurko, K. (1984). Social and emotional loneliness: An examination of Weiss's typology of loneliness. *Journal of Personality and Social Psychology*, **46**.
齋藤　勇 (1987). 人間関係の分解図　誠信書房
齋藤　勇 (1990). 対人社会心理学重要研究集1　集団と組織の心理　誠信書房
榊　博文 (1994). 認知の陽陰理論序説（その1）：コミュニケーション・ディスクレパンシーと意見変容をめぐって　哲学, **97**.
榊　博文 (1996a). 認知の陽陰理論序説（その2）：諸命題の提出　哲学, **100**.
榊　博文 (1996b). ブーメラン説得法と役割演法　Ldノート, **100**.
榊　博文 (1997). 認知の陽陰理論序説（その3）：諸命題の提出、理論の応用、そして社会・自然・宇宙　哲学, **102**.
Schachter, S. (1951). Deviation, rejection and communication. *Journal of Abnormal and Social Psychology*, **46**.
Schachter, S. (1959). *The psychology of affiliation*. Stanford University Press.
Schachter, S., & Burdick, H. (1995). A field experiment on rumor transmission and distortion. *Journal of Abnormal and Social Psychology*, **50**.
Schachter, S., & Singer, J. (1962). Cognitive, social, and physiological determinants of emotional state. *Psychological Review*, **69**.
シャイン, E. H. (1965). 松井賚夫（訳）(1966). 組織心理学　岩波書店
シャイン, E. H. (1978). 二村敏子・三善勝代（訳）(1991). キャリア・ダイナミクス　白桃書房
Schlenker, B. R. (1980). *Impression management: The self concept, Social identity, and interpersonal relations*. Monterey, CA: Brooks/Cole.
Schlenker, B. R., Dlugolccki, D. W., & Doherty, K. (1994). The impact of self-presentations on self-appraisals and behavior: The power of public commitment. *Personality and Social Psychology Bulletin*, **20**.
Schlenker, B. R., & Leary, M. R. (1985). Social anxiety and communication about the self. *Journal of language and Social Psychology*, **4**.

Schlenker, B. R., & Miller R. S. (1985). Egotism in group members: Public and private attributions of responsibility for group performance. *Social Psychology Quarterly*, **48**.
Schlenker, B. R., & Weigold, M. F. (1989). *Self-identification and accountability*. Lawrence Erlbaum Associates.
Sears, D. O. (1980). Public opinion and the personal impact of policy issues. Paper presented at the annual meeting of the American Psychological Association. Montreal, Canada.
Sears, D. O. (1991). The role of self-interest in social and political movements. *Advances in Experimental Social Psychology*.
Shaver, K. G. (1970). Defensive attribution: Effects of severity and relevance on the responsibility assigned for an accident. *Journal of Personality and Social Psychology*, **14**.
Shaver, K. G. (1975). *An introduction to attribution processes*. New Jersey, US:Winthrop.
Shaver, K. G. (1985). *The attribution of blame. Causality, responsibility, and blameworthiness*. NY, US:Springer-Verlag.
Sherif, M. (1935). A study of some social factors in perception. *Archives of Psychology*, **187**.
Sherif, M. (1956). Experiments in group conflict. *Scientific American*, **193**.
Sherif, M., Harvey, O. J., White, B. J., Hood, W. R., & Sherif, C. W. (1961). *Intergroup conflict and cooperation: The robbers cave experiment*. University of Oklahoma.
シモン, H. A. (1976). 武田武彦・高柳　暁・二村敏子（訳）(1989). 経営行動―経営組織における意思決定プロセスの研究　ダイヤモンド社
Simon, H. A. (1985). Human nature in politics: The dialogue of psychology with political science. *American Political Science Review*, **79**.
Sinha, D. (1952). Behavior in a catastrophic situation: A psychological study of reports and rumors. *British Journal of Psychology*, **43**.
Snyder, C. R., & Higgins, R. L. (1988). Excuses: Their effective role in the negotiation of reality. *Psychological Bulletin*, **104** (1).
Solomon, S., Greenberg, J., & Pyszczynski, T. (1991). A terror management theory of social behavior: The psychological functions of self-esteem and cultural worldviews. *Advances experimental Social Psychology*, **24**.
Stein, R. M. (1990). Economic voting for governor and U. S. Senator: The electoral consequences of federalism. *Journal of Politics*, **52**.
Stodgdill, M. (1948). Personal factors associated with leadership: A survey of the literature. *Journal of Psychology*, **25**.
Stodgdill, M. (1974). *Handbook of leadership: A survey of theory and research*. Free Press.
Storner, J. F. (1961). A comparison of individual and group decisions involving risk. Unpublished master's thesis, Massachusetts Institute of Technology. Cited in D. G.
Super, D. E. (1956). Vocational development: The process of compromise or synthesis. *Journal of Counselling Psychology*, **3**.
Super, D. E. (1980). A life-span, life-space approach to career development. *Journal of Vocational Behavior*, **16**.
Tajfel, H. (1969). Cognitive aspects of prejudice. *Journal of Social Issues*, **25**.
Tajfel, H., Biling, M., Bundy, R. P., & Flament, C. (1971). Social categorization and intergroup behavior. *European Journal of Social Psychology*, **1**
Tajfel, H., & Turner, J. C. (1986). The social identity theory of inter-group behavior. In S. Worchel, & W. G. Austin (Eds.), *Psychology of intergroup relations*. 2nd ed. Chigago: Nelson-Hall.
武田正樹・藤田依久子（2000). 内集団のブラックシープと外集団のブラックシープ　学習院大学田中靖政研究年報
武田正樹・藤田依久子（2001). カテゴリー別返報性調査　学習院大学田中靖政研究年報
田中国夫 (1981). 梅津八三・相良守次・宮城音弥・依田　新（監修）　態度　新版心理学事典　平凡社
田中靖政 (1969). コミュニケーションの科学　日本評論社
Taylor, D. M., Lalonde, R. N., & Moghaddam, F. M. (1958). The process of group differentiation in a dynamic intergroup setting. *Journal of Social Psychology*, **127**.

Taylor, D. M., Lalonde, R. N., & Moghaddam, F. M. (1958). The process of group differentiation in a dynamic intergroup setting. *Journal of Social Psychology*, **127**.
Taylor, F. W. (1911). *Principles of scientific management*. Harper and Row.
Taylor, S. E. (1975). On inferring one's attitudes from one's behavior: Some delimiting conditions. *Journal of Personality and Social Psychology*, **31**.
Taylor, S. E., & Brown, J. D. (1988). Illusion and well-being: A sociopsychological perspective on mental health. *Psychological Bulletin*, **103**.
Taylor, S., Peplau, L. A., & Sears, D. O. (1997). *Social Psychology*. 9th ed. Prentice Hall.
Tedeschi, J. T., & Norman, N. (1985). Social power, self-presentation, and the self. In B. R. Schlenker (Ed.), *The self and social life*. NY: McGraw-Hill.
テンニエス, F.(1920). 杉之原寿一(1957). ゲマインシャフトとゲゼルシャフト 岩波書店
Tooby, J., & Cosmides, L. (1992). The psychological foundations of culture. In J. H. Barkow, L. Cosmides, & J. Tooby (Eds.), *The adapted mind: Evolutionary psychology and the generation of mind*. Oxford Univerwsity Press.
Tyler, T. R. (1980). The impact of directly and indirectly experienced events: The origin of crimerelated judgements and behaviors. *Journal of Personality and Social Psychology*, **39**.
von Bertalanffy, L. (1967). *Robots, men and minds: Psychology in the modern world*. George.
Wallach, M. A., Kogan, N., & Bem, D. J. (1962). Group influence on individual risk taking. *Journal of abnormal and social psychology*, **65**.
Walster, E. (1966). Assignment of responsibility for an accident. *Journal of Personality and Social Psychology*, **3**.
渡部 幹・寺井 滋・林 直保子・山岸俊男 (1996). 互酬性の期待にもとづく1回限りの囚人のジレンマにおける協力行動 実験社会心理学研究, **3**.
Watts, R., & Marston, G. (2003). Tampering with the evidence: A critical appraisal of evidence-based policy-making. *The Drawing Board Journal*, **2**.
Watts, W. A., & Holt, L. E. (1979). Persistence of opinion change induced under conditions of forewarning and distraction. *Journal of Personality and Social Psychology*, **37**.
Weiner, B. (1985). An attributional theory of achievement motivation and emotion. *Psychological Review*, **92**.
Weiner, B. (1992). Excuses in everyday interaction. In M. L. McLaughlin & M. J. Cody, & S. J. Read (Eds.), *Explaining oneself to others: Reason-giving in a social context*. Hillsdale, NJ: Erlbaum.
White, R. W. (1959). Motivation reconsidered: The concept of competence. *Psychological Review*, **66**.
White, R., & Lippitt, R. (1960). *Autocracy and democracy*. Harper & Row.
Williams, K., Harkins, S. G., Latané, B. (1981). Identifiability as a deterrent to social loafing: Two cheering experiments. *Journal of Experimental Social Psychology*, **40**.
山岸健司 (1993). 組織間関係:企業間ネットワークの変革に向けて 有斐閣
山岸俊男 (1987). 対人的交渉 (II−3章) 三隅二不二 (監修) 現代社会心理学 有斐閣
山岸俊男 (1989). 社会的ジレンマ研究の主要な理論的アプローチ 心理学評論, **32**.
山岸俊男 (1990). 社会的ジレンマのしくみ:「自分1人くらいの心理」の招くもの サイエンス社
山岸俊男 (1998). 信頼の構造:こころと社会の進化ゲーム 東京大学出版会
山岸俊男 (1999). 一般互酬性の期待としての集団主義文化 組織科学, **33**.
山岸俊男 (2000). 社会的ジレンマ:「環境破壊」から「いじめ」まで PHP研究所
山岸俊男 (編) (2001). 社会心理学キーワード 有斐閣

事項索引

あ

哀願　100
アイデンティティ形成　102
威嚇　100
閾値モデル　63
一面呈示　173
一般的被説得性　179
イノベーション　162
印象
　──操作　83
　──動機　84
interwoven　175
インバランス
　──事態　186
　──状態　183, 184
ウィーン会議　39
迂回行動　210
受け手要因　179
影響過程　123
衛生
　──環境　78
　──要因　78, 79
　──理論　78
SL（Situational leadership）理論　144
援助行為　19, 26
援助の認知的五段階仮説　21
OJT　111
送り手要因　168
off JT　111

か

外発的動機づけ　205
獲得動機　204
課題志向型　143
　──リーダー　143
葛藤（コンフリクト）　207, 209

環境に関する情報提供　54
『菊と刀』　7
機能的サポート　54
give-some 型　61
基本的帰属　73
客観的責任　74
キャリア
　──発達モデル　115
キャリアプランニング　115
共感的理解　53
凝集性
　──士気説　105, 106
　──魅力説　105
共変原理　87
協和的
　──関係　189
　──状態　189
クリティカル・マス　66
権威主義的性格　75, 180
原因帰属　26
　──理論　196, 197
限界質量　66
好奇動機　203
攻撃行動　211
攻撃抑止傾向　180
恒常性維持機構（ホメオスタシス）　201
構造的サポート　54
公平理論　219
コーシャスシフト　35
コーチング　109, 112
個人教示法　30
固着行動　212
コミットメント　157, 158
コミュニケーションモデル　166
コンティンジェンシー・モデル　143
コントラスト　151, 156

さ

指し手・コマ理論　206
support-then-refute　175
自我関与　30
自己
　──確立動機　102
　──実現欲求　204
　──知覚理論　176
　──呈示　85
　──評価に関する情報提供　54
　──奉仕的バイアス　73
自尊感情　180
自尊心維持動機　102
示範　98
社会的
　──インパクト理論　13
　──影響行動　124
　──記憶　11
　──ジレンマ　60
　──手抜き　11
　──不全性傾向　180
謝罪　85
囚人のジレンマ　56, 58
集団
　──アイデンティティ　49, 50
　──維持機能　123
　──間の葛藤　132
　──規範　15, 30, 31
　──極性化　35
　──決定　27
　──決定法　27
　──思考　39
　──討議　33
　──の形成　132
十分すぎる正当化のパラダイム　196
主観的責任　74

索　引　233

主張的自己呈示　85, 95
条件適合理論　143
情緒的サポート　54
譲歩　157
信憑性　168
シンボライゼーション　112
信頼性　169
心理的緊張状態　220
心理的不均衡　201
スコトーマの原理　62
ステレオタイプ　43
スリーパー効果　170
生理的動機　202
勢力量　124
責任帰属のバイアス　74
責任の帰属　70
セルフ・ハンディキャッピング　91-93
センティメント関係　182
専門性　169
ソーシャル・サポート　52
促進要因　78, 80
ソシオグラム　28
ソシオメトリー　28
ソシオメトリックテスト　28
外集団　45, 49

た
第一次集団　3
対応推論モデル　71
退却行動　210
退行行動　211
代償行動　210
態度　181
　　――変容　27, 182
第二次集団　3
他者志向性　181
take-some 型　61
適応論　48
ドア・イン・ザ・フェイス・テクニック　176
道具的サポート　54
統制の所在概念　206
同調行動　3, 4
透明性の錯覚　68

特殊的被説得性　179
特性論　137
取り入り　95

な
内集団　45, 49
　　――ひいき　45, 46, 48
内的帰属　73
内発的動機　202
　　――づけ　205
二次元論　140
二次的動機　204
人間関係志向型　143
　　――リーダー　143
認知　192
　　――的評価理論　206
　　――的不協和状態　189
　　――的不協和理論　187, 190, 220

は
パーソナリティ特性　180
バランス状態　182, 183
バランス理論　181
ピーターの法則　81, 117
被説得性　179
ピッグズ湾事件　40
否認　90
ブーメラン・テクニック　163
フット・イン・ザ・ドア・テクニック　175
不満足要因　78, 82
フラストレーション耐性　209
ブラックシープ　48
プラトー現象　117
ブレインストーミング　107
プロテジェ　109, 110
閉店時刻効果（closing-time effect）　177
弁解　86
返報性　153, 155
防衛機制　210
防衛的自己呈示　85, 90
ホーソン研究　77

POX 理論　182

ま
マイノリティ・インフルーエンス　39
マキャベリースケール　129
　　高――　130
　　低――　130
マネジリアルグリッド理論　141, 144
満足要因　82
メンター　109
メンタリング　109
目的遂行機能　123

や
ユニット関係　182
抑うつ感情傾向　180
欲求五段階説　204

ら
ランチョン・テクニック　160
リスキーシフト　35
リストラサバイバー　120
refute-then-support　175
両面呈示　173, 174
理論
　　衛生――　78
　　SL（Situational leadership）――　144
　　原因帰属――　196, 197
　　公平――　219
　　指し手・コマ――　206
　　自己知覚――　176
　　社会的インパクト――　14
　　条件適合――　143
　　認知的評価――　206
　　認知的不協和――　187, 190, 220
　　バランス――　181
　　POX――　182
　　マネジリアルグリッド――　141, 145
類似性　172
レイオフサバイバー　120

人名索引

ア
アグスツドッター（Agustsdottir, S.） 93
アクセルロッド（Axelrod, R.） 58
アダムス（Adams, J. S.） 219-221
アッシュ（Asch, S. E.） 4-6, 8, 9
アドラー（Adler, P.） 118
アドラー（Adler, P. A.） 118
アルダーファ（Alderfer, C. P.） 205
ウィリアムス（Williams, K.） 10
ウェイス（Weiss, W.） 170
ウォラック（Wallach, M. A.） 37
ウォルスター（Walster, E.） 74
エクマン（Ekman, P.） 68
大石千歳 51
岡本浩一 37
オズボーン（Osborn, A. F.） 107
オルポート（Allport, G. W.） 181

カ
ガイス（Geis, F. L） 129, 131
カネカー（Kanekar, S.） 74
キースラー（Kiesler, C. A.） 158
キプニス（Kipnis, D.） 103
ギロヴィッチ（Gilovich, T.） 69, 70
クーリー（Cooley, C. H.） 3

グレイシャー（Gleicher, P.） 195
グラデュー（Gladue, B. A.） 178
クラム（Kram, K. E.） 110
グラノヴェター（Granovetter, M.） 63, 64
クリスティ（Christie, R.） 129, 131
ゴールド（Gold, M.） 128
コスミデス（Cosmides, L.） 48
ゴフマン（Goffman, E.） 85
コワルスキー（Kowalski, R. M.） 101

サ
榊 博文 164
シアーズ（Sears, D. O.） 98
シェイン（Schein, E. H.） 135
シェーバー（Shaver, K. G.） 70
ジェニス（Janis, I. L.） 40-42, 161, 174, 175, 179, 180
シェリフ（Sherif, M.） 132, 133
シモン（Simon, H. A.） 124
シャクター（Schachter, S.） 105
シュレンカー（Schlenker, B. R.） 86, 102
ジョーンズ（Jones, E. E.） 71
神 信人 48
シンハ（Sinha, D.） 196
スーパー（Super, D. E.） 115
ストーナー（Stoner, J. F.） 35, 36
ストックディル（Stogdill, M.） 137
スナイダー（Snyder, C. R.） 86
スーン（Soong, M.） 63
ソロモン（Solomon, S.） 102

タ
ターナー（Turner, J. C.） 47
ダール（Dahl, R. A.） 124, 125
武田正樹 49, 153
タジフェル（Tajifel, H.） 46-48
田中国夫 145
ダネット（Dunnette, M. D.） 109
デイビス（Davis, K. E.） 71
テイラー（Taylor, D. M.） 108, 186
デシ（Deci, E. L.） 207
テダスキー（Tedeschi, J. T） 85
デュルケーム（Durkheim, E.） 54
デラニー（Delaney, H. J.） 178
テンニエス（Tönnies, F.） 3
ド・シャーム（de Charms, R.） 206
トゥービー（Tooby, J.） 48
ドウズ（Dawes, R. M.） 60

ナ
ノーマン（Norman, N.） 85

ハ

ハーシー（Hersey, P.） 144
ハーズバーグ（Herzberg, F.） 78, 80-82
ハーディン（Hardin, G.） 60
ハーロウ（Harlow, H. F.） 203
バーロー（Berlo, D. K.） 169
バーン（Byrne, D.） 75
バーンズ（Barnes, R. D.） 26
ハイダー（Heider, F.） 73, 181-183, 190
ハル（Hull, R.） 117
バロン（Baron, R.） 21
ビース（Bies, R. J.） 120
ピーター（Peter, L. J.） 117
ピアジェ（Piaget, J.） 74
ヒギンズ（Higgins, R. L.） 86
フィードラー（Fiedler, F. F.） 143
フィールド（Field, P. B.） 180
フェスティンガー（Festinger, L.） 187, 193, 220
藤田依久子 49, 153
プラサド（Prasad, J. A.） 196
ブランチャード（Blanchard, K. H.） 144
フリーセン（Friesen, W. V.） 68
フライド（Fried, M.） 195
プリナー（Pliner, P.） 176
ブレイク（Blake, R. R.） 141
フレンチ（French, J. R. P. Jr.） 126
ブロックナー（Brockner, J.） 120, 121
ベネディクト（Benedict, R.） 7
ベラック（Bellak, L.） 122
ボヴランド（Hovland, C. I.） 169, 170, 174, 181
ホルト（Holt, L. E.） 171
ホワイト（White, R.） 138, 140

マ

マーチ（March, J. G.） 124
マキャベリー（Machiavelli, N.） 128
益田　圭 141
マズロー（Maslow, A. H.） 204
マッグワイア（McGuire, W. J.） 180
ミッチェル（Mitchell, H. E.） 75
ムートン（Mouton, J. S.） 141
モーガン（Morgan, M.） 55
モスコビッシ（Moscovici, S.） 10
モレノ（Moreno, J. L.） 28

ヤ

山岸俊男　47

吉田富士雄　51

ラ

ラズラン（Razran, G. H. S.） 161
ラタネ（Latané, B.） 13, 14, 19
ラッセル（Russell, D.） 55
ラムスデイン（Lumsdaine, A. A.） 174
リアリィ（Leary, M. R.） 101
リーガン（Regan, D.） 154
リーナ（Leana, C. R.） 120
リピット（Lippit, R.） 138, 140
レイブン（Raven, B. H.） 126
レヴィン（Lewin, K.） 27-30
レッパー（Lepper, M. R.） 197
ローゼンバーグ（Rosenberg, M. J.） 181
ロードウォルト（Rhodewalt, F.） 93
ロジャーズ（Rogers, C.） 53
ロッター（Rotter, J.） 206

ワ

ワイナー（Weiner, B.） 89
ワッツ（Watts, W. A.） 171

著者紹介

武田正樹（たけだ まさき）
1954 年　和歌山県生まれ
1977 年　慶應義塾大学文学部社会心理教育学科卒業
2011 ～ 2013 年　静岡産業大学経営学部特任教授
　　　　　　　　静岡産業大学応用心理学研究センター研究員
現在　国際学院高校教諭

藤田依久子（ふじた いくこ）
1976 年　東京都生まれ
2003 年　学習院大学大学院政治学研究科社会心理学研究室修了
現在　静岡産業大学経営学部・応用心理学研究センター准教授

個と集団のアンソロジー
生活の中で捉える社会心理学

2011 年 4 月 1 日　初版第 1 刷発行
2015 年 4 月 30 日　初版第 2 刷発行

（定価はカヴァーに表示してあります）

著　者　武田　正樹
　　　　藤田依久子
発行者　中西　健夫
発行所　株式会社ナカニシヤ出版
〒606-8161　京都市左京区一乗寺木ノ本町 15 番地
　　　　　　　　　Telephone　075-723-0111
　　　　　　　　　Facsimile　075-723-0095
　　　　Website　http://www.nakanishiya.co.jp/
　　　　E-mail　iihon-ippai@nakanishiya.co.jp
　　　　　　　　　郵便振替　01030-0-13128

装幀＝白沢　正／印刷＝ファインワークス／製本＝兼文堂
Printed in Japan.
Copyright ⓒ 2011 by M. Takeda & I. Fujita
ISBN978-4-7795-0536-2

◎ドコモ，ポカリスエットなど，本文中に記載されている社名，商品名は，各社が商標または登録商標として使用している場合があります。なお，本文中では，基本的に TM および R マークは省略しました。
◎本書のコピー，スキャン，デジタル化等の無断複製は著作権法上での例外を除き禁じられています。本書を代行業者等の第三者に依頼してスキャンやデジタル化することはたとえ個人や家庭内の利用であっても著作権法上認められておりません。